PAUL MEEK

Das Tor zum Himmel ist immer offen

Verlag Thanner München

ISBN 3–9807865–1X

Aus dem Englischen übersetzt:
Helmut Reuter, Rechtmehring

Auflage September 2004

Verlag Thanner, Friedenspromendade 23 b, 81827 München
Fax 0049 (0) 89 – 43 73 94 66

Inhaltsverzeichnis

Vorwort

Die Themen „Tod“ und „Das Leben nach dem Tod“ sind in Deutschland bis in die heutige Zeit Tabuthemen.
Durch verschiedene gute Bücher, aber auch durch die Arbeit verschiedener Organisationen und Medien, haben sich die Tabugrenzen in den letzten Jahrzehnten verschoben.
Aber ich denke, dass noch sehr viel Aufklärung notwendig ist. Deshalb möchte ich mit meinem zweiten Buch meinen Lesern die Zusammenhänge der Medialität näher bringen.
Was ist der Tod? Was geschieht nach dem Tod? Geht das Leben nach dem Tod weiter?
Dies sind Fragen, die mir täglich von Menschen gestellt werden, die sich mit dem Tod auseinandersetzen.

In meinem neuen Buch „Das Tor zum Himmel ist immer offen“ erhalten Sie eine Antwort auf diese Fragen und vieles mehr, so z.B. „Tiere in der Geistigen Welt“, denen natürlich auch das Tor zum Himmel offen steht.
Der Tod ist nur der Verlust der physischen Hülle, die wir hier auf Erden zum Leben brauchen; die Seele lebt jedoch in einer anderen Dimension der Geistigen Welt weiter.
Die Verbindung zu unseren verstorbenen Angehörigen bleibt ewig bestehen, wenn wir hier auf Erden ein Band der Liebe geknüpft haben. Dieses Band ist unzertrennbar und die Grundlage dafür, dass wir mit unseren Lieben in Verbindung bleiben und auch mit ihnen über ein Medium kommunizieren können. Dieses Band der Liebe ist die Brücke, von dieser Welt in die Geistige Welt. Wer diese Brücke überschreitet, wird nicht nur Gewissheit, sondern auch Zufriedenheit finden.

Außerdem möchte ich in diesem Buch auf die Werte hinweisen, die vor Jahrhunderten Bestandteil vieler Religionen waren und im Laufe der Zeit verloren gegangen sind. Auch hier wurde dem „Leben nach dem Tod“ ein hoher Stellenwert eingeräumt.
Mein Ziel ist es, die Angst vor dem Tod zu nehmen. Denn wer keine Angst vor dem Tod hat, der braucht auch keine Angst vor dem Leben zu haben und kann dadurch das Leben hier auf dieser Welt harmonischer gestalten.

Ich hoffe, dass ich Ihnen mit diesem Buch weitere Aufschlüsse über die Medialität und ihre Zusammenhänge geben kann. Möge Sie dieses Buch auf Ihrem spirituellen Weg weiter begleiten.
Ich wünsche Ihnen viel Freude beim Lesen.

Paul Meek

Eine dringende Bitte an meine Leser

Mit diesem Buch habe ich den Versuch unternommen, dem Leser die für jedes Leben geltenden Gesetzmäßigkeiten nahe zu bringen. Ich bin mir natürlich bewusst, dass sich jedes einzelne Leben vom Leben eines anderen Menschen unterscheidet, mit anderen Voraussetzungen und Bestimmungen.

Ich muss jedoch um Verständnis dafür bitten, dass ich weder auf mediale Art und Weise noch als Berater in der Lage sein werde, auf individuelle Fragen zu antworten, ganz gleich, ob sie telefonisch oder schriftlich gestellt werden. Ich muss es jedem Einzelnen überlassen, das für ihn Wesentliche und Weiterführende selbst herauszufinden.

Einführung

Mein erstes Buch „Der Himmel ist nur einen Schritt entfernt" wurde in der Absicht geschrieben, die Geistigen Wahrheiten in lebensnaher Form zu verbreiten und einen Einblick in das Leben nach dem Tod zu vermitteln.
Ich hatte keine Vorstellung davon, wie dieses Buch von meinen Lesern aufgenommen werden würde. Meine Geistigen Freunde versicherten mir, dass es von allein seinen Weg in die Hände jener finden würde, die für diese Themen offen sind! Dies hat sich als sehr wahr erwiesen, und die Reaktionen und Aussagen meiner Leser darauf haben mich tief berührt.
In Hunderten von Briefen haben sich die Leser bei mir für dieses Buch bedankt. Viele Menschen haben dadurch großen Trost empfangen und Verständnis gewonnen. Ich bin jedoch „nur ein Instrument", und ohne die Hilfe und Führung aus der Geistigen Welt wäre ich außerstande, ein Buch zu schreiben.
Für dieses Gelingen ist ein Team verantwortlich! Es besteht aus den lieben Menschen hier auf Erden, die geholfen, korrigiert und beraten haben; dazu kommen jene Lieben in der geistigen Welt, die mir von Anfang an ihre Hilfe zukommen ließen. Ihnen allen danke ich sehr herzlich.
Da die Rückmeldungen so positiv waren, wird den vielen Lesern, die ein zweites Buch sich wünschten, dieses hoffentlich Freude bereiten.
Ich werde Themen und Fragen behandeln, die in sehr vielen Briefen von meinen Lesern angesprochen wurden. Ich hoffe, damit neue Einsichten zu vermitteln – eine andere Art, die Dinge zu betrachten; für ein tieferes spirituelles Verständnis.

Danke…

Wie ich schon in der Einleitung festgestellt habe, bin ich alleine, ohne die Helfer auf beiden Seiten des Vorhangs, nicht in der Lage ein Buch auf den Markt zu bringen.
Es ist mir deshalb ein inneres Bedürfnis, mich bei denen zu bedanken, die mich unermüdlich unterstützt und mir geholfen haben dieses Buch fertig zu stellen. Sehr herzlich möchte ich mich bei

Herrn Helmut Reuter, Rechtmehring

für die Übersetzung von der englischen Sprache in die deutsche Sprache bedanken.
Mein besonders herzlicher Dank geht an

Frau Dr. Evelin Kainz, Starnberg
Herrn Max Thanner, München

die mich bei den Korrekturen, aber auch bei der Gestaltung des Buches sehr liebevoll begleitet haben.
Weiterer Dank geht an die Firma Parat – Druck, München und an die Firma Edis, Sauerlach, die dafür verantwortlich sind, dass „meine Zeilen" auch den Leser erreichen.

Paul Meek

Kapitel 1

Meine beiden Berufe

Ich hatte zwei Berufe, ich war ausgebildeter Opernsänger und bin ein spirituelles Medium. Ich übte sie beide aus, und obwohl ich mich bemühte, sie voneinander zu trennen, war das nicht immer möglich.
Die Kirche ist keine Opernbühne! Oder zumindest sollte sie das nicht sein. In allen Gottesdiensten werden Lieder gesungen. Von dem Medium oder dem Sprecher wird wegen ihrer Stellung in der Gemeinde erwartet, den Gesang anzuführen. Das Singen selbst ist von größter Wichtigkeit, weil es die Schwingungen erhöht.
Wenn wir Kirchenlieder singen, sollten wir uns der Worte bewusst sein, die wir singen. Dies hilft uns dabei, unser Bewusstsein über das normale Alltagsniveau hinauszuheben und uns auf eine andere Mentalebene zu begeben. Selbstverständlich ist es nicht der Gesang allein, der uns jene Verbindung mit Gott und dem Gott-ähnlichen inneren Frieden verschafft, den die meisten Menschen während eines Gottesdienstes erfahren. Auch die Musik spielt eine sehr große Rolle, denn sie aktiviert unter anderem die inneren Energien, die für die medialen Wahrnehmungen verantwortlich sind. Dadurch wird ein Medium äußerst sensibel. Wo es um Kommunikation mit der Geistigen Welt geht, ist Musik in der Tat äußerst nützlich.

Bei nahem Kontakt zu anderen Menschen ist es für ein Medium völlig unmöglich, deren emotionale Empfindungen nicht wahrzunehmen.
Auch während des Gesangs in einem Chor, wo man im Rahmen der Handlung Menschen berühren, umarmen, oder an der Hand halten muss, empfindet man diese Emotionen.

Bei meiner Tätigkeit in der Oper kam es oft vor, dass ich die Garderobe mit jemandem teilte, der spirituelle Tröstung und Führung benötigte. Oft habe ich, wenn ich neben einem Kollegen auf der Bühne stand, dessen „verstorbene“ Tochter, Mutter, oder andere geliebte Menschen wahrgenommen, oder ich fühlte seine große Traurigkeit!
Ganz gewiss habe ich nie einen „Button“ mit der Aufschrift „Ich bin ein Medium, ich würde dir gern eine Botschaft übermitteln“ getragen. Tatsächlich vermeide ich es gewöhnlich eher, über meine Arbeit zu sprechen, da es sehr ermüdend ist, eine Erklärung dafür zu finden, wie die Medialität funktioniert. Die meisten Künstler sind sehr sensibel, weshalb sie auch sehr empfänglich für alles sind, was mit der Heilung und der Medialität zu tun hat. Sobald ihre Neugier geweckt ist, bitten sie einen, alles ganz ausführlich zu erklären. Sie teilen einem die eigenen Erfahrungen und Meinungen mit und verlangen gewöhnlich nach einem persönlichen Sitting. Bei solchen Anlässen vergisst man „die Zeit“, und es ist durchaus möglich, dass man bis in die ganz frühen Morgenstunden über dieses Thema spricht.
Manchmal spüre ich, wenn jemand äußerst skeptisch war oder aus religiösen Gründen etwas gegen meine Arbeit als Medium hatte. In solchen Fällen achte ich stets ihren freien Willen, der ihnen von Gott gegeben ist. Dann wechselte ich das Thema und wir sprachen über Sänger, Schauspielern und aktuelle Theaterereignisse, außerdem standen uns immer sehr viele andere Themen zur Verfügung, über die wir sprechen konnten. Es gibt sehr viel Eifersucht und Intrigen innerhalb des Ensembles. Klatsch gibt es sowieso immer, und keinem geht der Gesprächsstoff aus.
Es gab viele Fälle, wo sich mir eine Gelegenheit bot, als Medium tätig zu sein. In der Garderobe, in der Kantine, hinter der Bühne, sogar in den Kulissen fand eine Kommunikation mit der Geistigen Welt statt, und es wurde durch mich eine Botschaft weitergeleitet.

Abgesehen von der Übermittlung von Botschaften wurde ich für viele zu einer Vertrauensperson. Manche erzählten mir von ihren Problemen, teilten mir ihre innersten Geheimnisse, aber auch ihre Ängste und Hoffnungen mit. Einige dieser Menschen waren sehr berühmt; man sah zu ihnen auf und bewunderte sie, aber viele waren innerlich einsam. Der Ruhm, das Geld, „das Leben zu leben" und der Mittelpunkt jeder Party zu sein, das waren nur Äußerlichkeiten. Ich sah sie in einem anderen Licht und gab mein Bestes, um sie zu belehren und sie nicht als „Star", sondern als „Seele" anzunehmen.
Viele fürchteten, ihr Image zu verlieren! Das musste unter allen Umständen aufrechterhalten werden! Es ist eine einsame Welt, wenn man Angst hat, sich den Wahrheiten zu stellen und man ständig mit der Furcht lebt, jemand könnte seinen Ruhm und seinen Glanz durchschauen und so die „aufgeblasene Hülle" mit einer Stecknadel platzen zu lassen. Die Reichen und Berühmten, die sogenannten Stars sind nicht zu beneiden! In vieler Hinsicht gilt: Je größer man wird, desto tiefer fällt man!
Ich akzeptierte sie so, wie ich sie antraf, und sah eine völlig andere Seite von ihnen, nämlich ihre Verletzlichkeit und Unsicherheit, was sie wiederum menschlich machte. Ich bemühte mich, ihnen ein wenig von meinem Glauben, sowie eine Menge Verständnis und Liebe mitzugeben, denn das brauchen wir schließlich alle.

Kapitel 2

Die Gottesdienste in der Spiritualist Church

Fast jeden Sonntag hielt ich in einer *Spiritualist Church* einen Gottesdienst ab, und immer traf ich manche liebenswerte Seele und schloss wunderbare Freundschaften. Es gibt ein schönes Sprichwort: „Fremde sind Freunde, die man noch nicht getroffen hat!“ Dies hat sich als überaus wahr erwiesen, wenn ich den Gottesdienst in einer Kirche, oft zum ersten Mal, abhielt. Wenn ich die Kirche betrat, war jeder dort ein Fremder für mich. Beim Abschied sah ich immer nette, lächelnde Gesichter, die „Auf Wiedersehen“ sagten oder „Wir freuen uns auf Ihren nächsten Besuch!“ Oft gab es sogar eine Umarmung und einen Kuss. Ich hatte Freude an meiner Tätigkeit und nahm sie sehr ernst.

Ich hatte stets „Vertrauen in die Geistige Welt“ und habe den Geistigen Wesen immer gestattet, mich im Hinblick auf die Ansprache zu inspirieren. Für all diejenigen, die noch nie an einem Gottesdienst in einer *Spiritualist Church* teilgenommen haben, möchte ich einiges über den Ablauf des Gottesdienstes erläutern.

Am Anfang wird ein Lied gesungen, dann folgt ein Gebet. Üblicherweise schließt sich dann eine kurze Fernheilung an oder einfach die „heilende Stille“, in der alle die Gelegenheit haben, ihre heilenden Gedanken als Gebet an jene ihrer Bekannten auszusenden, die Heilung benötigen. Dann liest der Sprecher kurz aus der Bibel. Nun wird ein weiteres Lied gesungen und das Medium aufgefordert, seine inspirierte Ansprache zu halten. Nach dieser Rede wird noch einmal gesungen, bevor das Medium Durchsagen aus der Geistigen Welt an bestimmte Personen in der Kirche weiterleitet.

Häufig kann die Bibellesung als Grundlage für eine von den Geistigen Wesen inspirierte Rede dienen. Die Geistigen Führer inspirieren das Medium und vermitteln ihm weiterführende Einsichten und Erleuchtung zum Thema der Botschaft.

Häufig haben Medien auch einen Text vorbereitet. Eine vorher formulierte Botschaft, die mit der Lesung überhaupt nichts zu tun hat. Ich habe mich immer gewundert, wie überaus häufig alles wie bei einem Puzzle zusammenpasst. Der Text des Liedes scheint sich in die Lesung zu fügen, und die anschließend durchgegebene Botschaft fügt das Puzzle weiter zusammen, um das gewählte Thema zu vertiefen und zu verstärken.
Ich habe nie daran gedacht, eine Ansprache vorzubereiten, sondern es auf dem Weg zu einem Gottesdienst in einer Kirche stets „den Geistigen Wesen überlassen", mir die entsprechenden Gedanken einzugeben. Auf diese Weise ist man immer vorbereitet, denn diese Gedanken – Worte oder Sätze – tauchen dann in der Lesung auf, die der Gemeindesprecher vorträgt.
Wenn ich an einem Sonntagnachmittag zu Hause eine Tasse Tee trinke, kommt es oft vor, dass ich Melodien aus einem Kirchenlied leise vor mich hinsinge oder summe. Genau diese Lieder, diese Melodien und Texte werden dann am Abend in der Kirche gesungen. Normalerweise wählt der Vorsteher aus, welches Lied gesungen werden soll, und das Medium, das als Gast eingeladen ist, hat darauf keinen Einfluss. Wie wunderbar doch die Geistigen Freunde sind – alles ist wohl geordnet, sodass die Botschaft laut und klar herüberkommt – welche Botschaft es auch sein mag! Ich habe mit vielen anderen Medien gesprochen, die ähnliche Erfahrungen gemacht haben.
Es gab jedoch auch Gelegenheiten, wo mir absolut nichts eingefallen und mir vorher kein Gedanke, kein Wort oder Satz durch den Kopf gegangen ist. Ich hörte die Lesung des Vorstehers oder der

Vorsteherin wie benommen, und dann stand ich auf, um die Ansprache zu halten – in vollkommenem Vertrauen auf die Geistige Welt, die ich ganz nahe an mich heranließ, damit sie mir Worte in den Mund legen konnte. Solche Gelegenheiten lehren uns, wie verlässlich die Geistigen Wesen sind und wie sehr wir von ihnen abhängig sind. Wie unbedeutend, wie unzulänglich sind wir doch!!! Wie oft habe ich einen Gottesdienst beendet, und bin mit den Worten verabschiedet worden: „Paul, diese Botschaft war genau für mich bestimmt! Mit Ihrer Rede haben Sie meinem Leben eine neue Richtung gegeben!“ – „Danke für diese Botschaft, Sie haben den Nagel auf den Kopf getroffen und einige bittere Wahrheiten ausgesprochen.“ – „Sie können sich nicht vorstellen, wie wahr, wie zutreffend Ihre Worte gewesen sind.“ Im Lauf der Jahre habe ich gelernt, dass die Geistige Welt von uns Besitz ergreift, wenn wir es zulassen! Die Geistigen Wesen werden nie unfreundlich sein, sondern uns in jeder möglichen Weise leiten und helfen. Nach solchen Segnungen ist es wichtig, ein großes „Dankeschön!“ auszusprechen.

Kapitel 3

Eine Botschaft für mich aus der Geistigen Welt

Ich erinnere mich, wie ich einen Gottesdienst in der Brighton Church abhielt, wo alles perfekt zu fließen schien. Der Vorsteher war ein älterer Herr aus Wales, der wie ich aus den walisischen Tälern kam. Zu diesem Anlass wählte er all meine Lieblingslieder, der Gesang in jener Kirche war wirklich etwas Besonderes.

Nach einem erhebenden Gottesdienst bekam ich schnell eine Tasse Tee, dann eilte ich zum Bahnhof, um den Zug zurück nach London zu nehmen.

Ich saß gerade im Zug, der aus dem Bahnhof Brighton ausfuhr, als ich eine Geistige Botschaft empfing. „Du hast Arbeit in Deutschland zu erledigen. Lerne die Sprache, du wirst sie brauchen!"

Diese Botschaft wurde mir von meinem Geistigen Führer Blue Water übermittelt! Ich konnte ihn vor meinem geistigen Auge sehen, und seine Worte waren ganz deutlich in meinem Kopf zu hören. Solche Botschaften auf diesem Weg erhält man selten. Oft, wenn ich ein Problem gehabt oder über etwas nachgedacht habe, betete ich um Geistige Führung. Manchmal war ich gesegnet und empfing im Schlafzustand eine kleine Anleitung. Bei anderen Anlässen habe ich, oft mehrere Wochen nach meiner Bitte um Hilfe, Führung in anderer Form erhalten. Ein anderes Medium hat mir eine Nachricht übermittelt, oder jemand hat wie aus dem Nichts etwas gesagt, was ich schlagartig als Antwort auf meine Gebete erkannte. Manchmal habe ich zufällig etwas gelesen, und bereits nach den ersten Zeilen, hat sich die benötigte Führung eingefunden.

Es gibt immer unzählige Wege, auf denen Gott zu uns spricht. Oft gelingt es den Menschen einfach nicht, seine Stimme zu hören; sie sehen die Anleitung nicht, die sich direkt vor ihrer Nase befindet. Es ist sehr selten, eine direkte Geistige Botschaft zu empfangen, wenn man in einem Zug sitzt! In Gedanken befragte ich Blue Water und bat ihn, mir mehr Einzelheiten mitzuteilen. Würde ich als Sänger in Deutschland arbeiten? Oder als Medium? In diesem Stadium war das alles sehr verwirrend. Ich hatte immer bedingungsloses Vertrauen in die Geistige Welt, und so war ich sicher, Deutschland hat eine Bedeutung für mich. Mir blieb fast mein Schokoriegel im Hals stecken, als der Zug dann am Flughafen Gatwick hielt und zwei deutsche Damen einstiegen, die sich mir gegenüber niederließen, mich auf Deutsch begrüßten und anfingen, miteinander zu plaudern. „Ja, ich habe verstanden", sagte ich zu mir in Gedanken!

Es muss einen Monat später gewesen sein, als ich zu einer Kirche etwa eine Zugstunde entfernt von London fuhr, um einen Sondergottesdienst zu halten. Ich kam sehr früh an und wurde vom Kirchenvorstand begrüßt, der bis heute ein guter Freund von mir ist. Er ist ein ausgezeichnetes Medium und verfügt über reiche Erfahrung. Wir saßen in einem kleinen Raum, tranken Tee und unterhielten uns freundlich. Plötzlich wurde sein Blick etwas abwesend, er starrte an meinem Kopf vorbei, als sähe er ein Geistiges Wesen, und sagte: „Oh, Paul! Sie werden lange Zeit in Deutschland bleiben, und sie werden dort im Fernsehen auftreten!" Dann waren seine Gedanken wieder auf der Erde und er erzählte mir von seiner letzten Geburtstagsfeier.

Der Gottesdienst verlief gut, und ich hatte vorher keine Ahnung, welches Thema meine Ansprache haben würde. Die Lesung inspirierte mich dieses Mal nicht. Eine liebenswerte Dame führte für mich den Vorsitz und verlas zwei ihrer Gedichte. Sie waren gut gemeint, aber sehr kurz und ohne Tiefe.

Ich erhob mich, um die Ansprache zu halten, wobei mich Ralph zutiefst inspirierte. Ralph ist einer aus dem Team meiner Geistigen Führer und war auf Erden einst Pastor gewesen. Er arbeitet oft mit mir und ist bei den Tätigkeiten in den Kirchen immer in meiner Nähe. Ich hörte mich sprechen, hatte aber keine Kontrolle über das Gesagte. Auf diplomatische Art kritisierte ich einige Personen der Kirchenversammlung!!!

„Ist es nicht zu einfach, dass ihr euch an eure Spirituellen Zirkel klammert? Dass ihr euch an eure Spirituellen Bücher klammert? Geborgen in euren Kirchen sitzt? Jede Botschaft mit Freude aufnehmt und alles mitnehmt, was die Geistige Welt gibt? Nachdem ihr die erbetene Hilfe, die Erhebung und Erleuchtung bekommen habt, solltet ihr dann nicht verpflichtet sein, dafür ein wenig zurückzugeben? Solltet ihr euch nicht selbst als Kanäle für die Geistige Welt anbieten und hinausgehen, um anderen Bedürftigen zu helfen? Hat nicht Jesus gesagt, dass nicht die Menschen einen Arzt brauchen, die wohlauf und gesund sind, sondern diejenigen, die krank, die bedürftig sind?!"

Die Ansprache ging in der gleichen Art weiter. Am Ende des Gottesdienstes war ich mir wirklich nicht sicher, welche Reaktionen ich zu erwarten hatte. Zu meiner Überraschung war jedermann einverstanden und dankte mir für eine so aufrichtige und lebensnahe Botschaft. Mehrere Leute kamen zu mir und erklärten, dass die Ansprache eine Nachricht für sie persönlich enthalten hätte und dass sie beabsichtigten, danach zu handeln! Der Vorsitzende kam, um mir zu danken und mich zu verabschieden und sagte: „Paul, ich bin noch nie in Deutschland gewesen. Gibt es da eine Gegend mit schneebedeckten Bergen?" Meine ehrliche Antwort war, dass ich es nicht wusste!

Auf der Heimfahrt im Zug überdachte ich den ganzen Tag. Warum hatte mich der Vorsitzende gefragt, ob es in Deutschland Berge gab? Sicherlich hatte er eine seiner hellseherischen Visionen gehabt,

während ich den Gottesdienst gestaltete. Ich schämte mich sehr, dass mein Wissen über Deutschland und eigentlich über ganz Europa so begrenzt war. Ich sollte mir wirklich ein Buch in der örtlichen Bücherei beschaffen, um mich weiterzubilden.
Das Thema der Ansprache bewegte und beunruhigte mich. Sicher war es meine Berufung, als Medium tätig zu sein. Meine Pflicht war es, den Gemeinden der *Spiritualist Church* zu dienen. Hatte ich aber das Recht (selbst wenn mich meine Geistigen Führer dazu inspirierten), Kritik zu üben?
Wie es aussieht, hat genau dieses Thema seinen Weg in viele der Ansprachen gefunden, die ich während der folgenden Monate hielt. Ich liebte die Atmosphäre in den Kirchen, in denen ich Gottesdienste abhielt. So viele Menschen unterstützten meine Arbeit, und die Kirchen waren immer bis auf den letzten Platz gefüllt. Ich war mir der Liebe sehr bewusst, die zu mir hinaufströmte, während ich für die Geistige Welt arbeitete.
Ich spürte, dass sich etwas ändern würde, doch das Gefühl der Ungewissheit, der Unrast, gefiel mir nicht. Bis zu diesem Zeitpunkt war mein Leben nicht leicht gewesen, aber zumindest hatte mich meine Tätigkeit spirituell vollkommen ausgefüllt.
Durch die vom Geist inspirierten Ansprachen hatte sich mein Denken verändert, ich hatte neue Ansichten. Stets gab es ein paar Neulinge in der Kirche, die zum ersten Mal gekommen waren! Sie suchten Hilfe und Spirituelle Einsicht und benötigten Anleitung und Trost. Dies ist eine Aufgabe für jedes Medium, und das ist auch die wichtigste Aufgabe der Kirche.

Es gibt natürlich immer Menschen, die kürzlich einen lieben Angehörigen verloren haben und der Kommunikation mit den Geistigen Wesen dringend bedürfen. Das verstand ich.
Allerdings irritierte es mich, dass so viele Anwesende, Sonntag für Sonntag in die Kirche kamen und immer wieder Botschaften

empfingen. Über den Zeitraum von vielen Jahren hatten sie Hunderte solcher Botschaften von verschiedenen Medien erhalten. Viele von ihnen waren darauf eingestellt, alles anzunehmen, was die Geistige Welt ihnen gab, ohne sich zu fragen: „Kann ich etwas zurückgeben?“ Veränderten die übermittelten Botschaften das Leben dieser Menschen wirklich?

Konnte ich als Medium außerhalb der Kirchen vielleicht nützlicher sein? Ist es mein Weg, meine Pflicht, den Spiritualismus zu jenen zu bringen, die bedürftig sind? Zu jenen Seelen, die nichts von einem Leben nach dem Tod wissen? Zu denjenigen, die auf der Suche und bereit sind, sich belehren und überzeugen zu lassen?

Das waren meine Gedanken. Ich betete sehr intensiv. „Bitte, lieber Gott, Dein Wille geschehe, nicht meiner, damit ich Dir nach besten Kräften diene. Schicke mich dorthin, wo ich am besten von Nutzen sein kann!“

„Bitte, und dir wird gegeben! Klopfe an, so wird dir aufgetan!“

Kapitel 4

Meine Gesangskarriere, meine mediale Arbeit

Meine Gesangskarriere hatte Höhen und Tiefen, und viele Monate lang war ich ohne Arbeit und hatte wenig Geld.
Weil ich im Dienst verschiedener Kirchen stand, einen Medialen Ausbildungskreis leitete und private *Sittings** abhielt, hatte ich trotzdem eine Menge zu tun, nur brachte es mir nicht viel Einkünfte, da es mir sehr schwer fiel, für meine Tätigkeit als Medium Geld anzunehmen. Irgendwie wünschte ich mir, meinen Unterhalt mit dem Singen an der Oper zu verdienen, und ohne Bezahlung als Medium zu arbeiten. Ich spürte, meine Spirituellen Gaben waren von Gott gegeben. Sie waren dazu gedacht, jenen zu helfen und zu dienen, die weniger vom Glück begünstigt waren als ich. Sie waren mir gewiss nicht zur Verbesserung meiner persönlichen Umstände oder zur Gewinnvermehrung gegeben. Es verlieh mir keinen höheren Status, ein Medium zu sein.

In England wird jedem Medium, das in Kirchen Gottesdienste abhält, die Frage gestellt: „Wie hoch sind Ihre Auslagen?“ Denn man bekommt nur seine Unkosten erstattet und erhält kein Honorar. Ein paar Pfund für die Bahnfahrkarte oder für das Benzin. Das muss so sein, denn die Gemeinden der *Spiritualist Church* erhalten sich selbst, sie bekommen nur das Geld aus der Kollekte! Wir müssen alle für die Sache arbeiten, und es ist eine Ehre, ein Botschafter für die Geistige Welt zu sein! Gott sei Dank, dass es diese Kirchen gibt, in denen die geistigen Wahrheiten verbreitet werden!

---

* Sitting ist eine private mediale Einzelberatung mit einem Trost- und Ratsuchenden – dem sogenannten Sitter

Die Leute, die zu den *Sittings* kamen, waren sehr erfreut und wollten mich bezahlen, doch mir war das äußerst peinlich, denn ich bat gewöhnlich nur um eine sehr bescheidene Summe. Folglich war ich wahrscheinlich das billigste Medium in London, denn viele meiner Freunde arbeiteten auch als Medium und verlangten weit mehr Geld für ihre Sittings als ich. Leider wurde das sogar von manchen Menschen missbraucht.

Ich erinnere mich an eine Dame, die zu einem *Sitting* kam. Sie war recht gut gekleidet und trug teuer aussehenden Schmuck. Ehe ich beginnen konnte, erzählte sie mir, sie sei arbeitslos, ihr Gatte hätte sie mit einer Menge Schulden und drei Kindern sitzen lassen. Wegen des Honorars beruhigte ich sie, indem ich ihr anbot, das *Sitting* unentgeltlich abzuhalten.
Während der Sitzung erfuhr ich aus der Geistigen Welt, dass die Dame in einem Friseursalon arbeitete. Da sie mir zuvor bereits erzählt hatte, dass sie arbeitslos sei, gab ich diese Information nur zurückhaltend an sie weiter. Sie antwortete: „Ich putze aushilfsweise in einem Friseursalon." Während der gesamten Sitzung sagte sie nichts mehr; sie nahm jedoch jedes Wort mit großer Aufmerksamkeit in sich auf.
Die Beweise, dass sie die Unwahrheit sagte, waren äußerst massiv, da ich ihren Gatten sah, der Selbstmord begangen hatte und der mir eine Menge über ihr gemeinsames Leben mitteilte. Dadurch wurde mir klar, dass diese Dame unehrlich war. Der Ehemann erwähnte nicht eines der drei Kinder. Er sprach über das Haus, den Laden und über die Wohnung in Spanien. Dafür, dass sie nur Arbeitslosenunterstützung bezog und einige Stunden in einem örtlichen Friseursalon putzte, konnte sich diese Dame sehr viel leisten!

Aus meiner Sicht war das *Sitting* sehr erfolgreich. Ein Medium weiß, wann die Geistige Kommunikation stark ist, selbst wenn man keine Rückmeldung erhält (was häufig bei Leuten vorkommt, die etwas zu verbergen haben, skeptisch sind, oder die einen einfach auf die Probe stellen wollen!!!). Jedenfalls verabschiedete sich die Dame, ohne sich bei mir zu bedanken; sie fragte nur, ob sie zu einem weiteren *Sitting* kommen dürfe. Das allein bestätigte mir, dass die Sitzung den Kern getroffen hatte.

Gleich am nächsten Tag erhielt ich mindestens drei Anrufe. Jede Anruferin bat um *Sittings* und erzählte mir am Telefon dazu noch die Geschichte: Arbeitslosigkeit, Sozialhilfe, Kinder ohne Unterstützung durch einen Vater und vieles mehr. Ich forderte sie auf, vorbeizukommen und sie solle sich wegen der Bezahlung keine Sorgen machen. Meine Geistführer erklärten mir, diese Damen seien unehrlich, ich sollte die *Sittings* nicht ohne Bezahlung durchführen! Ich beschloss, nur die Hälfte des normalen Honorars zu verlangen, was praktisch schon geschenkt war! Sie bezahlten kommentarlos; ich bemerkte, dass jede der Damen teuer gekleidet und gut frisiert war, und die neuen Autos parkten ein wenig abseits, damit ich sie nicht sehen konnte! Dies war mir eine große Lehre. Durch meine Arbeit als Medium bin ich oft Menschen gegenüber gesessen, die unehrlich zu sein schienen. Mit meinen Fähigkeiten als Medium konnte ich erkennen, dass sie in Täuschungen, Lügen oder gar kleinere kriminelle Handlungen verstrickt waren. Als Medium habe ich die Pflicht, jeden so anzunehmen, wie er ist, und einfach nur die Wahrheit zu sagen. Es ist nicht meine Aufgabe, jemanden zu verurteilen oder ihm Belehrungen über gutes moralisches Verhalten zu geben.

Wer ein Medium aufsucht, benötigt den Kontakt mit der Geistigen Welt, es ist die oberste Pflicht eines jeden Mediums, jene zu trösten, die Leid tragen. Wie naiv waren doch diese Damen, wenn sie glaubten, die Geistige Welt täuschen zu können! Bei dieser Gelegenheit

erkannte ich die spaßige Seite der Dinge, da ich schließlich derjenige war, der keine Arbeit hatte und dringend Geld brauchte. Diese Damen empfingen alle eine Menge Hinweise aus der Geistigen Welt, Botschaften voller Anleitung und Erbauung, doch ich war nach dieser Erfahrung klüger geworden.
Wie das Schicksal so spielt, besuchte ich eine Freundin, auch sie war eine Sängerin, und wir verbrachten den ganzen Nachmittag plaudernd, tranken Tee und aßen ihren selbstgebackenen Schokoladenkuchen. Diese Dame kannte jemanden, der im Opernchor in Bayreuth gearbeitet hatte, und sie hatte mir die Idee in den Kopf gegeben, dass ich dort vorsingen sollte. Kaum hatte sie Bayreuth erwähnt, fiel mir plötzlich ein, dass auch ich einen Freund hatte, der dort beschäftigt war. So oder so würde ich also an die Information kommen, ob ich vielleicht dort singen könnte.

Meine Freundin begleitete mich zur U-Bahnstation zurück, wo mir gerade der Zug davonfuhr. „Komm doch mit zum Friseursalon, ich muss noch einen Termin für nächste Woche vereinbaren, und ich glaube, du kennst meine Freundin Cindy, oder?"
Der Name Cindy sagte mir zunächst nichts! Also betrat ich neugierig den piekfeinen Friseur- und Schönheitssalon in diesem recht edlen Londoner Vorort. Die erste Dame die ich sah, sie saß an der Ladenkasse, erkannte ich wieder. Sie war die Inhaberin des Salons und äußerst schockiert, mich zu sehen. Dies war die Dame – arbeitslos, mit drei Kindern und ohne Geld!!! Eine andere Dame, die Frau, die Haare schnitt, sagte: „Hallo, Paul!" Auch sie kannte ich! Meine Freundin vereinbarte ihren Termin und plauderte mit Cindy, die mich zurückhaltend grüßte und mir eine Tasse Kaffee anbot. Die Atmosphäre im Raum hätte man mit dem Messer schneiden können!
Meine Freundin hatte in aller Unschuld über mich geredet, als sie sich die Haare machen ließ. Die Damen hatten beschlossen, mich

auf die Probe zu stellen – und es aufregend gefunden, sich im „Tiefpreis-Paradies“ bedient zu haben! Für mich war das eine wichtige Lektion, eine Lehre, die sich leider noch mehrmals wiederholen sollte, ehe ich sie begriffen hatte. Wieder zu Hause angekommen rief ich die Freundin an, die mir gegenüber Bayreuth erwähnt hatte, und sie versprach, mir alle Informationen und die Adresse mitzuteilen, damit ich dort einen Termin zum Vorsingen vereinbaren konnte. „Lerne Deutsch“, sagte sie. Ihr Brief kam am nächsten Tag, ich schrieb sofort nach Deutschland und bat um einen Termin zum Vorsingen. Später ging ich in die Bücherei und holte mir ein paar Kassetten und Bücher „So spricht man Deutsch“ und „Deutsch lernen in drei Monaten“. Jeden Tag verbrachte ich ein paar Stunden damit, Deutsch zu lernen. Ein wenig Deutsch-Unterricht hatte ich schon während meines Studiums an der Guildhall Musik- und Theaterschule, doch es waren wirklich nur die einfachsten Grundlagen. Übung macht den Meister, und ich war fest entschlossen, Deutsch zu sprechen, da ich das Gefühl hatte, es gehörte zu meinem vorgezeichneten Weg.

Noch keine Aussicht auf Arbeit an der Gesangsfront, und noch immer wurde ich in Trab gehalten durch den Dienst in den Kirchen, wo ich *Sittings* abhielt und es irgendwie schaffte, mit sehr wenig Geld über die Runden zu kommen. Ich musste in Übung bleiben, und auch die Stimme musste trainiert werden. Gesangsstunden waren extrem teuer, doch wenn ich nicht in Bestform war, hatte ich nur sehr geringe Aussichten, häufiger engagiert zu werden – und was wichtiger war, bessere Engagements zu bekommen. Ich betete sehr intensiv darum, dass sich etwas auftun möge, und sei es nur eine Übergangslösung. Einige Tage später kam eine Nachbarin und fragte, ob ich ihrer Tochter Klavierstunden erteilen würde! Das brachte ein wenig Geld, außerdem kam noch ein anderer Nachbar an die Haustür und auch er fragte, ob ich seinen Sohn am Klavier unterrichten wolle.

Alles in allem durchlebte ich eine sehr schwere Zeit, schaffte es aber irgendwie trotzdem, die Gesangsstunden zu bezahlen, damit meine Stimme erhalten blieb. Oft wurde ich gebeten, Sondergottesdienste, Tage der offenen Tür und Jubiläums-Gottesdienste in ganz England abzuhalten, doch diese Veranstaltungen brachten mir kein Geld, was ich allerdings auch nicht erwartet hatte. Rückblickend bin ich für diese Zeit sehr dankbar, denn mir wurde klar, dass dies die Vorbereitungszeit für meine spätere Arbeit war.
Jahre später erkannte ich, dass Geld ein Thema ist, mit dem viele Medien ein Problem haben.

Kapitel 5

Meine erste Beerdigung

Eines Tages wurde ich zum ersten Mal in meinem Leben gebeten, einen Beerdigungs-Gottesdienst zu halten. Ich bekam einen Anruf von einer Dame, die sagte, dass Sie mich besuchen möchte, nicht wegen eines *Sittings*, wie sie mir versicherte, sondern um mich um einen Gefallen zu bitten!

Als diese Dame zu mir kam, erkannte ich sie sofort wieder. Sie war mit ihrem Mann und ihrer Mutter einige Male bei mir zu einem *Sitting* gewesen. Diese Dame teilte mir mit, dass ihre Mutter verstorben sei. Sie hatte jedoch noch vor ihrem Tode darum gebeten, dass ich die Trauerfeier in ihrer *Spiritualist Church* übernehmen solle.
Die Dame war sehr freundlich und höflich, und ich erinnerte mich, dass ihre Mutter eine ebenso liebenswerte Seele gewesen war, die mich öfter konsultierte – ich konnte ihren Wunsch wirklich nicht ablehnen. Bei einer Tasse Tee besprachen wir die Details.

Der Kirchenvorstand hatte alles arrangiert und würde mich notfalls durch den Gottesdienst geleiten. Es gab ein Buch, in dem alles aufgelistet war, was man bei einem Begräbnis-Gottesdienst in einer *Spiritualist Church* brauchte. Heutzutage werden die meisten Beerdigungs-Gottesdienste von einem geweihten Pastor gehalten, aber damals war es nicht unüblich, dass einem Medium oder dem Kirchenvorstand diese Ehre zuteil wurde.
Der Tag kam und ich hielt den Gottesdienst, der sehr gut verlief. Der Sarg wurde von vier Männern in die Kirche getragen. Ich ging

vor dem Sarg und sprach laut passende Texte aus der Bibel. Danach richtete ich ein paar persönliche Worte an die Hinterbliebenen. Jetzt wurde ich ruhiger; doch zuvor war ich etwas nervös. Meine Rede wirkte sehr aufmunternd und kam bei der Familie und den Freunden sehr gut an.

Als ich auf den Sarg blickte, war ich keineswegs überrascht, die Verstorbene lächelnd darauf sitzen zu sehen! Mit ihrem Lächeln dankte sie mir dafür, dass ich ihren Wunsch erfüllt hatte. Nie zuvor hatte ich sie so heiter, so glücklich und so zufrieden gesehen. Sie sah viel jünger als zu Lebzeiten aus. Um sie herum nahm ich andere Geistwesen wahr. Obwohl ich diese nicht sehr deutlich sehen konnte, waren es sicherlich ihr Ehemann, der Vater, die Mutter oder andere ihr nahestehende Personen.
Nach der Trauerfeier gingen wir zum Begräbnis auf den Friedhof, und auch dieser Teil der Beerdigung war nicht übermäßig bedrückend und traurig. Wie üblich nach einer Beerdigung wurde ich von der Tochter der Verstorbenen in ihr Haus eingeladen, wo wir uns alle an Tee, Kuchen und Sandwiches erfreuten.

Die verstorbene Dame war Spiritualistin; sie glaubte fest an ein Leben nach dem Tod. Sie hatte viele Botschaften von ihrem Ehemann, ihrer Mutter, ihrem Vater, ihrem Bruder und anderen Geistwesen erhalten. Der Tod war für sie ein willkommener Gast. Ihre Lieben in der Geistigen Welt hatten sich versammelt, um sie zu begrüßen, sie zu trösten und ihr auf diese Weise beim Übergang zu helfen.
Ihre Familie hier auf Erden war erleichtert, dass ihr irdisches Leid nun beendet war. Sie begriffen den Übergang, den wir Tod nennen. Sie wussten, dass sie nun in die Geistige Welt gegangen war und dort zunächst in das Stadium des Schlafes eintreten würde. Nach dieser Periode der Ruhe und Anpassung würde sie ihre Lieben auf

Erden besuchen, um zu sehen, wie es ihnen geht. Sie waren überzeugt, dass ihre Botschaften durch ein Medium, sei es in einem Gottesdienst der *Spiritualist Church*, oder in einem privaten *Sitting* übermittelt würden.

Als ich sehr gemütlich am Tisch saß und mich unterhielt, bemerkte ich Ralph. Ich wusste, dass er schon während des Gottesdienstes nahe bei mir war und mich auf jedem Schritt des Weges begleitet hatte. In Gedanken bedankte ich mich bei ihm! „Dies ist nicht die einzige Beerdigung, die du übernehmen musst“, sagte er zu mir.
Ist das nicht seltsam? Dies geschah vor vielen Jahren, und bis heute habe ich keine Beerdigungszeremonie mehr übernommen! Das ist das erste Mal, dass Ralph mir etwas sagte, was bis heute nicht eintrat. Möglicherweise werde ich noch in der Zukunft aufgefordert werden, auf diese Art zu dienen.

Für einen Spiritualisten ist der Tod nicht das Ende, sondern ein neuer Anfang. Wir alle sind geboren, um zu sterben, die Sterbeurkunde wird uns sozusagen schon in die Wiege gelegt. Wir sind hier auf Erden, um für unsere Seele zu lernen. Vor der Geburt entscheiden wir mit den höheren Verstandeskräften der Geistigen Welt, welche Lektionen und Erkenntnisse wir lernen müssen, um seelisch voran zu kommen. Für viele Seelen ist die Erde noch immer das wichtigste Klassenzimmer, welches die physischen und emotionalen Ebenen bereitstellt, auf denen viel gelernt werden kann. Wenn diese Lektionen zu Ende gebracht sind, kehren wir dahin zurück, wo wir hergekommen sind. Dann leben wir das wahre Leben. Man könnte sagen: wir werden geboren, um zu sterben und wir sterben, um weiterzuleben! Wir können auch symbolisch gesehen an einen Aufzug denken, einer fährt abwärts, was wir Geburt nennen, einer fährt nach oben, was wir Tod nennen – aber alles gehört zum Leben, da

alles lebt. Das geistige, das seelische und das reale Wesen – sie alle können niemals sterben.
Den physikalischen Naturgesetzen zufolge ändert jede Sache ihre Form. Dies gilt für alles auf der Erde. Ein Blatt Papier war einst ein Baum – verbrenne dieses Papier, und es wird zu Asche. Werfen Sie eine Flasche oder eine Blechkanne ins Meer: Es mag einige Jahre dauern, aber ihr ursprünglicher Zustand wird sich verändern. Pflanzt man einen Apfelkern in den Garten, wird der Apfelkern Jahre brauchen, um ein Apfelbaum zu werden und Früchte zu tragen. Er wird aber sein Aussehen ändern und nicht ein Apfelkern bleiben, obwohl der Apfelkern immer noch zu finden ist!
Mit dem physischen Körper ist es dasselbe, auch er ändert seine Form! Das Gehäuse, die Hülle kehrt zur Erde zurück, „Staub zu Staub, Asche zu Asche"!

„Der Staub auf die Erde zurückfällt als das, was er war, und der Geist zu Gott zurückkehrt, der ihn gegeben hat."
(Kohelet Kapitel 12, Vers 7).

Die äußere Form ist leider nur die Form, mit der wir uns identifizieren. Es gibt keine Möglichkeit, dass diese Form erhalten bleibt, da sie zur physischen Welt gehört, wo jede Form nur begrenzt existiert. Dies müssen wir einfach akzeptieren.

Das wahre Ich – Geist und Seele – gehört nicht der physischen Welt an und ist deshalb unzerstörbar. Die Erde ist nur eine Durchgangsstation. Man benutzt die physische Gestalt als Transportmittel, als eine Verkleidung, die es uns ermöglicht, unsere geplanten irdischen Aufgaben zu vollenden, so schwierig und unmöglich uns das manchmal erscheinen mag. Es ist von uns geplant, zu dieser Zeit hier zu sein, wie auch immer die Umstände und die Gegebenheiten sein mögen, sie haben Ziel, Form und Plan. Sie beinhalten die

Seelenlektionen, Prüfungen und Erfahrungen, die für jeden von uns äußerst lebenswichtig sind.
Wir alle streifen, wenn wir sterben, nur unsere physische Gestalt ab – unsere Hülle oder unseren Mantel, und wie ich schon gesagt habe, ist der Körper nur ein irdischer Träger für Geist und Seele. Geist und Seele sind jedoch in eine feinere, zur Astralwelt gehörende Gestalt gekleidet (dies ist ausführlich in meinem Buch „Der Himmel ist nur einen Schritt entfernt" erklärt) und an die hier herrschenden Schwingungen angepasst. Auch wir besitzen so einen solchen Körper, auf Erden tragen wir einen dicken Mantel darüber, der ihn bedeckt.
Unsere Geistigen Freunde können uns sehen, berühren uns und können uns sehr nahe kommen, wenn sie es möchten. Sie kennen keine Sehnsucht, kein Verlangen, da sie nicht wirklich fortgegangen sind. Sie wissen, dass wir den gleichen Körper besitzen, wie sie ihn jetzt haben, dass wir in einem anderen Stadium ebenso unseren schweren Mantel abstreifen werden und dass wir uns dann in derselben Dimension des Lebens befinden, in der sie jetzt sind. Wenn dies passiert, werden wir unsere Lieben unvermittelt wiedersehen, da die irdische Gestalt alles ist, was uns getrennt hat.
So sehen wir, dass es keine Trennung gibt, und die Trauerfeier sollte weitgehend ein Dank-Gottesdienst sein. Wir sind glücklich, dass unsere Lieben ihre Lektionen und Prüfungen in der irdischen Schule abgeschlossen haben. Wir freuen uns, dass sie den physischen Körper abgelegt haben, was ihnen Freiheit gibt und sie von körperlichen Qualen und Schmerzen erlöst. Wir danken für die Jahre, die sie mit uns verbracht haben und für die Liebe, die fortdauern wird, da das Band der Liebe und des Mitgefühls niemals zerrissen werden kann. Wir wissen, dass sie weiterhin über uns wachen und an unserem Erdenleben teilnehmen werden. Wir müssen Geduld haben, nichts kann so werden, wie es war. Wir brauchen beide eine gewisse Zeit, um uns an die neue Situation anzupassen.

Natürlich werden wir ihre körperliche Anwesenheit vermissen, aber wir müssen lernen, die astrale oder Geistige Präsenz zu fühlen!

Wenn wir weinen, weinen wir wirklich um unsere Lieben im Jenseits – oder weinen wir nicht um uns? Wir müssen versuchen, nach dem Übergang stark zu sein. Erlauben Sie sich Tränen, erlauben Sie sich traurig zu sein, aber Sie müssen sich auch sagen: „Unsere Lieben sind an einem besseren Ort, wo es kein Leiden gibt. Sie sind im Licht und von Liebe umgeben!“ Neiden oder verweigern wir ihnen das nicht! Machen wir uns bewusst, dass sie uns ganz nahe kommen können, dass sie uns bisweilen inspirieren, anleiten oder beeinflussen können, wenn wir das wünschen.
Wir müssen auch wissen, dass sie unsere Tränen, unsere tiefe Sorge spüren, was sie ein wenig traurig machen kann. Tiefe Sorge erzeugt eine dichte, düstere Aura, und man kann sich vorstellen, dass dies wie ein dichtes, dunkles Tuch aussieht, das uns bedeckt und wie eine Barriere oder Blockade wirkt. Jene aus der Dimension des Lichtes nehmen dies als dichten Nebel wahr, der sie weiter von uns entfernt.

Bemühen wir uns, unsere Lieben nicht durch zu viel irdisches Leiden und durch unsere Sehnsucht zurückzuhalten – auch wenn das für Sie sehr hart ist, weil eine gewisse Trauerphase nicht zu vermeiden ist. Sie ist ganz natürlich und muss zugelassen werden.
Wir müssen uns bewusst machen, dass wir uns ebenso wie die Verstorbenen an ein neues Leben anpassen müssen! Aber es gibt immer noch ein gemeinsames Leben – es ist nur unser schwerer Mantel, der unsere Sicht verhüllt!

Bemühen wir uns, uns hier zu Hause zu fühlen – dies ist das Klassenzimmer – ob wir es wahrhaben wollen oder nicht, wir haben immer noch Lektionen zu lernen. Lernen wir sie bereitwillig – sie sind gar nicht so unerfreulich. Jede Schulzeit geht einmal zu Ende. Dann gehen wir nach Hause! Dort werden wir nun mit unseren Lieben vereint sein! Früher oder später haben wir unsere Prüfungen bestanden! Tod wo ist dein Stachel, wo, o Grab, dein Sieg!

Kapitel 6

Ein Trauerfall in der Familie

Was sagen wir den Kindern bei einem Todesfall in der Familie?

1. Beispiel:

Auch Kinder sind mit dem Tod konfrontiert! Oma oder Opa, die sie geliebt haben, ein Haustier, ein Kaninchen, eine Katze oder ein Hund, sie alle gehen in die Geistige Welt. Es ist an uns, ihnen zu erklären, was geschehen ist, doch wie machen wir das?
Ich erinnere mich noch, als ich einmal mit diesem Problem konfrontiert wurde. Ich musste einem kleinen siebenjährigen Mädchen beibringen, dass ihre Großmutter verstorben war.
Um es ihr zu verdeutlichen, erzählte ich ihr folgende Geschichte:
Wir alle besitzen zwei Hüllen, eine äußere und eine innere Hülle. Diese Hüllen sind vergleichbar mit unserer Haut. Die äußere Haut brauchen wir, um in unserer Welt leben zu können, während die innere Haut nur darauf wartet, uns wieder in das Land zurückzubringen, wo wir hergekommen sind. Wenn wir wachsen und älter werden, dehnt sich unsere äußere Haut, so dass sie uns eines Tages nicht mehr richtig passt. Die Haut bekommt Falten, die wir auch Runzeln nennen. Alle alten Menschen haben Falten oder Runzeln. Am Ende wachsen wir aus unserer Haut heraus, sie fällt ab und wir finden uns in unserer inneren Haut wieder. Danach leben wir in einer Welt, die für uns Menschen nicht mehr sichtbar ist. Auch die Elfen und die Feen leben in einer solchen Welt.
Alle Menschen, die aus ihrer äußeren Haut geschlüpft sind, leben in einem Land, das mit unserer Welt verbunden ist.

Wenn wir alt werden und nicht mehr in unsere Haut passen, werden wir manchmal krank und müssen uns ins Bett legen. Bei deiner Oma war das so, sie wurde krank und konnte nicht wieder aufstehen. Sie verlor ihre äußere Haut, und sie ging in ihre innere Hülle, was sie für uns unsichtbar werden ließ. Die Oma kann uns immer noch sehen, kann über uns wachen und liebt uns noch immer sehr. Du siehst also, es gibt keinen Abschied und es gibt keine Trennung. Normalerweise können wir Menschen nur die äußere Haut sehen. Ich sage normalerweise, weil manche Menschen, die sehr empfindsam sind, auch ihre innere Hülle sehen können. Es können Kinder, Tiere oder auch Erwachsene sein. Ihre Haut ist sehr sensibel, sie ist so dünn, dass sie sogar jene sehen können, die „tot" sind und in der anderen Welt, in ihrer inneren Hülle leben.

Manchmal werden kleine Kinder oder Tiere krank oder erleiden einen Unfall. Ein kleines Mädchen, das Doris hieß, hatte eine liebe Katze namens Sissi. Manchmal war Sissi eine böse Katze und kletterte auf Bäume. Eines Tages kletterte Sissi auf einen sehr hohen Baum, und Doris rief dauernd, Sissi solle wieder herunterkommen. Aber Sissi wollte da bleiben, wo sie war.
Dann kletterte Doris auf den Baum, obwohl ihre Mama ihr gesagt hatte, „du darfst nie auf Bäume klettern!" Doris kletterte ganz hoch hinauf. Plötzlich rutschte sie aus und stürzte auf die Wiese, und ihre äußere Haut zerriss. Von nun an lebte Doris in ihrer inneren Hülle, in einem anderen Land, und ging dort mit anderen Kindern spielen, die alle in ihrer inneren Haut lebten. Sie hatte eine andere Katze, die auch in ihrer inneren Hülle lebte, und auch der gab sie den Namen Sissi.

Manchmal gehen Menschen, wenn sie krank werden, in ein Krankenhaus, und gehen wenn sie wieder gesund sind nach Hause. Doch es kommt auch vor, dass sie in ihre innere Hülle schlüpfen.

Es kommt der Tag, da sind wir alle aus unserer äußeren Hülle herausgewachsen und leben in unserer inneren Hülle weiter. Dann wohnen wir alle in dem Land, wo deine Oma lebt, wo Doris und ihre Katze Sissi zu Hause sind. Da dieses Land mit unserem Land verbunden ist, können sie uns möglicherweise manchmal besuchen. Solltest du jemanden aus diesem Land sehen, so ist das wunderschön. Es sind unsere Freunde, und sie dürfen eine kurze Weile mit uns spielen, aber sie kehren stets in ihre Welt zurück.

2. Beispiel:

Die folgende Geschichte ist für etwas ältere Kinder geeignet:
Stell dir vor, wir wohnen in einem Haus, und das obere Stockwerk des Hauses ist unsichtbar. Wenn jemand stirbt, zieht er in den oberen Stock. Dort haben alle die Möglichkeit, zu uns herunterzuschauen. Obwohl sie für uns unsichtbar sind, sind wir für sie sichtbar.
Sie leben in einer Welt des Lichts, und ihre Liebe ist immer mit uns. Eines Tages müssen auch wir unsere Wohnung im Erdgeschoss verlassen. Unsere Lieben, die schon in den oberen Geschossen leben, empfangen uns und begleiten uns in die Welt des Lichtes. Nun leben wir weiter zusammen. Du siehst also, niemand geht fort, einige unserer Lieben entschwinden nur für eine Weile aus unserem Blickfeld. Es kann vorkommen, dass wir sie in einem Licht sehen, weil sie an einem Ort des Lichts leben. Gelegentlich ist es uns möglich, jene zu spüren und zu empfinden, die über uns leben. Das ist ganz natürlich. Sie haben wahrscheinlich den Wunsch, über uns zu wachen, uns zu beschützen, wie die Engel. Vielleicht fragst du dich ja, weshalb sie über uns wachen sollten, wo sie doch in einer so schönen Lichtwelt leben. Nun, weil sie uns lieben, und Liebe besteht ewig.

Kapitel 7

Mein Steuerbescheid

Selbständig zu sein hat den Nachteil, dass der Steuerbescheid Vorauszahlungen vorsieht. Diese Zahlungen sind meist in der Zeit fällig, in der man keine Arbeit und sehr wenig Geld hat. Das ist auch mir einmal passiert. Ich hatte eine Steuerschuld, die ich unmöglich bezahlen konnte. Der Betrag war zwar, um ehrlich zu sein, eher bescheiden, aber wenn man gar kein Geld hat, kommt einem selbst eine bescheidene Summe wie ein Vermögen vor.
Ich hatte mehrere Monate Zeit für die Bezahlung, doch die Geldforderung versetzte mich in Panik. Was konnte ich tun? Ständig kamen Anfragen nach *Sittings*, doch wollte ich nicht soviel wie andere Medien für meine Arbeit verlangen. Ich hatte ein großes Problem, Geld anzunehmen, und sogar noch mehr Schwierigkeiten, um Geld zu bitten! Ein Problem, das ich später zu lösen versuchte.

Ich dachte sogar daran, eine völlig andere Arbeit anzunehmen! Vielleicht konnte ich ja in der Klassikabteilung einer Schallplattenfirma oder in einem Musikladen arbeiten! Zumindest hatte ich von der Musik eine gewisse Ahnung und kannte mich auch im Musikgewerbe etwas aus, sodass ich in der Lage war, Kunden zu beraten.
Gebete waren immer etwas ganz Besonderes für mich, und so betete ich sehr intensiv um Anleitung. Auch ich hatte da ein Problem, wie jeder Probleme hat. Das gehört zum Leben. Ich konnte nicht erwarten, dass das Geld auf einem Silbertablett zu mir herabschwebte. Ganz gewiss dachte ich keinen Augenblick daran, die Geistigen Freunde zu bitten, etwas zu unternehmen um eine Art Wunder zu vollbringen. Selbstverantwortung ist ein wichtiges Lebensprinzip.

Doch ich bat sie, mir beizustehen und mir zu helfen, das Richtige zu tun.

Eines Morgens erwachte ich sehr früh, es muss gegen 6 Uhr gewesen sein, ich konnte einfach nicht schlafen. Ich stand auf, machte mir eine Tasse Tee und ging wieder ins Bett zurück, um zu meditieren. Nach einer Weile sah ich ein mediales „Bild“ – aus Wasser und Brücken. Es schienen mehrere Flüsse zu sein, und über jeden Fluss führte eine Brücke. Dann sah ich eine Windmühle, und plötzlich war das Bild nicht mehr zu sehen. Ehe ich die Augen öffnete, betete ich um Erleuchtung und Erkenntnis, und kurz vor dem Ende meines Gebets erblickte ich Blue Water.
Er wirkte ein wenig streng. „Die kommende Zeit wird nicht leicht sein! Es wird ein Sprungbrett sein, der erste Schritt über das Wasser, und wird dich weiter voranbringen. Glaube daran, wir werden dich stets unterstützen!“ Danach fühlte ich mich so ruhig und erleichtert, ich wusste, es standen Veränderungen bevor und spürte, dass sie bald beginnen würden. Ist es nicht seltsam, dass ich zuvor in meiner Meditation „Wasser und Brücken“ gesehen hatte?
Medien erhalten selten Botschaften aus der Geistigen Welt, die sie selbst betreffen. Wir haben diese Gabe erhalten, um anderen zu helfen und nicht, um ein Medium auf „Rosen zu betten“. Wenn die Geistige Welt zu uns käme und uns die Lösung für jedes mögliche Problem lieferte, wenn wir einfach fragen würden, „Soll ich das tun? Oder soll ich jenes tun?“, oder auch, „Welchen Weg soll ich nehmen? Den linken oder den rechten?“ Wenn die Medien auf diese Fragen die richtigen Antworten bekämen, dann wären sie nichts weiter als Marionetten – Puppen an Schnüren! Gott hat uns allen einen „freien Willen“ und Verstand gegeben, um zu überlegen und das Richtige für uns selbst herauszufinden; dazu ein Bewusstsein, das sich, dem Wachstum unserer Seele entsprechend, ständig verändert. Es gehört zu unserem Lernprozess, Entscheidungen zu

treffen. Wir sind hier, um zu lernen, und die Geistige Welt würde uns keinen Dienst erweisen, wenn sie uns unsere Entscheidungen, unsere Probleme und unsere Lektionen abnehmen würde.
Die Geistige Welt wird uns leiten und stützen und in Zeiten, in denen wir es wirklich brauchen, sogar tragen. Dennoch ist das die Ausnahme und nicht die Regel. Wenn Medien das Bedürfnis nach persönlicher Geistiger Kommunikation verspüren oder Spirituelle Führung brauchen, so besuchen oder konsultieren die meisten von ihnen andere Medien.
Deshalb war ich tief berührt und dankbar für diese Führung, und selbst wenn der vor mir liegende Weg nicht einfach sein würde, hatte ich ihn nicht allein zu gehen. Allein das war schon ein großer Trost.
Ein paar Tage darauf besuchte ich den Mittwochs-Gottesdienst meiner heimischen Spiritualistenkirche. Den Gottesdienst sollte ein neues Medium abhalten. Es war niemand anwesend, der den Gottesdienst auf dem Klavier begleiten konnte, und der Gemeindevorsteher fragte mich, ob ich nicht aushilfsweise einspringen wolle; gerne bin ich dieser Aufforderung nachgekommen. Der Gottesdienst verlief sehr gut, und alle Botschaften wurden dankbar angenommen. Die letzte Botschaft war für mich bestimmt!
„Ich würde gern zu dem jungen Mann kommen, der auf dem Klavier gespielt hat!“ „Ich habe hier eine Dame, die ebenfalls Klavier gespielt und auch gern gesungen hat! Sie war nicht groß, eher gedrungen, und sie verwendete einen Gehstock. Die Dame zeigt mir die Zahl 23! Und sie erwähnt den Namen Mary. Ist das Ihre Großmutter?“
„Nein“, erwiderte ich, „die Dame ist meine Urgroßmutter, sie wohnte in Nr. 23, und ihre Tochter heißt Mary!“
„Nun, jetzt lächelt sie und kommt mit einer anderen Lady, die gewöhnlich Gedichte vorlas!“ Das war höchst erstaunlich. Meine Urgroßmutter pflegte zu singen und Klavier zu spielen, bis sie weit

über 80 Jahre alt war! Ihre Freundin und Nachbarin rezitierte regelmäßig Gedichte.
„Die beiden gaben Kirchenkonzerte und spielten bei verschiedenen lokalen Ereignissen in den walisischen Tälern“, fuhr das Medium fort. „Ihre Urgroßmutter sagt mir, Sie sollen sich wegen des Geldes nicht zu sehr sorgen! Sie werden nicht reich werden! Aber es wird sich alles zum Guten wenden. Sie werden bald damit beschäftigt sein, Fremdsprachen zu lernen.“
Gut, ich war aufgeregt, weil ich eine so schöne und eindeutige Botschaft erhalten hatte, aber was sollte das mit den Fremdsprachen? Und nun auch noch in der Mehrzahl! Ich hatte schon mit Deutsch genug Schwierigkeiten – es sollte doch sicher reichen, wenn ich damit klar kam! Der Gedanke an eine weitere Sprache war mir sehr unbehaglich.
Die Wochen vergingen, und nichts tat sich. Ich blickte mit Schrecken auf meine Steuerschuld; bald würde ich zum Finanzamt gehen müssen und um Stundung oder zumindest um eine Ratenzahlung zu bitten.
Ich war an einem Sonntagabend gerade dabei, mich für den Kirchgang anzuziehen, als völlig überraschend das Telefon klingelte. Ein Chordirektor bot mir eine Stelle als Tenor an, weil einer der Tenöre aus dem Chor erkrankt war, und sie einen Ersatz brauchten. Ehrlich gesagt, ein fürchterlicher Job! Doch ich war nicht in einer Lage, in der ich „nein“ sagen konnte, wie sehr ich mir das auch wünschen mochte.
Es ging darum, im Opernchor einer Tourneegruppe in Holland mitzusingen. Nach der Probenphase würden es etwa zwei Aufführungen pro Woche sein, manchmal nur eine, was bedeutete, dass ich von London aus pendeln konnte. Das große Problem war: Abzüglich der holländischen Steuern war die Bezahlung nicht sehr gut und außerdem musste die russische Oper, „Eugen Onegin“ in der holländischen Sprache gesungen werden!!

Ein paar Tage darauf begann ich mit den Proben und erstellte Bänder mit dem Text auf Holländisch, die ich dann einfach immer wieder abspielte, bis ich diese fremden Worte wie ein Papagei nachsingen konnte.
Die Holländer waren alle sehr freundlich, und die meisten sprachen ausgezeichnet Englisch. Ausgangspunkt war Enschede, ganz nah an der deutschen Grenze, und ich war froh, dass ich angefangen hatte, die deutsche Sprache zu lernen. Es gab viele Gelegenheiten, bei denen ich Deutsch benötigte, manchmal auch eine Mischung aus Englisch und Deutsch. Um die Wahrheit zu sagen: Die Leute waren freundlich, ich brauchte den Job und ich konnte meine Steuerschuld bezahlen, aber auf Holländisch zu singen und durch die Provinz zu tingeln, das sollte nicht der Höhepunkt meiner Karriere sein. War dies das Sprungbrett, von dem Blue Water mir erzählt hatte?
Nachdem die Probenphase vorbei war, verbrachte ich die drei folgenden Monate abwechselnd in Holland und in London. Es war sehr anstrengend, durch ganz Holland zu reisen und dazu immer wieder nach London zurückzukehren. Einmal saß ich in London längere Zeit vor dem Abflug im Flugzeug, denn es gab irgendein Problem, weshalb wir vierzig Minuten warten mussten, bis das Flugzeug startete.
Ich fühlte mich ziemlich niedergeschlagen und bedauerte mich selbst, als ich zufällig nach einer Zeitung griff. Es war ein amerikanisches Blatt, in dem die Geschichte eines Wettbewerbs erzählt wurde! Dabei ging es um ein Rundfunkprogramm, bei dem die Hörer aufgefordert wurden, beim Sender anzurufen um drei Fragen zu beantworten. Die ersten drei Personen, die sich mit den richtigen Antworten meldeten, sollten einen Preis gewinnen.
Die drei Gewinner durften am Eröffnungstag in einem großen neuen Supermarkt mit einem Einkaufswagen durch den Markt gehen und aufladen, was sie wollten, mussten aber innerhalb von 15 Minuten durch die Ausgangskontrolle gehen. Das ganze Programm war

wahrscheinlich als Werbung für den neuen Supermarkt angelegt, es waren Mitarbeiter vom Rundfunk vor Ort und warteten darauf, die drei Gewinner zu befragen, als sie am Eröffnungstag durch die Warenkontrolle kamen.

Die erste Dame hatte ihren Wagen bis obenhin vollgeladen. Sie war außer Atem, schwitzte und wirkte erschöpft. Sie sagte dem Rundfunkreporter: „Ich habe alles in den Wagen gepackt, sogar einiges, was ich nie verwende. Was ich nicht brauche, gebe ich an Freunde und an meine Familie weiter."

Die zweite Dame kam durch die Kasse; auch sie wirkte erschöpft und japste nach Luft. „Ich habe einfach nur die allerteuersten Sachen genommen! Vieles hält sich, einiges davon kann ich einfrieren. Das billigere Zeug kann ich mir immer leisten. Einige der Luxusartikel kaufe ich sonst nie – diese zu kaufen war für mich eine richtige Freude!"

Als die dritte Dame herauskam, wirkte sie sehr kühl und gelassen. Sie hatte nur sehr wenige Sachen im Einkaufswagen, und der Reporter interessierte sich am meisten für sie.
„Meine Dame, warum haben Sie so wenig Ware in ihrem Wagen? Schauen Sie sich die anderen beiden Damen an, sie haben es beide geschafft, die Einkaufswagen bis obenhin vollzubekommen!!!"
Die Dame erwiderte: „Tut mir leid, es ist mir schrecklich peinlich, aber in Wahrheit gehört dieser Laden meinem ‚Vater'! Mein ‚Vater' herrscht über die Welt und wird für mich sorgen. Ich habe nur das mitgenommen, was ich jetzt brauche. Die Zukunft überlasse ich ihm, alles liegt in den Händen meines ‚Vaters'!" Erst an dieser Stelle bemerkte ich, dass ich eine christliche Zeitschrift las! Ich blätterte die Seiten um, plötzlich las ich den Namen *Billy Graham,* womit das absolut bestätigt war.

Jetzt begann ich nachzudenken. Wie wahr und lebensnah doch diese kleine Geschichte war! Wie viele Menschen brachten ihr irdisches Leben so zu wie die erste Dame. Sie rennt herum, sammelt atemlos auf, soviel sie kann, ohne darüber nachzudenken, ob sie die eingekauften Waren auch tatsächlich benötigt. Viele Menschen leisten Überstunden und machen sich fertig, einfach um ein wenig mehr zu haben. Dadurch, so glauben sie, werden sie glücklicher sein.
Wie wird diese Dame dastehen – wenn sie die letzte Ausgangskontrolle dieser Welt passiert? Erschöpft, verwirrt, ohne wirklich zu wissen, was der Sinn in ihrem irdischen Leben gewesen ist! Sie war zu eifrig damit beschäftigt, möglichst viel zusammenzuraffen, ohne sich Gedanken über ihr Handeln zu machen. Gut, sie gab an, sie würde einiges teilen, was sie nicht brauchte oder mochte! Sie bedachte ihre Familie und ihre Freunde! Viele von uns rennen bis zur Erschöpfung herum, nur um unsere Angehörigen oder Freunde mit den Dingen zu versorgen, die sie unserer Ansicht nach gerne hätten!

Die zweite Dame kam sich in der Tat sehr schlau vor. Sie war ebenfalls außer Atem und erschöpft, als sie den Ausgang erreichte. Sie rannte nur mit einem Ziel durch den Supermarkt! Sie wollte nur die teuersten Artikel haben, sie nahm nur die Luxusgüter, sie schaute die alltäglichen Dinge, die sie vielleicht brauchte, gar nicht erst an. Wie würde diese Dame wohl an der letzten Ausgangskontrolle ankommen!?
Wahrscheinlich wollte sie ein Leben führen, das die meisten als Luxusleben bezeichnen würden. Sie hatte das Beste, was für Geld zu kaufen war, genommen. Es war ihr einziges Ziel, einmal in ihrem Leben – nur das Beste zu begehren, egal was es kostet. Vielleicht kam sie ja bei jenen essentiellen Bedürfnissen zu kurz, jenen alltäglichen Dingen, die das Leben so wichtig machen. Vielleicht

würde es ihr auch schwer fallen, ihr „exklusives" Leben hinter sich zu lassen. Der Unterschied zwischen zwei sehr kleinen Wörtern macht eine ganze Welt aus: Bedürfnisse und Wünsche!

Die dritte Dame sorgte sich nur um das Heute und ließ die Zukunft in Gottes Hand. Sie nahm nur das, was sie wirklich brauchte und nicht das, was sie sich wünschte. Ihr Glaube war so stark, dass sie darauf vertrauen konnte, ihr himmlischer Vater würde für ihre alltäglichen Bedürfnisse sorgen. Damit ist nicht gemeint, dass ein silbernes Tablett vom Himmel herabschwebt, auf dem alles liegt, was sie benötigt. Es bedeutet, sie wird mit den Mitteln und Möglichkeiten versorgt, um jene Dinge zu verdienen und zu bekommen, die sie braucht.
Diese Lady könnte die Hand heben und sagen, „Nun, ich habe getan, was ich konnte"! Wenn für sie die Zeit gekommen ist, durch die letzte Ausgangskontrolle zu gehen! Sie wird weit mehr vom Leben erfahren haben, weil sie davon befreit war, herumzulaufen um zu kaufen, zu sparen und zu sammeln.
Irgendwie hatte ich den Eindruck, diese Geschichte sei für mich persönlich von Bedeutung. Hier saß ich und fühlte mich eher depressiv, hockte im Flugzeug und wartete auf den Start, unterwegs, um in einer Oper mitzusingen in einer Sprache, die ich wirklich nicht verstand, und das alles auf irgendeiner kleinen Provinzbühne. Ich tat mir sehr leid! Ich hatte den Eindruck, dass mir übel mitgespielt wurde!
Aber was hätte ich getan, wenn der Job nicht von selbst auf mich zugekommen wäre? Ich betete zu Gott, als ich damals in diesem Flugzeug saß. Ich dankte ihm für seine Güte, seine Führung und seine Liebe. Ich dankte ihm für das Opernengagement und für die Möglichkeit, meine Steuerschuld bezahlen zu können. Es war so vieles, für das ich dankbar zu sein hatte. Gott hatte mir soviel gegeben, dafür wollte und musste ich ihm etwas zurückgeben.

In Holland kam ich mit einer ganz anderen inneren Einstellung an und sang – nicht nur mit guter Stimme, sondern auch mit gutem Herzen. Es gibt ein beliebtes walisisches Lied „Calon Harpis Calon Lan“ – auf Deutsch heißt es „nur ein fröhliches Herz kann singen“.
Als ich wieder nach London kam, erwartete mich ein Brief aus Bayreuth. Ich wurde zum Vorsingen für den Chor der Bayreuther Festspiele eingeladen. Termine zum Vorsingen gab es in Hamburg, Frankfurt und Wien, und nur Hamburg ließ sich mit meiner Arbeit in Holland verbinden. Ich musste also mit dem Zug von Enschede nach Hamburg fahren.
Ich kam in Hamburg an, es schneite, und es war fürchterlich kalt, noch kälter als in Holland. In London ist der Februar viel milder! Zumindest galt das für jenes Jahr. Ich hatte keine richtigen Winterschuhe und auch keinen Wintermantel. Wenn meine Steuerschuld bezahlt war, würden das meine nächsten Einkaufsziele werden. Das Vorsingen verlief gut.
Drei Wochen später kam der Brief mit der Nachricht, dass man mich genommen hatte. War dies das Sprungbrett, von dem Blue Water gesprochen hatte? Nun wurde mir einiges klar. Das Bild mit Brücken über dem Wasser und einer Windmühle – das war Holland, und jetzt würde ich nach Deutschland wechseln. Mein Deutsch war besser geworden, aber noch alles andere als perfekt. Ich würde noch viel mehr lernen müssen und üben, üben, üben!

Kapitel 8

Mein Aufenthalt in Holland

Für kurze Zeit wohnte ich in einer Pension in Amsterdam. Das Zimmer war klein und lag in der obersten Etage. Ich musste die Treppen bis ganz nach oben steigen, weil es keinen Lift gab. Als ich über drei bestimmte Stufen im Treppenhaus ging, wurde mir ganz kalt, und es drehte sich mir der Magen um! Das entwickelte sich zu einem Problem. Jedes Mal, wenn ich die Treppen benutzte, empfand ich das gleiche Gefühl. In diesem Hotel musste sich etwas Schreckliches ereignet haben. Ich wollte diese Stufen einfach überspringen, damit ich nicht auf sie treten musste, doch weil ich klein bin, hätten meine Beine für einen so weiten Sprung nicht ausgereicht. Ich habe ein mediales Bild empfangen, das eine Dame mit zwei Kindern betraf, und dazu ein Gefühl, dass es mit der Zeit des Krieges zu tun hatte.

Am zweiten Tag spürte ich einen ähnlichen geistigen Eindruck, nahm dabei aber eine ältere Dame und Kinder wahr. Als ich am ersten Abend in mein winziges Zimmer kam, erblickte ich kurz einen jungen Mann, aber nur so flüchtig, dass ich kaum davon Notiz nahm. Allerdings erschien mir genau dieser Mann in meinen sehr unruhigen Träumen wieder

Die Pension wurde von einer sehr netten Dame betrieben. Sie stammte aus Südtirol und war mit einem Holländer verheiratet. Die Dame sprach Holländisch, Deutsch, Italienisch und ein wenig Englisch. Wir unterhielten uns auf Deutsch, und ich freute mich, dass ich die Sprache üben konnte, wobei sie meine Fehler korrigierte.

Eines Tages erzählte ich ihr von meinem Problem das ich mit den Treppen hatte. Außerdem sagte ich ihr, dass ich irgendwie schlecht schlafen würde, obwohl mein Zimmer sehr angenehm ist und ich mich in der Pension auch sehr wohl fühle. Ich erklärte, keine Ruhe zu finden und mitten in der Nacht mit den fürchterlichsten Alpträumen aufzuwachen.
Die Dame wurde sehr blass und setzte sich. Sie schenkte zwei Gläser Cognac ein und bot mir eines davon an. Ohne ein Wort trank sie ihr Glas aus, und auch ich kippte meinen Brandy hinunter.
Sie begleitete mich zu den gefürchteten Stufen, und genau an der Stelle, an der ich mich unwohl zu fühlen begann, zog sie den Teppich zur Seite und bewegte irgendetwas. All das geschah so schnell, dass ich wirklich kaum bemerkte, was sie tat. Hier unter dem Teppich war eine Falltüre! Die Stufen bewegten sich und ließen einen winzigen Raum erkennen; Raum ist vielleicht nicht das richtige Wort – es war eher eine Kammer, die als Versteck diente.
Die Dame erläuterte mir, dass in diesem Raum während des Krieges jüdische Personen verborgen gewesen waren, manchmal auch mit ihren Kindern. Der Gipfel war, dass sich in meinem Zimmer während des Krieges jemand erschossen hatte!
Die Dame fragte mich, ob ich wüsste, was ein Medium sei. Ich lachte und erklärte, ich würde für ein solches gehalten!!! Wie sich herausstellte, war sie sehr interessiert an allem, was mit Spiritualismus und Übersinnlichkeit zu tun hatte. Da aber ihr Gatte absolut gegen dieses Thema war, war es für sie sehr schwer darüber zu sprechen.

Ich wollte der Dame ein *Sitting* geben, doch es ergab sich nie eine Gelegenheit, weil sie ständig mit anderen Gästen zu tun hatte und telefonische Anfragen beantwortete. Zudem war sie wegen ihres Ehemannes immer ein wenig nervös, weil sie ja wusste, wie sehr er gegen die Medialität eingestellt war. Allerdings konnten mich die Unterbrechungen nicht daran hindern, ihr eine mediale Botschaft

von jemandem aus ihrer Familie zukommen zu lassen, was sie außerordentlich freute.
Ich erklärte ihr, was es mit *Psychometry* auf sich hatte: Alles hat gewisse Vibrationen, und diese Schwingungen bauen ein Energiefeld auf. Vibrationen und Energiefeld werden „aufgezeichnet", es bleibt sozusagen ein Abdruck oder Eindruck bestehen, und ein Sensitiver oder ein Medium kann diese Aufzeichnung wahrnehmen und ablesen.
Ein Medium oder jemand mit übersinnlicher Begabung kann beispielsweise einen Ring in der Hand halten, dadurch die Schwingungen des Trägers wahrnehmen, ohne dass dieser anwesend ist. So greift er die Gefühle, die verflossenen Emotionen und die Eigenschaften der Person auf. Die Zukunft ist nicht spürbar, sondern nur die Gegenwart und die Vergangenheit.
Beispielsweise trägt jeder persönliche Schmuck, der täglich getragen wird, eine Aufzeichnung der Energie, der individuellen Vibrationen/Schwingungen des Betreffenden. Je länger ein Schmuckstück getragen wird, desto intensiver sind die Vibrationen.
Dies beschränkt sich nicht nur auf Schmuck, Schlüssel und andere persönliche Gegenstände. Es gilt auch für Gebäude, Gebiete und im weitesten Sinn sogar für Länder. Alles, was gewesen ist, hat seine Zeichen hinterlassen, und vieles davon ist bis heute erhalten geblieben. Über die Jahrhunderte hinweg sind in allen Ländern der Welt, wo Menschen leben, sehr viele verschiedene Energiefelder und enorme Vibrationen aufgezeichnet worden, sodass es schwierig ist, sich auf die vielen unterschiedlichen Schwingungen einzustellen. Manche Menschen sind sehr einfühlsam und empfangen automatisch Vibrationen von Energiefeldern. Kinder und Tiere empfinden weit mehr, als wir Erwachsenen uns vorstellen können. Viele aktive Medien in England üben ihre Tätigkeit auch im Ausland aus. Abgesehen von der fremden Sprache (die bei Bedarf übersetzt wird) und der fremden Mentalität sind es auch die Vibrationen und der

Energiefluss des Landes, auf welche sie sich einzustimmen haben, genauso wie auf die höheren und feineren Schwingungen der Geistigen Welt, um zu kommunizieren. Manche Medien kommen damit sehr gut zurecht, während andere weit mehr Schwierigkeiten haben, sich den Veränderungen der Energien anzupassen.
Viele Medien beschränken sich in ihrer Arbeit normalerweise auf ein oder vielleicht zwei fremde Länder; sie gewöhnen sich allmählich an die „Änderung" der Schwingungen. Ich kenne jedoch mehrere ausgezeichnete Medien, die sich weigern, im Ausland zu arbeiten, weil sie Schwierigkeiten haben, sich auf unterschiedliche Schwingungen und den anderen Energiefluss einzustimmen. Das ist bei jedem anders.

Wir sind alle schon einmal in ein Haus gegangen, wo wir uns beim ersten Mal irgendwie unbehaglich gefühlt haben. Selbst wenn das Haus schön möbliert war, die Bewohner freundlich waren, haben wir Schwingungen wahrgenommen, die uns mit einem unguten Gefühl zurückließen. Gut möglich, dass ein früherer Bewohner des Hauses sehr unglücklich oder sogar depressiv war, oder es lebte hier viele Jahre lang jemand, der sehr krank und bettlägerig gewesen ist. Ursache muss nicht unbedingt das Haus selbst sein, es könnte auch am Grundstück liegen, auf dem das Haus errichtet wurde. Es kann aber auch das Gegenteil vorkommen: Wir besuchen unerwartet Freunde, und sie haben noch nicht aufgeräumt und unser Besuch bringt sie in Verlegenheit. Auch wenn die Wohnung nicht so picobello aussieht und unordentlich wirkt, fühlen wir uns vielleicht dennoch wohl und finden es sogar ganz gemütlich.
Jeder kommt im Leben einmal in die Lage, sich eine Wohnung oder ein Haus suchen zu müssen. Manche Orte vermitteln uns ein seltsames, ein unbehagliches Gefühl. Andere wiederum lassen uns kalt – das ist ganz natürlich. An manchen Orten fühlt man sich von Anfang an „wie zu Hause", sobald man die Türe aufmacht!

Natürlich besitzen Medien eine sehr starke übersinnliche Begabung; sie sind nicht nur imstande, diese Vibrationen aufzunehmen, wahrzunehmen und zu empfinden. Gut ausgebildete Medien sind in der Lage, ihre Wahrnehmungen zu interpretieren.
Viele Medien arbeiten mit *Psychometry*. Sie bitten den Sitter, den Ring oder die Uhr abzunehmen. Den Gegenstand halten sie dann in der Hand und konzentrieren sich auf das, was sie fühlen und empfinden. Die so erhaltenen Informationen können erstaunlich präzise sein.

Ich selbst habe das Verfahren früher mehrmals angewandt, weil einige Menschen nicht zu mir kommen konnten, gewöhnlich wegen einer Behinderung oder einer Krankheit. Sie schickten mir im Umschlag einen Ring oder ein Armband, dazu einen kurzen handgeschriebenen Brief. Zu Hause hielt ich den Gegenstand in der Hand, später dann den Brief, und sprach meine Empfindungen und Wahrnehmungen auf ein Tonband, das ich dann an den Absender zurück sandte. Man findet immer einen Weg, Hilfe zu geben!
Mit einem simplen Test kann jeder herausfinden, ob er entwicklungsfähige Voraussetzungen für *Psychometry* hat. Man feuchtet einfach die Hand an, mit der man nicht schreibt, gibt ein wenig Kochsalz auf diese Handfläche und reibt beide Handflächen aneinander. Wenn man einen leichten Salzgeschmack im Mund spürt, besitzt man diese Gabe.

Später stand ich dann wieder auf diesen Treppenstufen und stimmte mich auf die Schwingungen ein – ich öffnete mich als Medium. Es waren keine erdgebundenen Seelen zu sehen: Was ich bei meinen ersten Assoziationen mit diesen Stufen aufgenommen hatte, war damit bestätigt. Ich empfing und las eine Erinnerung, eine sehr dramatische und tragische Erinnerung jener traurigen und verzweifelten Seelen, die sich hier während des Krieges versteckt hatten.

Hier war niemand ermordet worden, auf diesen Stufen war nicht einmal jemand gestorben. Nur Angst, Schmerz und die Gefühle der Hoffnung waren hier vermischt zurückgeblieben.
Wie man sieht, kann man nur all zu leicht zu einer falschen Schlussfolgerung kommen. Viele Menschen haben vielleicht geglaubt, die starken Empfindungen von Unbehagen und sogar Angst hätten etwas mit ihnen selbst zu tun! Das könnte in einem früheren Leben gewesen sein – ihnen war auf diesen Stufen ein Missgeschick widerfahren. Andere mögen gedacht haben, die Seelen der Juden, die sich im Krieg hier versteckten und vielleicht getötet worden waren, seien erdgebunden und könnten deshalb keine Ruhe finden! Es gibt viele mögliche Erklärungen, doch nun kannte ich die wahren Begebenheiten. Ich verschloss mich als Medium wieder; ich schützte mich bewusst, um nicht länger die Schwingungen zu empfinden, wenn ich die Stufen überquerte.
Als ich mit der Inhaberin der Pension sprach, stellte sich heraus, dass so gut wie niemand davon gesprochen hatte, sich wegen der Treppenstufen unwohl oder merkwürdig gefühlt zu haben. Ich sage „so gut wie“, weil sie sich an mindestens zwei andere Leute erinnerte, die ihr davon erzählten. Möglicherweise hatten diese Leute die Schwingungen wahrgenommen, dachten jedoch, sie fantasieren! Auch erwähnte sie, dass eine junge Dame nur eine Nacht in meinem kleinen Dachzimmer verbracht hatte, obwohl sie eine ganze Woche bleiben wollte!
Im Laufe der Zeit werden diese Schwingungen immer schwächer werden, und irgendwann nicht mehr wahrnehmbar sein.
Es ist für einen sensitiven Menschen sehr schwierig, an einem Ort mit nicht sehr positiven Schwingungen zu leben. Denken Sie dabei an meine kleine Dachkammer, in der ich einige ruhelose, von Alpträumen begleitete Nächte verbrachte.
Am Abend bevor ich Amsterdam verlassen musste, saß ich in meinem Zimmer und stimmte mich auf die Geistige Welt ein.

Ich sprach ein Gebet und fragte, ob ich helfen könne, falls jemand mit mir in Verbindung treten möchte.
Mir erschien derselbe Mann, den ich in meinen Alpträumen und an meinem ersten Abend in meinem Kämmerchen gesehen hatte. Er wirkte sehr traurig, und ich fragte ihn: „Warum sind Sie so traurig? Mit wem möchten Sie Verbindung aufnehmen?" Er antwortete nicht mit Worten, aber ich empfing Bilder und hatte starke emotionale Empfindungen. Ich redete Englisch mit ihm, auch wenn er Holländer war. In der Medialität verständigt man sich telepathisch, weshalb die Sprache unbedeutend ist.

Die folgende Geschichte, die er mir erzählte, ist sehr traurig.
Der Herr war ein nicht sehr erfolgreicher holländischer Künstler gewesen. Er verliebte sich in eine Jüdin, die verheiratet war und ein Baby hatte. Ihr Ehemann flüchtete, als der Krieg ausbrach. Sie blieb in Amsterdam zurück, wo sie mit dem Baby mittellos in „meinem" kleinen Zimmer dieser Pension wohnte. Sie verliebte sich in den Künstler, doch bald bekamen sie Streit, und sie beendete die Beziehung, deshalb, weil sie mit den Schuldgefühlen, die sie ihrem Ehemann gegenüber hatte, nicht zurechtkam. Sie wollte in Treue zu ihm stehen. Deshalb verließ sie mit ihrem Baby die Pension.

Der junge Künstler suchte sie überall, konnte sie aber nicht finden. In seiner großen Verzweiflung erschoss er sich.
Seine Seele kehrte hierher in die Pension zurück, weil er sich von der Erde und seinen dort erlebten Qualen nicht lösen konnte. Er wollte niemanden stören oder erschrecken. Die Schwingungen seiner Gefühle, Liebe, Verlassenheit, Verletzung und Verzweiflung ließen ihn von Zeit zu Zeit an diesen Ort zurückkehren. Ich glaube, wenn jemand in diesem Zimmer wohnte, von dem er annahm, dass er Sympathie und Verständnis – oder gar Mitleid – erwarten durfte, zog ihn das noch mehr an. Das versperrte ihm in

einem gewissen Grad seinen zukünftigen Weg in der Geistigen Welt.
Ich sprach mit ihm, sein Name war Jan. „Jan, ich weiß, dass Sie keine Ahnung von der irdischen Zeit haben, vielleicht wissen Sie aber, dass der Krieg seit vielen Jahren zu Ende ist. Ich glaube, dass die Dame und ihr Kind nur mit der Hilfe ihres zurückgekehrten Mannes flüchten konnte, und dass alle drei den Krieg überlebt haben! Wenn Sie sie wirklich lieben, wollen Sie sicher, dass sie glücklich ist. Ich glaube, dass sie noch lebt. Sie ist jetzt eine ältere Dame. Wenn sie aber schon in der Geistigen Welt ist, werden Sie sie nicht so leicht finden, da sie sich auf einer anderen Ebene als Sie in der Geistigen Welt befindet. Jan, ich denke, dass sie bei ihrem Mann ist. So traurig das auch ist, Sie müssen mit dieser Situation zurechtkommen und Ihren Weg fortsetzen. Die Dinge haben sich geändert, hier ist niemand mehr, den Sie kennen. Niemand kann Ihnen hier helfen. Sie haben schon das Licht gefunden, gehen Sie tiefer und weiter hinein, gehen Sie in Licht und Frieden und kehren Sie nicht mehr hierher zurück."
„Niemand hat mich je geliebt!" Als Jan das sagte, traf er mich wirklich mitten ins Herz, er tat mir so Leid. „Ich werde Sie lieben, Jan. Ich werde Ihnen meine brüderliche Liebe geben, ich weiß, dass dies nicht dieselbe Liebe ist, die Sie von der jungen Dame erhofft hatten. Es gibt viele Formen der Liebe, und ich glaube Ihnen wirklich nicht, wenn Sie mir erzählen, dass Sie niemand je geliebt hat!
Bitte denken Sie nochmals nach, überdenken Sie Ihr ganzes Leben. Sie hatten Familie, Freunde – sicher haben einige von ihnen Sie sehr geliebt; vielleicht haben Sie ihre Liebe nicht bemerkt?"
Plötzlich lächelte er, und ich war erstaunt, wie gut er aussah. Mit dem traurigen Gesicht hatte er ganz anders gewirkt. Er verschwand so schnell, wie er gekommen war, und der Raum fühlte sich plötzlich viel harmonischer an. Ich wusste, er würde nicht zurückkehren, er hatte das Licht gefunden und war in Frieden gegangen!

Ich wusste durch meine medialen Fähigkeiten, dass Jan nicht mehr an die Erde gebunden war, er war noch weiter ins Licht gegangen. Sein Selbstmitleid, seine Unfähigkeit, die Vergangenheit loszulassen, um mit der gegenwärtigen Situation klarzukommen, behinderten seine künftige Weiterentwicklung. Symbolisch könnte man sagen, dass er sich häufig in einem „überschatteten Bereich" befand, der mit einem tiefen Forst oder Wald zu vergleichen ist, wo Sonnenschein und Licht nicht durch die Wipfel dringen können. Doch es waren seine Gedanken, die diese Schatten hervorbrachten. Aus freiem Willen schnitt er sich weitgehend von denen ab, die ihm helfen wollten. Ich aber forderte ihn auf, tiefer ins Licht zu gehen, und er tat es. Es gibt verschiedene Stufen von „Licht". Indem er bewusst weiter ins Licht ging, würde er die Ebene seines Bewusstseins heben und dann all jene besser wahrnehmen, die verfügbar und bereit sind, ihm zu helfen. Sobald er sich von seinen irdischen Gefühlen getrennt und Geistige Einsicht gewonnen hat, wäre zu einem späteren Zeitpunkt der Kontakt mit der geliebten Dame vielleicht möglich – aber nur, wenn sie denselben Wunsch verspürt.

„Es wird keine Nacht mehr geben, und sie brauchen weder das Licht einer Lampe, noch das Licht der Sonne. Denn der Herr, ihr Gott, wird über ihnen leuchten"
(Offenbarung Kapitel 22, Vers 5). (Jerusalemer Bibel)

Am nächsten Morgen frühstückte ich und verabschiedete mich mit Umarmung und Küssen von meiner Freundin, die die Pension führte. Ich rannte die Treppe hinauf, um meine Sachen einzusammeln, und in dem Moment als ich die Türe hinter mir schloss, hörte ich innerlich eine Stimme.
„Ich danke dir, mein Bruder!" Es war Jan. Einige Tränen liefen mir über die Wangen, ich war seinetwegen so berührt, so glücklich. Ich dankte Gott im Gebet.

Dies ist nicht wirklich ein Fall von „Erdgebundenheit", wie viele denken mögen. Nur wenige Menschen hatten seine Anwesenheit im kleinen Zimmer gespürt. Er wollte niemanden stören, und seine Anwesenheit war in keiner Weise böse oder unfreundlich. Man fühlte nur seinen großen Kummer, seine Ruhelosigkeit und Verwirrung. Als er sein Leben beendete, verlagerte er seine Probleme, seine zerbrochene Liebesaffäre und sein gebrochenes Herz, von einer Lebensebene in eine andere; sich selbst zu töten löst das Problem nicht. Er hatte sein Weiterkommen in der Geistigen Welt mit Selbstmitleid und Verwirrung behindert.
Meine Geistigen Führer haben mir mitgeteilt, dass seine Geliebte noch in der physischen Welt weilt und in einem anderen Land lebt. Vermutlich würden sie sich nicht auf derselben Ebene wieder finden, weil ihre emotionalen Empfindungen füreinander viel zu unterschiedlich waren. Denn wenn sie keine Verbindung mit ihm wünschte, wenn sie Jahre damit zugebracht hat, ihre Untreue gegenüber ihrem Ehemann zu bereuen, wird wahrscheinlich kein Zusammentreffen zustande kommen. Mit der Zeit aber, wenn beide Seelen in der Geistigen Welt Fortschritte gemacht haben und sie bereit sind, sich zu begegnen, könnte ein Wiedersehen stattfinden.
Wenn jedoch jemand ständig in diesem Zimmer gelebt hätte, so bin ich überzeugt, dass Jan nach einer Weile mit seinen seltenen Besuchen dort aufgehört hätte. Im Laufe der Jahre hätte diese Person ihre eigenen Schwingungen dort aufgebaut, und Jan hätte seine Bindung an dieses Zimmer verloren. Bis jetzt kamen und gingen ständig andere Menschen, wie es in einem Hotel üblich ist, so dass keine neuen starken bleibenden Schwingungen oder Energiefelder aufgebaut werden konnten.

„Ich weiß, dass jeder eine gute Geistergeschichte mag, aber ich würde nicht sagen, dass in dieser Pension Gespenster ‚umgehen', obwohl ich mir vorstellen kann, dass einige das anders sehen".

Können Sie sich vorstellen, in einem Haus mit solchen Stufen zu wohnen?!
Viele haben eigenartige Gefühle oder schlafen in einem solchen Zimmer sehr schlecht. Zunächst hat das nicht zwangsläufig mit Geistern zu tun. Es könnte eine Wasserader unter dem Haus sein, oder es überschneiden sich Magnetfelder (sich kreuzende Energiefelder sind überall unter der Erde zu finden). Dies kann man prüfen und ausschließen. Es gibt natürlich auch eine simple Lösung: Man wechselt einfach das Bett!
Jedermann weiß, dass da, wo sich ein Hund hinlegt, ein guter Platz zum Schlafen ist, wo eine Katze sich hinlegt, ist ein energetisch schlechter Platz. Wenn hingegen jemand ein ähnliches Problem, wie es sich in der Pension darstellte, in einer Wohnung oder im Zimmer eines Hauses hat, so kann er etwas dagegen tun. Mit der Zeit werden die Schwingungen der Energiefelder schwächer, und Sie können dazu beitragen, diese zum Erliegen zu bringen, indem Sie neue Schwingungen, d.h. ein neues Energiefeld aufbauen.
Spielen Sie jeden Tag schöne Musik in diesem Zimmer. Beten Sie und zünden Sie eine Kerze an. Sagen Sie einfach: „Du bist ein schönes Zimmer, hier will ich immer Licht, Harmonie und Glück finden." Sagen Sie das mit starker Überzeugung täglich einige Monate lang.
Schmücken Sie das Zimmer mit hellen Farben, mit frischen Blumen und mit Pflanzen. Lassen Sie in diesem Zimmer, wenn möglich, Kinder spielen. Oder erlauben Sie einem Hund, sich dort für einige Zeit aufzuhalten, wo er vom Herrchen oder Frauchen freundliche Klapse und Streicheleinheiten erhält. Lüften Sie das Zimmer, lassen Sie frische Luft und Sonnenschein herein. Schon bald werden Sie im Zimmer ein neues Gefühl wahrnehmen. Positive, glückliche Schwingungen können von seinen Wänden aufgenommen werden.

Da es, logisch betrachtet, so viele Kriege und soviel Leid gegeben hat, liegt der Schluss nahe, dass sich sehr sensitive Menschen häufig unwohl oder nicht ganz auf der Höhe fühlen, ohne manchmal zu wissen, warum! Das ist aber verständlich, denn es kann nicht jeder, ohne dafür ausgebildet zu sein, diese Empfindungen und Schwingungen lesen und deuten. Doch es gibt immer im Leben einen Ausgleich. So, wie man negative Vibrationen, Angst, Unglück und tiefe Depression wahrnehmen kann, kann man auch die Schwingungen von Glück, Harmonie und vor allem das spüren, was gut ist. Nichts im Leben geschieht, was nicht aufgezeichnet oder bemerkt wird.

Kapitel 9

Meine Reise nach Deutschland

Meine Abreise nach Bayreuth rückte näher und ich wurde immer nervöser. Nach meiner Ankunft in Bayreuth an der Oper wurde ich sofort sehr beschäftigt, sodass ich kaum mehr Zeit hatte, mir Sorgen über meine Zukunft zu machen. Der Chor war international besetzt, es waren auch Sänger aus England und Amerika anwesend, mit denen ich mich in meiner Sprache unterhalten konnte. So fühlte ich mich nicht so allein.

Neben dem Einstudieren der Musik mussten wir auch viele Operntexte lernen und oft dachte ich, „das schaffe ich nie“. Trotzdem stürzte ich mich in die Arbeit und konnte sehr schnell alle Opern auf der Bühne auswendig singen. Deutsch war noch immer ein Problem für mich. Ich hatte gelernt, „Guten Tag“ zu sagen, in Franken hörte man von jedem „Grüß Gott“. Mir wurde beigebracht, „Auf Wiedersehen“ zu sagen, während es in Franken üblich war sich mit „Ade“ zu verabschieden. Wenn zwei Deutsche sich im Dialekt unterhielten, konnte ich sie kaum verstehen. Der Spruch „Übung macht den Meister“ hat schon seine Bedeutung!
Jeder sensible Mensch mit medialer Begabung, der Bayreuth besucht, kann das Energiefeld wahrnehmen, das Richard Wagner hinterlassen hat. Sein Geist ist dort während der Festspielzeit immer noch sehr deutlich zu spüren!
Die Premierennächte waren ganz eigentümlich, die Atmosphäre war elektrisierend und für mich ein unvergessliches Erlebnis. Es kam mir vor, als hätte ich zwei völlig gegensätzliche Erfahrungen gemacht; zunächst die Operntournee auf kleinen Bühnen in

Holland, und dann die Aufführungen an der Oper von Weltklasse in Bayreuth. Die Disziplin und die Zusammenarbeit mit den Opernstars in Bayreuth waren etwas völlig Neues für mich, aber wie sich später herausstellen sollte, ein sehr gutes Training für die folgenden Jahre.

Ein Erlebnis wird mir immer im Gedächtnis bleiben. Es war bei einer alten Inszenierung von „Tristan und Isolde" mit sehr kleinem Männerchor, von denen die meisten aus dem Chor die Inszenierung kannten. Wir waren nur für ein paar Minuten auf der Bühne zu sehen; zumeist sangen wir abseits in den Kulissen.
Ein Bursche aus Japan und ich gehörten zu den wenigen Neuen, die das Stück zum ersten Mal sangen. Er hatte in Wien studiert, und damals glaubte ich, er würde gut Deutsch sprechen. Inzwischen ist mir klar, dass sein Deutsch kaum besser war als das meine. In der Probe erklärte der Direktionsassistent, er würde, da die meisten mit der Inszenierung vertraut waren, um „Zeit zu sparen" uns sagen, was wir zu tun hätten, damit wir es nur ein einziges Mal auf der Bühne proben müssten.
Wir befanden uns alle gemeinsam auf einem Schiffsmast und sollten uns an den Schultern berühren oder uns auf ganz natürliche Weise aneinander festhalten, während wir sangen. Bis jetzt konnte ich die in deutscher Sprache gegebenen Anweisungen verstehen, doch was nun folgte, verstand ich nicht! Vor der Kaffeepause fragte der Direktionsassistent, ob wir ihn verstanden hätten. Ich sah meinen japanischen Freund an, der zustimmend nickte. Darüber war ich sehr erleichtert. Zu meinem Schrecken musste ich in der Kaffeepause feststellen, dass er nur aus Höflichkeit genickt und auch nichts verstanden hatte. Im Laufe der Zeit begriff ich, dass er immer zu allem zustimmend nickte.
Wir waren auf der Bühne und alle auf unseren Positionen hoch auf dem Mast. Während wir sangen, senkte sich der Mast allmählich

nach vorne. Das geschah so überraschend, dass ich ebenso wie der Bursche aus Japan das Gleichgewicht verlor. Wir umklammerten beide den Hals unseres Vordermanns und sangen, so laut wir konnten. Die Männer vor uns waren älter und kräftig, konnten aber keinen Ton mehr singen, weil sie keine Luft bekamen! Die Probe wurde unterbrochen, und der Mann vor mir, er war wirklich sehr freundlich, sagte: „Um Himmels Willen, Kleiner! Was hast du vor? Willst du mich umbringen!" Als ich den Halt verlor, hatte ich ihm die Arme um den Hals geschlungen und ihn fast erwürgt – jedenfalls bemerkte ich, dass er eine komische Farbe angenommen hatte!

Alle lachten, nur der Bursche aus Japan konnte jedoch unseren Humor nicht verstehen. Ich hatte meine Lektion gelernt. In Zukunft würde ich immer sofort sagen, wenn ich etwas nicht verstanden hatte.
Die Saison ging zu Ende, ich fühlte mich im Festspielchor von Bayreuth wie in einer großen Familie. Zu dieser Zeit war die Deutsche Mark gegenüber dem Pfund sehr stark. Ich wunderte mich, wieviel Geld mir nach Abzug der Steuern und Sozialabgaben übrig blieb.
Insgesamt sang ich bei neun Spielzeiten in Bayreuth, und für die dort gemachten Erfahrungen bin ich sehr dankbar. Es gibt keinen besseren Weg, eine Fremdsprache zu lernen, als in dem Land selbst. Deutschland wurde für meine künftige Arbeit wichtig, und wenn ich heute zurückblicke, erkenne ich, dass Bayreuth eine wichtige Station für meinen künftigen Lebensweg war.
Bayreuth war ein Teil meines Lebens; ich lernte dort viele Freunde kennen. Am Ende der Saison kehrte ich nach London zurück.

Einige Zeit später erhielt ich einen Brief von einer Dame aus Deutschland. Sie hatte eine Organisation mit dem Namen „Transmission" in München aufgebaut. Dort arbeiteten britische Medien,

die private *Sittings* gaben und an einem Abend dem Publikum ihre medialen Fähigkeiten demonstrierten.
Ich war sehr erfreut und aufgeregt wegen dieser Einladung und nahm sie auf der Stelle an. Leider konnten wir keinen gemeinsamen Termin finden, denn ich war mit meiner Tätigkeit in den Kirchen und Konzerten und später auch in Bayreuth ausgebucht.

Etwa ein Jahr später rief mich die Dame nochmals an. Robin Stevens, ein Freund und ein sehr bekanntes Medium, er sollte in München arbeiten, war aber erkrankt. Er war so freundlich gewesen, mich zu empfehlen, und die Dame hoffte, ich würde für ihn einspringen! Zu dieser Zeit hatte ich kein Engagement und nahm die Einladung an.
Zwei Tage später flog ich nach München. Ich glaube, ich war nie zuvor so nervös gewesen: Noch an diesem Tag würde ich zum ersten Mal in Deutschland an einem öffentlichen medialen Abend mit einer Dolmetscherin arbeiten!
Kaum hatte ich das Flugzeug verlassen, fühlte ich mich wie zu Hause. Ich glaube, damals erkannte ich schon, dass dies wohl meine zukünftige Basis für meine mediale Arbeit werden sollte, ohne wirklich zu wissen, warum und wie.
Der Abend verlief ganz fantastisch. Ich konnte gar nichts falsch machen. Die Botschaften kamen „laut und deutlich". Ich war so sehr erleichtert!
Die Dolmetscherin war ganz ausgezeichnet, und wir kamen von Anfang an gut miteinander zurecht. Mein begrenztes Deutsch war ein Geschenk Gottes, ließ aber doch noch sehr zu wünschen übrig.
In den folgenden Jahren wurde ich regelmäßig eingeladen, um dort zu arbeiten. Ich hatte sehr schnell viele Freunde in München gefunden und war erfreut, hier dienen und den Menschen helfen zu können, die durch mich mehr über das Leben nach dem Tode erfahren konnten, oder durch mich Botschaften aus der Geistigen Welt emp-

fingen. Während meiner medialen Tätigkeit war ich außerdem noch als Opernsänger tätig.
Mit meiner Tätigkeit in Deutschland und dem Gesangsengagement an der Convent Garden Opera in London sowie den Gottesdiensten in der Spiritual Church wurde es für mich schwierig, alle Aufgaben zu erfüllen. Ich war nie dafür bekannt gewesen, dass ich Gottesdienste absagte, da ich der Überzeugung war, es handle sich da um eine Verabredung mit Gott, also um etwas ganz Besonderes, das man zu allen Zeiten in Ehren halten musste. Doch nun war ich erstmals im Leben gezwungen, einen Gottesdienst abzusagen, denn ich konnte nicht an zwei Orten gleichzeitig sein. Schon gar nicht, wenn sie tausend Meilen auseinander lagen!

Kapitel 10

Mein kleiner Freund „Tinker“

Zu dieser Zeit brachte meine Mutter einen kleinen Welpen nach Hause. Es war ein Yorkshire Terrier, den wir „Tinker“ nannten. Er war so klein und hilflos, und er wurde zur „Nummer 1“ der ganzen Familie.
Tinkers Körbchen stand in der Küche und wir brachten ihn dazu, dort zu schlafen! Oft war ich der letzte, der zu Bett ging, wenn ich nach der Opernaufführung gegen Mitternacht nach Hause kam. Tinker war meist so aufgeregt, wenn er mich sah, dass sein winziges Schwänzchen Überstunden machte! Ehe ich zu Bett ging, ließ ich ihn stets ein letztes Mal in den Garten hinaus, damit er sein Geschäft verrichten konnte.
Es sah so aus, als würde Tinker Musik mögen! Ehe ich zur Arbeit ging, wärmte ich gewöhnlich meine Stimme auf, indem ich Tonleitern hinauf und hinunter sang. Tinker liebte das und stimmte sogar in den Gesang ein! Ich musste nur den Deckel vom Piano aufklappen, schon war er da, wie aus der Kanone geschossen! Stundenlang hörte er zu, wenn ich Klavier spielte und meine Musik lernte.

Leider wusste Tinker nicht, wie gefährlich die Straße für ihn war. Wenn die Vordertür offen stand, rannte er hinaus, so dass wir oft Angst hatten, er würde überfahren. Er war ja so schnell, und keiner konnte mit ihm mithalten.
Ich sollte an einer abendlichen Sonderveranstaltung mit zwei meiner Lieblingsmedien teilnehmen. Es war eine Ehre für mich, dass man mich gebeten hatte, an der Seite dieser beiden hoch angesehenen, sehr berühmten Medien zu arbeiten.

Es kam der Morgen dieses besonderen Tages, und ich musste noch einige wichtige Briefe zur Post zu bringen. Wie jeder Hund wollte Tinker immer mit nach draußen genommen werden! Ich legte ihm die Leine an, und wir „gingen Gassi“. Als zwei Schuljungen angelaufen kamen, fing Tinker zu bellen an. Plötzlich stieß einer der Jungen mit mir zusammen, so dass ich hinfiel. Tinker rannte in Panik vor den Kindern davon, direkt auf die Hauptstraße, wo er von einem Auto angefahren wurde! Der Wagen hielt nicht an, ich war so schockiert, dass ich mir nicht einmal das Kennzeichen oder auch nur die Farbe notieren konnte!

Tinker zitterte und war voller Blut, er hat mich sehr traurig und hilflos angeschaut – sozusagen „hilf mir bitte“. Ich stand sprachlos in der Mitte der Straße und nahm ihn in meine Arme. Wie aus dem Nichts tauchte ein Mann auf; er war aus seinem Auto gestiegen und hielt ein altes Handtuch in der Hand. „Packen Sie ihn da hinein und steigen Sie in meinen Wagen ein. Ich bringe Sie zum nächsten Tierarzt.“
Obwohl die Fahrt kurz war, sind mir trotzdem sehr viele Gedanken durch den Kopf gegangen. Ich betete „bitte lieber Gott, lass ihn nicht sterben und gib mir die Kraft meiner Familie diese furchtbare Nachricht zu überbringen“. Der gute Mann brachte uns in die Tierklinik. Ich konnte mich später nicht einmal erinnern, ob ich mich bei ihm bedankt habe.
Die Tierärztin nahm Tinker entgegen. Sie sagte: „Sie müssen mit allem rechnen. Der kleine Hund überlebt wahrscheinlich nicht. Er hat einen schweren Schock und Schmerzen. Sein Herz schlägt viel zu schnell. Ich tue mein Möglichstes, aber viel Hoffnung habe ich nicht.“
Ich fühlte mich so schrecklich, so schuldig, obwohl ich wusste, es war nicht mein Fehler. Die schlimmste Aufgabe stand mir erst noch bevor. Ich musste nach Hause gehen und meiner Familie mitteilen, was geschehen war. Alle liebten Tinker doch so sehr. Ich betete zu

Gott, mir beizustehen und bei Tinker zu sein: „Bitte lass ihn nicht leiden!“
Zu Hause waren alle fürchterlich aufgeregt, keiner sprach, und jeder betete innerlich um ein Wunder.
Für den Fall, dass Tinker es nicht schaffen sollte, hatte ich bereits beschlossen, wieder einen Yorkshire Terrier zu kaufen – aber nur einen, der ihn auch ersetzen konnte, denn er war wirklich etwas Besonderes.

Kapitel 11

Tiere in der Geistigen Welt

Plötzlich läutete das Telefon, und die Tierärztin sagte: „Wir müssen eine Notoperation durchführen. Sind sie bereit, dafür zu bezahlen, es wird nicht billig werden? Oder soll ich ihn einschläfern?“ Ihre direkte Art verschlug mir geradezu den Atem. Es gibt Situationen, die uns sehr kalt und gefühllos erscheinen, denn in dieser Notlage musste zunächst über Geld gesprochen werden, obwohl Tinker im Sterben lag.

„Bitte tun Sie alles, was sie können, und machen Sie sich wegen des Geldes keine Sorgen!“ Das Geld war so unwichtig für mich, aber ich habe für diese Forderung Verständnis gehabt, denn es muss alles seine Ordnung haben. Für mich war nur von Bedeutung, dass das Beste für Tinker getan wird.
Ich war so aufgeregt, ich konnte nichts essen und hatte fürchterliche Kopfschmerzen – was sollte ich tun? Genau an diesem Abend wurde von mir erwartet, dass ich bei der schon erwähnten Sonderveranstaltung in London mit zwei anderen Medien zusammen arbeitete. Hunderte von Menschen würden anwesend sein und alle auf Botschaften aus der Geistigen Welt warten. Ich bemühte mich, meine eigenen Probleme und Sorgen zu vergessen und für die Geistige Welt mein Bestes zu geben. Meine Geistigen Führer würden mir schon dabei helfen.

Ich fühlte mich so schrecklich, dass ich mich ins Bett legte, obwohl ich wusste, dass ich nicht schlafen würde. Ich wollte allein sein, betete und gab Tinker Fernheilung. Falls es für ihn das Beste war,

hinüber zu gehen, dann sollte es eben so sein, die Hauptsache war, er musste nicht leiden. Ich muss wohl eingeschlafen sein, plötzlich wurde ich wach, weil mich etwas am Gesicht leckte – es war Tinker. Viele werden sagen, ich hätte geträumt oder mir das nur eingebildet! Doch ich spürte seine Anwesenheit ganz deutlich und werde dieses bewegende Erlebnis nie vergessen! Dann überfiel mich der Gedanke: „Ich sehe, spüre und empfinde Tinker einfach deshalb, weil er nach drüben gegangen und zu mir gekommen ist, ehe er in die Astrale Welt eintritt."
In meinem Kopf war Ralphs beruhigende Stimme zu vernehmen: „Er ist immer noch auf deiner Seite des Leben. Du hast ihn in seinem Astralleib gesehen, er hat gerade die Operation überstanden."

Ich war emotional sehr berührt und weinte vor Freude. Ich wusste, dass Menschen oft eine Astralprojektion oder Astralreisen erlebten. So viele Menschen verlassen während ernstlicher Erkrankungen oder bei Operationen ihren physischen Körper. Viele haben mir im Laufe der Jahre von solchen Erlebnissen berichtet! Ich selbst habe so etwas als Kind erlebt, als ich dem Tod nahe war.
Durch meine mediale Arbeit habe ich oft Verbindung zu Tieren in der Geistigen Welt gehabt. Sie erschienen mir in ihrem Astralleib – warum also sollte das jetzt so unglaublich sein??
Als ich an diesem Abend die überfüllte Kirche betrat, war ich immer noch wegen Tinker sehr traurig.
Die engagierte Solistin hatte eine außergewöhnliche Stimme und ihr Gesang erhöhte die Schwingungen in der Kirche. Das war eine wunderbare Vorbereitung für die Kommunikation mit der Geistigen Welt.
Ich wunderte mich, wie ruhig und kontrolliert ich war, als ich das Podium betrat. Die beiden Medien wussten nichts von meinem Leid, und doch fühlte ich eine sehr starke Unterstützung, so viel Kraft und Liebe, die von den beiden ausstrahlte.

Oft habe ich erlebt, dass Medien, die trotz eines Handicaps oder einer Erkrankung auftreten mussten, von der Geistigen Welt bis zur letzten Botschaft und bis zum Dankgebet am Ende des Abends getragen wurden. Während ihrer Arbeit sind ihre Beschwerden plötzlich verschwunden.
Sobald das Medium wieder auf der Physischen Ebene ist, kehren die Beschwerden wieder zurück. Ich war der erste, der eine Durchsage übermittelte, und die Botschaften durchfluteten mich mit erstaunlichem Tempo; ich arbeitete sehr schnell. Während der Botschaften ging ich auf dem Podium vorwärts und rückwärts und spürte, wie mir ein kleiner Hund folgte! Plötzlich vernahm ich an meinem Bein eine körperliche Wärme. Ich hatte keine Zeit, nach unten zu schauen, da ich so sehr damit beschäftigt war, die empfangenen Botschaften weiter zu geben. Das Gefühl war so natürlich und wohltuend, dass ich dachte, „es kann nur Tinker sein“.
Oft habe ich Menschen Botschaften von ihren Verstorbenen aus der Geistigen Welt übermittelt. Es ist nicht ungewöhnlich, dass diese oft von einem Hund oder einer Katze begleitet werden.
Wie konnte Tinker wissen, wo ich war? Wie fand er den Weg zur Kirche? Dies sind Fragen, die offen bleiben.

Als ich am Ende der Veranstaltung auf meinem Stuhl Platz nahm, war ich sehr froh, dass alles gut gegangen war. Für die Geistige Welt zu arbeiten ist eine große Verantwortung. Keiner möchte die Geistige Welt enttäuschen. Wir sind Botschafter der Geistigen Welt.
Der Rest des Abends verlief wirklich wunderbar, die anderen beiden Medien arbeiteten fantastisch, und jeder in dieser Kirche spürte die Kraft, die Liebe und das Licht der Geistigen Welt.

Am nächsten Tag rief ich ganz nervös bei der Tierärztin an: „Gibt es etwas Neues von Tinker?“ „Oh, es geht ihm gut! Die Operation

war erfolgreich, aber er ist immer noch sehr schläfrig! Sie können heute Nachmittag kommen und ihn für ein paar Minuten sehen, aber er muss mindestens noch ein paar Tage bei uns bleiben!“
Ich war überglücklich und konnte es nicht glauben! Es war wie ein kleines Wunder. An diesem Nachmittag besuchte ich ihn, und er sah ganz anders aus. Wegen der Operation hatten sie ihn rasiert, und er wirkte viel dünner. Er begrüßte mich mit einem Lecken, dann schloss er die Augen und schlief weiter.

Tinker kam wieder nach Hause und lebte sein normales Leben. Inzwischen ist er in der Geistigen Welt, und ich habe ihn sogar gelegentlich gesehen und gespürt.

Auch Tiere leben weiter in der Geistigen Welt. Während meiner Arbeit als Medium hatte ich mit vielen Tieren Kontakt, wie z. B. mit Hunden, Katzen, Vögeln, Pferden, Kühen, Schafen, aber auch mit außergewöhnlichen Tieren wie Elefanten oder Affen.
Ich bin wirklich kein Experte, was Tiere in der Geistigen Welt angeht. Ich weiß aber, dass auch sie fortleben! Ich weiß, dass die Tiere in der Geistigen Welt auf einer eigenen Ebene leben. Wie lange sind sie dort, oder wie schnell entwickeln sie sich, um diese Ebene zu verlassen? Dies sind Fragen, die ich in diesem Buch nicht beantworten möchte, weil es den Rahmen sprengen würde.
Es ist uns bekannt, dass es sich bei Delphinen um sehr spirituelle Tiere handelt, die eine wunderbare Liebe und Frieden ausstrahlen. In Indien haben die Elefanten eine besondere Stellung, wir hier in Europa denken, dass Hunde, Katzen und Pferde sich im Reich der Tiere wegen ihres Kontaktes zu den Menschen am weitesten entwickeln. Durch Liebe und Zähmung werden sie den Status der

Gruppenseele verlassen und somit eine individuelle Seele entwickeln.
Klar ist, dass Schafe, Kühe und andere Tiere eine Gruppenseele besitzen, weil kein eigenständiges Denken stattfindet oder zumindest sehr wenig. Sie fungieren als Gruppe.
Jedes einzelne Tier könnte durch den Kontakt und durch die Liebe, die es durch die Menschen erfährt, seine eigene Individualität entwickeln.
Viele Hunde ähneln in ihrem Aussehen und Verhalten ihrem Besitzer. Hunde, Katzen und Pferde sind sehr sensitive Tiere. Sie hängen sehr an ihrem Herrn oder an der ganzen Familie. Solche Liebesbande sind sehr stark, und das erklärt, weshalb sie einem Medium während der Kommunikation mit der Geistigen Welt erscheinen. Sie wollen ganz einfach ihre Liebe zeigen.

Ich kann mich nicht mehr an all die zahllosen Fälle erinnern, wo Menschen mir gesagt haben: „Mitten in der Nacht wachte ich auf und sah meine tote Katze am Fußende des Bettes schlafen", oder „Ich lag sehr krank im Hospital, und als ich nach der Operation aus der Narkose erwachte, sah ich meinen toten Gatten mit unserem alten, vor Jahren verstorbenen Hund neben mir stehen!!!"
Wenn unsere Haustiere hinübergewechselt sind, muss ihnen ab und zu gesagt werden, dass wir sie noch lieben. Das können Sie einfach in Gedanken tun, und tatsächlich machen das die meisten ohnehin ganz automatisch. Es genügt schon der schlichte Gedanke: „Oh, Blacky, was bist du für eine hübsche Katze" oder „Sheila war ein kluger Hund, er konnte meine Gedanken lesen!"
Auf diese Weise können sie unsere Gedanken empfangen, weil wir, sobald wir an sie denken, im Geiste ein Bild erschaffen, und dieses Bild erkennen sie oft wieder. Wenn ein Tier auf die andere Seite gegangen ist, sind die Menschen oft sehr traurig. Viele nehmen ein neues Haustier zu sich, und oft erhebt sich die Frage: „Ist mein

Blacky eifersüchtig auf meine neue Katze“, oder „Ist es eine Kränkung für meinen Hund in der Geistigen Welt, wenn ich einen kleinen Welpen aufnehme?“
Die Tiere hier auf Erden und in der Geistigen Welt – sie können nicht zu mir sprechen! Auch ich kann nur eine Antwort geben, die ich von meinen Geistigen Führern erhalten habe.
Sie fühlen unsere Sorge und kommen nah zu uns, weil sie uns trösten wollen, wie sie das auf Erden getan haben! Sie sind ein wenig traurig, weil sie spüren, dass wir ihre Gegenwart nicht wahrnehmen. Sie haben das Gefühl, wir würden sie nicht länger brauchen, und können unsere Reaktion auf ihre Liebesbezeugungen nicht begreifen! Wenn sie sehen, dass ein anderes Tier ihren Platz eingenommen hat, und wir fühlen uns wegen des neuen Tieres besser, weil es uns Glück und Liebe entgegenbringt – dann sind auch sie glücklich, und oft spielen sie mit dem neuen Haustier oder werden Freunde.
Sie sehen, Tiere sind sehr esoterisch – sie fühlen und empfinden weit mehr als wir. Sie sehen unsere Aura und wissen instinktiv, ob jemand fröhlich oder traurig ist.

In unserer Familie haben wir immer Hunde gehabt, und einer davon war äußerst spirituell veranlagt; er „sah“ die Geistigen Wesen definitiv sehr deutlich. Oft meditierte ich und stellte eine Verbindung zu meinen Geistigen Führern her, ehe ich in die Kirche ging, um als Medium zu arbeiten. Wenn ich dann aus dem Schlafzimmer kam, lief er stets vor mir davon, versteckte sich unter dem Tisch und knurrte! Normalerweise wäre er aufgesprungen und hätte mich ganz fröhlich begrüßt.
Zeitweilig kamen Leute zu *Sittings* zu uns nach Hause, und der Hund war sehr freundlich, doch sobald ich die Verbindung aufnahm, bellte und knurrte er und schaute genau in die Ecke des Zimmers, in der ich ein Geistiges Wesen erblickte. Anfangs dachte

ich, er würde sich wieder beruhigen, weil alle Tiere die Geistigen Wesen in gewissem Umfang spüren und empfinden. Doch er machte jedes Mal einen solchen „Aufstand“, dass ich besorgt war, er könnte meine Verbindung mit meinem Geistigen Freund stören und ihn vergraulen!

Damals organisierte ich jemanden, der während des *Sittings* mit ihm spazieren ging.

Nicht alle Tiere reagieren gleich. Ich erinnere mich an einen von mir geleiteten Übungszirkel in England, zu dem eine Dame ihren Hund mitbrachte, der mitten im Kreis lag und schlief. Er versorgte uns alle mit seiner pranischen Energie (Lebensenergie), und als die Dame zweimal abwesend war, vermissten wir sie alle, doch noch viel mehr fehlte uns die Energie ihres Hundes! Ich habe viele Heilungszirkel gekannt, bei denen die Hunde der Heiler anwesend waren – diese Hunde haben immer dazu beigetragen, Liebe, Harmonie und ein Gefühl des Friedens herzustellen. Ehe die Patienten Heilung empfingen, sprachen sie häufig mit den Hunden und streichelten sie. Während des Heilens legten diese Hunde sich den Patienten meist zu Füßen. Ich habe gesehen, wie die wunderbaren Farben der Heilung aus dem Hund in das aurische Feld der Person flossen, die eine Heilung empfing! Bei solchen Anlässen kann man bemerken, dass eine Heilung auf vielen Ebenen stattgefunden hat.

Auch Tiere sind für eine Heilung empfänglich! Oft sind es Hunde und Katzen; ich wage zu behaupten, dass es auch andere Tiere betrifft, aber ich habe immer nur Hunde und Katzen gesehen, die Heilung empfingen. Nach nur einer Sitzung stehen sie von allein auf und legen sich auf ein Handtuch vor dem Heiler! Sie saugen die Heilung in sich auf!

Alle Menschen, die Tiere besitzen, werden bemerken, dass sie unsere Gedanken lesen können. Wenn man nur „denkt“, „ich gehe mit Blacky raus“, wird der Hund, falls er sehr sensitiv ist, herkommen und einem zeigen, dass er die Gedanken empfangen hat.

Die Leute sagen, Katzen seien extrem spirituell empfänglich, und ich bin sicher, dass es so ist, nur habe ich damit keinerlei persönliche Erfahrung.
Die Bibel sagt uns: *„Einen Vorteil des Menschen gegenüber dem Tier gibt es nicht…beide gehen an und denselben Ort*
(Kohelet Kapitel 3, Vers 19).

Welches Glück erwartet uns doch in der Geistigen Welt, wenn wir unsere alten vierbeinigen Freunde wieder sehen!

Kapitel 12

Niemand kann zwei Herren dienen!

Dieser alte Spruch traf eines Tages sehr auf mich zu. Ich kam an einen bedeutenden Wendepunkt in meinem Leben, wo eine Entscheidung getroffen werden musste!

Die letzten paar Jahre hatte ich als Sänger viel Arbeit geleistet, und das einzige, was es mir gebracht hatte, war Geld! Einige meiner Leser werden jetzt sicher sagen: „Das ist genau das, was Sie brauchten!"
Es ist wahr, nach so vielen Jahren großer Anstrengungen war es gut, ein wenig Geld in Reserve zu haben! Es war gut, in der Lage zu sein, neue Kleidung und andere notwendige Dinge kaufen zu können.
Doch die Arbeit hatte mich einfach nicht ausgefüllt, und das Geld konnte das nicht ausgleichen.
Ich hatte keine Sicherheit; obwohl ich während der letzten zwei Jahre genügend Aufträge hatte, gab es keine Garantie, dass es so weitergehen würde.
Was würde die Zukunft bringen? Mir war ganz klar, dass ich kein großer Opernstar werden würde! Diesen Wunsch hatte ich schon lange aufgegeben.
Die einzige Sicherheit war eine gut bezahlte Dauerstelle in einem Opernchor. Hier würde ich regelmäßig Lohn bekommen und am Ende sogar eine Alterspension.
Wenn ich jedoch diesen Weg wählte, war ich gezwungen, meine Arbeit als Medium zum größten Teil aufzugeben. Sonntags hatte ich normalerweise frei, was mir die Möglichkeit gab, von Zeit zu Zeit in *Spiritualist Churches* zu dienen. Private *Sittings*, Arbeit in Deutschland und die Möglichkeit neue Einladungen von spirituel-

len Organisationen anzunehmen – all diese Dinge kamen dann einfach nicht mehr in Frage!
Mir schien das alles so sinnlos, so oberflächlich: Mein Gesicht zu schminken, ein Kostüm anzuziehen und jeden Abend auf der Bühne zu singen – nur um Geld zu verdienen!

Meine Lebensaufgabe war es sicherlich, Menschen zu helfen, und ich konnte das nicht ausreichend erfüllen, solange ich noch als Sänger arbeitete!
Nach gründlicher Gewissenserforschung, nach vielem Beten und häufigen Meditationen traf ich die Entscheidung, weiterhin der Geistigen Welt zu dienen. Dennoch hoffte ich, dass ich noch einmal nach Bayreuth eingeladen werde, um von dort Abschied zu nehmen. Nachdem dieser Beschluss gefasst war, kam einige Tage später ein Brief von einer guten Bekannten aus Deutschland, die dort für mich gedolmetscht hatte.
Die Organisation „Transmission“ wurde geschlossen. Die junge Frau, die für das jeweilige Medium übersetzte, das bei ihr zu Gast war, wollte eine eigene, viel kleinere Organisation aufbauen. Sie fragte mich, ob ich für sie arbeiten wolle und bot mir an, für eine von mir festzulegende Zeit, bei ihr zu wohnen. Dies war mein erstes Zuhause in Deutschland.
Ich würde Deutsch lernen und Erfahrungen in einem anderen Land sammeln. Mein Wunsch, noch einmal in Bayreuth zu singen, würde sich eventuell auch noch verwirklichen!
Obwohl ich meine Entscheidung getroffen hatte, konnte ich mir irgendwie nicht vorstellen, niemals wieder auf der Bühne zu singen. Ich wollte zumindest ein Gesangsengagement in meinem Terminkalender stehen haben!

Ich nahm ihre freundliche Einladung nach Deutschland an, aber ich entschied, dass ich eine eigene kleine Wohnung für mich haben woll-

te. Bis dies geregelt war, würde ich bei ihr wohnen. Ich wollte es einfach einmal versuchen! Sollte es nicht klappen, könnte ich jederzeit nach England zurückkehren. Wer nicht wagt, der nicht gewinnt!
So kam ich nach München, aber es war nicht leicht, eine Wohnung zu finden. Ich war selbständig, ohne ein geregeltes Einkommen und außerdem war ich Ausländer! Deshalb wollte mir niemand eine Wohnung vermieten!!
Durch Zufall konnte ich über eine Freundin, die mich einem Vermieter empfohlen hatte, meine erste Wohnung mieten! Sie war nicht besonders toll, aber sie wurde mein Zuhause, und ich war sehr dankbar, einen Platz für mich alleine zu haben.
Es war Sommer, als ich den Mietvertrag unterzeichnete, aber ich hatte noch keine Möbel. Zu dieser Zeit erhielt ich aus Bayreuth die Einladung, nochmals für eine Saison dort zu singen, ich freute mich sehr, dass mein Wunsch in Erfüllung ging und unterzeichnete sofort den Vertrag.
Ich würde nur die Miete in München zahlen müssen und alles weitere nach der Rückkehr aus Bayreuth regeln.
Normalerweise wird eine Wohnung nach dem Auszug renoviert. Dies war bei mir nicht der Fall. Eine ältere Dame war verstorben, und deshalb blieb es an mir hängen, die Wände zu streichen, das Wohnzimmer zu tapezieren und vieles mehr. Durch den Tod einer älteren Dame, die mit meiner Freundin bekannt war, wurde es mir ermöglicht, mit den hinterlassenen Möbeln meine Wohnung einzurichten
Ich war sehr aufgeregt, denn das meiste war für meine Wohnung geeignet. Verschiedene Freunde gaben mir noch das eine oder andere, so dass ich, als ich nach Bayreuth ging um zu singen, meine Wohnung in großer Unordnung verließ.

Als ich nach München zurückkehrte, traute ich meinen Augen nicht: Meine Freunde hatten sich zusammengetan und die Wohnung

komplett hergerichtet; all die Möbel, jedes Bild, tatsächlich jeder Gegenstand war an seinem richtigen Platz! Ich war sehr gerührt und werde nie vergessen, wie nett alle zu mir waren. Dies war die Bestätigung, die ich brauchte – ich hatte das Richtige getan! Ich wurde gebraucht, und dies war jetzt mein Zuhause.
Nach einiger Zeit beschloss ich, vollkommen unabhängig zu werden und wollte deshalb alleine arbeiten. Meine Bekannte hatte mir sehr geholfen, und ich war ihr dafür sehr dankbar, dennoch war es für mich an der Zeit auf eigenen Füßen zu stehen.

Ich wollte keine *Sittings* in meiner kleinen Zwei-Zimmer-Wohnung abhalten und fand einen Raum im Zentrum Münchens, den ich für diesen Zweck nutzen konnte. Es war in einer Gegend, in der verschiedene Kliniken lagen und Medizinstudenten wohnten. Oft sah ich sehr junge Leute in weißen Kitteln umher rennen.
Einmal kam ein sehr netter Herr zu einem *Sitting*. Ich sagte ihm, dass sein Vater durch Diabetes ein Bein verloren habe, und er nickte zustimmend. Ich sah eine ältere Dame, die seine Mutter zu sein schien, und übermittelte ihm Einzelheiten durch sie über sein jetziges Leben, nur um zu beweisen, dass die Mutter in der Geistigen Welt weiter lebt. Die Dame gab mir eine Menge Informationen über sich selbst zu Lebzeiten, einschließlich ihres Geburtsdatums und ihrer Behinderungen, denn sie brauchte zwei Stöcke zum Gehen. Weiter erzählte sie mir, dass sie es liebte Klavier zu spielen – besonders Stücke von Chopin.
Das *Sitting* verlief sehr gut, und der Herr lächelte einfach nur! Seine Mutter begann, über seine Praxis zu sprechen und wie sehr sie sich freute, dass er sehr vielen Patienten helfen konnte. Da erkannte ich dann, dass er Arzt war!
Am Ende des *Sittings* sagte er: „Direkt hier um die Ecke lernte ich als Medizinstudent in der Anatomie tote Körper zu sezieren – und Sie hier setzen sie wieder zusammen!“

Wir fingen beide an zu lachen. Der Arzt kam wieder und schickte mir einige Leute zur Konsultation. Langsam machte ich mir einen Namen, und immer mehr Menschen waren an meiner Arbeit interessiert.
Hatte ich nicht Jahre vorher in der *Spiritualist Church* gesagt, dass ich jenen die Wahrheit bringen werde, die sie brauchten und suchten!? „Bitte, und du wirst erhalten!"
Einer meiner Sitter brachte mir das Programm eines esoterischen Buchladens in der Innenstadt mit. An einem Abend in der Woche hielten verschiedene Leute „Vorträge" oder „Lesungen" über unterschiedliche esoterische oder spirituelle Themen. Da fiel mir etwas ein! Vielleicht konnte ich dort einen medialen Abend veranstalten.

Einige Tage später ging ich einfach in diesen Buchladen, stellte mich vor und fragte, ob es möglich wäre, eine öffentliche Demonstration über Medialität abzuhalten. Ich erklärte, ich würde einige Leute aus dem Publikum auswählen und ihnen Botschaften ihrer verstorbenen Angehörigen und Freunde aus der Geistigen Welt überbringen. Danach würde ich ihnen einiges über das Leben nach dem Tode und über die Kommunikation erzählen. „Das probieren wir einfach aus", stimmte die Dame zu.
Ein paar Monate später machte ich mich auf den Weg und sah, dass viele Leute vor dem Buchladen Schlange standen! Der Buchladen war überfüllt! Viele gingen enttäuscht nach Hause, weil sie einfach keinen Sitzplatz bekamen.
Dies war der erste von vielen solcher Abende in verschiedenen Buchhandlungen und Sälen in und um München. Viele Leute wollten private *Sittings*, viele waren an Seminaren und Workshops interessiert. Die Botschaft über das „Leben nach dem Tod" – „Die Wahrheit über das Leben selbst" – verbreitete sich rasch. Die Botschaft, dass unsere Lieben auf höherer Ebene weiterlebten und mit uns Kontakt aufnehmen konnten, wenn wir das wollten, kam zu den Menschen!

Gott sei Dank! Gott gebe mir die Kraft und die Hilfe, ein Kanal zu sein. Gott möge mir helfen, aufzustehen und für die Spirituelle Wahrheit zu kämpfen!
„Es wagen, allein durchzuhalten! Es wagen, ein wahres Ziel zu haben – es wagen, dies bekannt zu machen!“
Dieses alte Loblied, das wir in der Sonntagsschule sangen, ging mir fortwährend durch den Kopf!

Kapitel 13

Die Arbeit in Deutschland

Meine ersten Jahre in Deutschland sind wie im Flug vergangen. Ich hatte sehr viel Arbeit; außerdem bemühte ich mich ständig, mein Deutsch zu verbessern. Meine Tätigkeit musste ich in der deutschen Sprache ausführen, denn ich konnte nicht erwarten, dass meine *Sitter* englisch sprechen.
Gewöhnlich verstanden die Leute mich! Manchmal sprachen sie jedoch im Dialekt, damit musste ich ebenfalls umzugehen lernen. Ich bekam Heimweh, obwohl ich regelmäßig mit meiner Familie telefonierte und Briefe an sie schrieb. Das so wunderbare englische Essen vermisste ich nicht!!! (Das konnte ich mir selbst zubereiten, falls ich es wirklich nötig hatte.) Am meisten vermisste ich die Kirchen! Sonntage ohne die *Spiritualist Church* waren für mich keine richtigen Sonntage. Es ist ein ganz besonderes Gefühl, sich mit Menschen derselben Geisteshaltung zu treffen und die Liebe, die Anwesenheit der Geistigen Welt zu spüren, jene göttliche heilende Kraft, die einen umfließt.
Obwohl ich in Deutschland viele spirituelle Menschen kannte, gab es doch keine Kirche oder ein entsprechendes Zentrum, wo ich hingehen konnte.

Bei British Airways war ich ein sehr guter Kunde: Wann immer es möglich war, flog ich für einige Tage nach England zu meiner Familie und besuchte „meine“ Kirchen. In einer speziellen Kirche in London halte ich heute noch immer Gottesdienste ab, denn es ist eine große Ehre, der Geistigen Welt zu dienen – diese Verantwortung nehme ich sehr ernst.

Einmal war ich zu Ostern gerade wieder zu Hause in London angekommen und trank meine erste Tasse Tee, als das Telefon läutete. Es war meine Freundin und Kollegin, sie war eingeladen worden, in einer Fernsehsendung aufzutreten, und sie fragte mich, ob ich mich nicht anschließen wolle! Das war denkbar kurzfristig; ich war sehr nervös und wollte absagen.
Meine Freundin hingegen dachte, es wäre eine gute Erfahrung für mich, auch wäre es an der Zeit, im Fernsehen aufzutreten. Sie war sicher, dass alles sehr gut verlaufen würde.
Wir traten beide in der Show „The Crystal Rose“ auf, im nachhinein betrachtet, hatte sie doch recht, weil alles wirklich sehr gut abgelaufen ist. Für mich war es eine wichtige Erfahrung, einmal zu sehen, was in einem Fernsehstudio passiert. Alles muss sehr schnell gehen, man muss auf jedes Wort achten, das man sagt! Es kann so vieles schief gehen! Ich war meiner Freundin sehr dankbar, dass ich durch sie diese Erfahrung machen durfte. Nach diesem Fernsehauftritt war ich sehr viel klüger. Wir beide mussten Personen aus dem Studiopublikum auswählen und ihnen eine Botschaft von nicht mehr als fünf Minuten Dauer übermitteln!
Wir waren bereit, unser Bestes zu tun. Wir wurden darüber informiert, dass alles, was über fünf Minuten hinausging, geschnitten würde, um die Sendezeit einhalten zu können!
Ich blickte auf das Studiopublikum und sah, wie sich über einer Dame ein Licht aufbaute. Ich konzentrierte mich auf sie und spürte, wie ein Herr und eine Dame aus der Geistigen Welt mit ihr Verbindung aufnahmen. Ich wusste, es waren ihre Eltern! Ich wusste, es waren Deutsche! Ich konnte hören, wie mir deutsche Worte durch den Kopf gingen. Wer hätte es für möglich gehalten, dass eine deutsche Dame in einem Fernsehstudio mitten in London sitzen würde?
Mittlerweile ist mir klar, dass ich mich auf die deutschen Schwingungen eingestimmt hatte, denn ich lebte und arbeitete in Deutsch-

land. Ich war an die dortigen Schwingungen und Frequenzen gewöhnt, hier im Studio bekam ich die Bestätigung dafür.
Ein Medium kann offensichtlich in jedem Land arbeiten, denn in der Geistigen Welt gibt es keine Beschränkungen im Hinblick auf Nationalitäten und Sprachen. Doch wir „stimmen uns ein“ in die Energien und Schwingungen eines Landes. Jedes Land besitzt seine eigenen Energien, Schwingungen und Frequenzen, die nicht nur aus vergangenen Erfahrungen stammen (und als „karmisch“ bezeichnet werden könnten), sondern auch von den Menschen geprägt werden, die mit ihrer Mentalität und ihrer Lebensweise dort leben. Ich kehrte nach Deutschland zurück und nahm meine Arbeit wieder auf. Aus irgendeinem Grunde wurde ich unruhig und auch in gewisser Weise unzufrieden, weil manches einfach nicht so verlaufen war, wie ich mir das gewünscht hatte.
Ich fühlte mich allmählich sehr allein und kam mir weitgehend missverstanden vor. Von manchen meiner deutschen Freunde bin ich enttäuscht worden, denn ich hatte sie anders gesehen, als sie in Wirklichkeit waren.
Ehrlich gesagt tat ich mir selbst leid, auch die Kirchen Englands vermisste ich immer mehr. Mir fehlte die spirituelle Unterstützung, die ich dort fand.
War es falsch von mir, von meinen Freunden enttäuscht zu sein? Wer keine Erwartungen hat, kann nicht enttäuscht werden! Diese Lektion hatte ich eindeutig noch nicht gelernt. War ich unfähig, „bedingungslose Liebe“ im eigentlichen Sinne des Wortes zu leben, andere anzunehmen und zu lieben „wie sie sind“, und nicht wie ich sie gerne hätte? Es ist leicht, andere zu lieben, solange sie machen und sagen, was man sich wünscht!
Wir müssen das wahre „Ich“ wirklich lieben, den Funken des Göttlichen, auf diese Weise können wir über die Schwächen und Fehler hinwegsehen. Fehler und Schwächen, die vollkommen menschlich sind, haben wir in gewissem Maße alle.

Ich brachte immer mehr Zeit damit zu, an England zu denken und überlegte, ob ich nicht wieder zurückgehen sollte. Schließlich hatte ich ja ursprünglich geplant, nur ein paar Jahre hier in Deutschland zu bleiben. Nun waren schon zwei Jahre vergangen. War es an der Zeit, zurückzukehren?
Im Winter war meine Wohnung sehr kalt, weil sie im Erdgeschoss lag. Sie war bisweilen auch ziemlich dunkel, denn es fiel sehr wenig Sonnenlicht auf die Fenster. Ich war dort nicht mehr glücklich.
England hatte zu jener Zeit eine Rezession zu überstehen, und die Immobilienpreise waren sehr günstig. Im Laufe der Jahre hatte ich es geschafft, ein wenig Geld aus meiner Opernarbeit zu sparen und konnte sogar noch ein wenig Geld dazulegen, das ich mit meiner medialen Arbeit verdiente. Da ich sehr bescheidene Ansprüche hatte, hätte ich es gerade schaffen können, eine kleine Wohnung in einem der Außenbezirke Londons zu kaufen. Bei meinem nächsten Trip nach London verbrachte ich viel Zeit damit, mich in bestimmten Gegenden umzusehen und Örtlichkeiten zu prüfen, die meinem Budget für eine Wohnung entsprachen. Ich war sehr unschlüssig.
Es muss im Winter gewesen sein, weil ich noch weiß, dass eine Menge Schnee lag, als eine Dame anrief und fragte, ob ich daran interessiert sei, im deutschen Fernsehen aufzutreten. Solche Angebote hatte ich mehr als einmal abgelehnt; entweder weil es nicht der richtige Sender war oder mein Bauchgefühl warnend „nein“ sagte. Dieses Mal hatte ich ein positives Gefühl, und ich erklärte der Dame, ich würde darüber nachdenken.
Ein paar Tage später rief ein sehr netter Mann von der Produktionsfirma an und erläuterte mir das Gesamtkonzept des Programms. Er hoffte, für RTL eine neue Serie mit dem Titel „Mysteries“ herauszubringen. Ich willigte ein, dabei mitzuwirken, es wurde ein Pilotfilm gedreht, der für die Serie vom Sender angenommen wurde. Der erste Teil, in dem ich zu sehen war, wurde am Abend

des Ostermontags ausgestrahlt. Das war ein Jahr nach der „Crystal Rose“ Show.
Zu dieser Zeit hatte ich keine Ahnung, welche Reaktionen das Programm auslösen würde. Ich hatte keinen Eintrag im Telefonbuch, dennoch klingelte den ganzen Tag das Telefon. Kisten voller Post kamen an, Hunderte von Briefen, Faxe und Postkarten. Ich wurde ständig auf Trab gehalten, weil ich riesige Mengen Post lesen musste. Alle paar Tage kam Nachschub.

Als mich eine böse Erkältung erwischte, war meine Stimme völlig weg und ich musste zum Arzt. Ich bekam Medikamente und musste für eine Woche das Bett hüten. In dieser Zeit dachte ich über all diese Briefe nach. Manche zerrissen mir das Herz. Viele Menschen schrieben mir, um mir von ihren Problemen zu erzählen:

„Lieber Paul, vor ein paar Monaten kam ich von der Arbeit nach Hause und fand meinen Gatten tot im Badezimmer. Seitdem bin ich so verwirrt und deprimiert. Der Arzt sagte, mein Mann sei jahrelang wegen Herzproblemen behandelt worden. Ich habe jedoch nie gesehen, dass er Tabletten nahm, er sprach auch nie darüber. Warum? Wollte er mich einfach nur schonen? Oder dachte er, ich würde es nicht verstehen? Bitte helfen Sie mir!“

„Lieber Paul, vor einigen Jahren war ich in den Ferien, als meine Mutter starb. Ich kehrte auf der Stelle nach Hause zurück. Mein Vater sagte mir, meine Mutter hätte mir noch etwas Privates erzählen wollen – sie wollte es aber nicht mit meinem Vater besprechen. Was wollte meine Mutter sagen? Sie sind meine einzige Möglichkeit, das herauszufinden!“

„Lieber Paul, meine Tochter hat sich mit Tabletten das Leben genommen. Seit ihrem Tod kann ich einfach nicht mehr schlafen. Ich

habe ihre Leiche gefunden, seitdem geht mir das Bild nicht mehr aus dem Kopf! Ich bin katholisch und mache mir Sorgen, dass meine Tochter nicht in den Himmel kommen darf. Bitte helfen Sie mir!"
Das sind nur einige der Beispiele aus Tausenden von Briefen. Solche Briefe kamen fast jeden Tag, monatelang! Einige der Menschen, die Hilfe brauchten, lebten am anderen Ende Deutschlands. Viele schrieben und erklärten, sie würden von Sozialhilfe oder Arbeitslosengeld leben. Wie gerne hätte ich denen sagen mögen: „Ach, kommen Sie doch auf einen Kaffee vorbei, und ich gebe Ihnen ein *Sitting*!"

Der Gedanke, dass da Tausende von Menschen Hilfe benötigten, ließ mich im Hinblick auf die Rückkehr nach England, umdenken. In diesem Stadium konnte ich einfach nicht zurückkehren! In einer Nacht war ich sehr unruhig und hatte Fieber, die Bettwäsche war nassgeschwitzt, und ich fröstelte. Ich wechselte den Schlafanzug, nahm ein Kissen und eine Decke und ging ins Wohnzimmer. Dann machte ich mir ein heißes Getränk und auf dem Sofa mein Bett zurecht. Am nächsten Morgen ging es mir sehr viel besser, und ich begann zu beten. Nach dem Ende des Gebets kam Ralph zu mir; ich sah ihn vor meinem geistigen Auge.
„Nimm dir Zeit, damit du wieder zu Kräften kommst, und mache dir keine Sorgen um die Zukunft. Wo du auch bist, die Arbeit ist immer die gleiche! Du hast das Versprechen abgegeben, die Geistige Wahrheit zu verbreiten und für die Geistige Welt zu arbeiten, dieses Versprechen musst du einhalten. Auch wir werden unseren Teil erfüllen, denn aus unserer Welt sehen wir die Dinge ein wenig anders. In eurer Welt finden viele Veränderungen statt. Während deiner Erdenjahre wirst du noch einige davon erleben!"

Ich hatte ein Versprechen abgegeben, hatte einen Vertrag, wenn man so will. Ehe ich die körperliche Gestalt annahm, hatte das wahre „Ich“ mit Hilfe und Anleitung höherer Wesen in der Geistigen Welt einen Plan entworfen, eine Mission, die es mir möglich machte, meine Seelenlektionen zu lernen, Erfahrung zu gewinnen und der Geistigen Welt sowie meinen Mitmenschen nach besten Kräften zu dienen.

Ich war so zerknirscht und schämte mich wie ein ungezogenes Kind. Ich hatte etwas versprochen, doch wenn es dann schwierig wurde, wollte ich auf einmal nicht mehr mitspielen! Genauso wie ein verzogenes Kind! Hatte ich damals in England nicht darum gebeten, dorthin geschickt zu werden, wo ich am besten dienen konnte? Bat ich nicht darum, unter jenen zu arbeiten, die die Wahrheit über das Leben nach dem Tod erfahren mussten, unter jenen, die Kommunikation mit der Geistigen Welt suchten? „Bitte, und du wirst bekommen“ – „Klopfe an, so wird dir aufgetan!“

Wie viele meiner Leser sind unzufrieden mit ihrem Los! Wie viele von Ihnen würden lieber anderswo leben oder ein anderer Mensch sein? Wie viele von Ihnen haben das Gefühl, dass sie das Spiel des Lebens nicht länger mitspielen können? Oder, dass sie ein anderes Spiel spielen wollen!? Denken Sie einfach daran, dass auch Sie für das Wachstum der Seele hier auf dieser Erde sind, dass auch Sie Ihr Leben vor der Geburt in einem Plan niedergelegt haben. Nichts bleibt dem Zufall oder dem Glück überlassen. Alles hat Zweck, Gestalt und Plan. Jeder einzelne hat sein „Karma“ zu erfüllen, das hier auf der Bühne des Lebens gespielt wird, zusammen mit einer Auswahl an lieben Menschen und gelegentlich sogar auch mit Feinden! Denken Sie daran, dass auch Sie in all das – was Ihnen unerfreulich, ja sogar hart erscheinen mag – eingewilligt haben! Am Ende des Lebens werden Sie reicher, klüger und weiter entwickelt sein – und in einem späteren Stadium wird Ihre Seele davon profitieren.

Ich weiß, für viele ist das schwer zu begreifen, doch bei der Erfüllung unseres Plans machen wir alles aus freiem Willen. Anstatt zu denken, „Warum passiert das ausgerechnet mir?“ oder „Bitte, lieber Gott, lass diesen Kelch an mir vorübergehen“, sollten wir denken und beten: „Hilf mir, die Lehren zu erkennen, die ich aus diesen Prüfungen erfahren durfte, und schenke mir Geduld und gib mir Kraft!“ Wir alle benötigen sehr viel Geduld, denn oft merken wir erst am Ende der Lektionen, dass wir belehrt und oft geprüft worden sind – manchmal bis an unsere Grenzen!

Kapitel 14

Geld ist eine Energie

Wie bei so vielen Menschen war Geld viele Jahre lang auch ein Problem für mich. In meiner Jugend musste ich sehr kämpfen, um mir die notwendigsten Dinge des Lebens leisten zu können.
Mit meiner Arbeit als Medium hätte ich viel Geld verdienen können, aber es fiel mir schwer, Geld anzunehmen oder danach zu fragen!
Für viele Menschen ist der Fluss des Gebens und des Nehmens nicht im Gleichgewicht. Man kann nicht nur geben! Genauso kann man nicht nur nehmen! Dies betrifft alle Bereiche des Lebens – auch das Thema Geld.
Von Beruf war ich ausgebildeter Sänger. Ich hatte kein Problem, meine Gage für diese Arbeit vom Opernhaus oder mein Honorar für ein Konzert, in dem ich gesungen habe, entgegenzunehmen.
Meine Medialität habe ich über viele Jahre trainiert und entwickelt, und ich wurde als professionelles Medium anerkannt! Diese Gaben waren mir von Gott gegeben, um anderen Menschen zu dienen, ihnen zu helfen und sie zu trösten, nicht aber für meine persönliche Bereicherung oder meinen persönlichen Gewinn.
In meinem Leben hatte ich jetzt einen Punkt erreicht, wo ich nicht länger von meinem Einkommen als Sänger leben konnte, weil so viele Menschen meine Hilfe als Medium in Anspruch nahmen, und mir aus diesem Grunde die Zeit zum Singen fehlte. Um mich nur noch auf die Medialität konzentrieren zu können, musste ich das Singen aufgeben und war deshalb gezwungen, für meine Arbeit als Medium Geld anzunehmen. Das gefiel mir nicht und ich dachte ernsthaft darüber nach, ob ich im Sinne Gottes handle. Ich fragte

meinen geistigen Führer Ralph und der nannte mir folgenden Bibelspruch: „Der Arbeiter ist seinen Lohn wert. Deine Gaben sind sowieso unverkäuflich. Du wirst nur für Deinen Zeitaufwand bezahlt!" Dies half mir sehr. Inzwischen weiß ich, dass Geld weder positiv noch negativ ist; je nachdem, was wir damit tun, wird es das eine oder das andere sein. Geld ist auch eine Energie!
Geben hat mir schon immer eine große Freude bereitet! Ich liebte es Geschenke zu verteilen: zu Weihnachten, zum Geburtstag oder auch ohne einen besonderen Anlass.
Nehmen war für mich jedoch immer etwas schwieriger! Doch wenn es mir Freude machte, etwas zu schenken, warum sollte ich einem anderen diese Freude verweigern? Was gibt mir das Recht dazu!? Wer in Liebe annehmen kann, erkennt auch die Liebe des anderen an, was die Liebe, mit der geschenkt wurde, noch verstärkt. Denken Sie daran, dass Liebe eine Form der Energie ist!!!

Im Hinblick auf alle Formen der Medialität, wozu auch das Heilen gehört, schätzen viele Menschen den Wert zu gering ein. Denn es ist den Medien bewusst, dass sie nur ein „Kanal oder ein Instrument" sind, dadurch wird es noch schwieriger, Bezahlung für diese Arbeit anzunehmen. Ich erkannte, dass ein Medium nur <u>einen Teil</u> der medialen Arbeit leistet – das Team aus der Geistigen Welt wird ebenso daran beteiligt!!
Wir müssen bedenken – die Geistige Welt kann nicht ohne uns wirken und wir können nicht ohne die Geistige Welt arbeiten! <u>Wir</u> leben in der physischen Welt, wo Geld lebensnotwendig ist. Mit der medialen Arbeit dienen wir auch der Geistigen Welt, weil diese ohne Medium keine Botschaften übermitteln könnte. Wichtig ist der Grund unserer Tätigkeit.
Arbeiten wir, weil wir helfen, trösten und die Wahrheit verbreiten wollen? Ist dies unsere Berufung im Leben oder arbeiten wir nur, um Geld zu verdienen?

Es gibt viele Medien, Heiler, Wahrsager, Tarotkartendeuter, die wirklich sehr viel Geld mit ihrer Arbeit verdienen, weil sie sehr hohe Gagen für eine private Konsultation verlangen! Jeder ist für das verantwortlich, was er tut.
Wir müssen entscheiden, was für uns ein fairer und angemessener Preis für unsere Arbeit ist, und dürfen uns in unserer Entscheidung nicht von anderen beeinflussen lassen. Hören sie nur auf ihr Gewissen und vertrauen sie dabei auf Gott.
Wenn ich in all den Jahren, die ich als Medium gearbeitet habe, bemerkte, dass ein *Sitter* große finanzielle Probleme hat oder dass er oder sie arbeitslos ist, habe ich für das *Sitting* stets weniger Geld genommen oder sogar umsonst gearbeitet! In diesen besonderen Fällen werden einen die Geistigen Freunde leiten.
Man sollte auch zwischen einem privaten *Sitting* und einer Heilung unterscheiden. Wenn jemand krank ist, braucht er regelmäßig Heilung. Dafür sind mehrere Sitzungen notwendig. Eine Heilung kostet weniger als ein *Sitting*, weil sie nicht so zeitintensiv ist.
Es gibt Menschen, die glauben, dass das Medium umsonst arbeiten oder sich mit einer freiwilligen Spende begnügen soll! Man sollte diese Leute fragen, ob sie unbezahlte Überstunden machen würden, oder ob sie versuchen würden, den Frisör, die Fahrstunde, die Massage oder den Klavierunterricht mit einer freiwilligen Spende zu begleichen.

Geld ist Energie – wer fühlt, dass er „sein Geld nicht wert ist" oder ständig Klischees zitiert wie: „Geld ist nicht alles, die besten Dinge im Leben gibt es gratis, Geld allein macht nicht glücklich", der schränkt sich mit seinen Gedanken selbst ein und wird deshalb nie viel Geld haben!
Man sollte das Geld nicht anbeten! Es sollte nicht das „Ein und Alles" in unserem Leben sein. So lange wir aber in der physischen Welt verweilen, können wir ohne Geld nicht leben.

Außerdem sollten wir uns an den Dingen erfreuen, die man mit Geld kaufen kann, um uns oder anderen eine Freude zu bereiten.
Wir sind nur auf der Durchreise, und Geld ist Teil dieses Lebens.
Viele meiner Leser werden in ihrem Leben schon einmal Geldprobleme gehabt haben. Denken Sie stets daran, wir haben darum gebeten, wir haben beschlossen, hier und in dieser Zeit zu leben.
Mit all den Problemen der modernen Zeit gehört es zu unserem Lernprozess, dass wir lernen, wie man mit Geld zurechtkommt, mit ihm umgeht und wie man es verwendet. Auch dies ist Teil unserer Selbstverantwortung.
Es ist sehr tröstlich zu wissen, dass wir in der nächsten Station unseres Lebens kein Geld mehr brauchen werden, weder Euro noch Dollar oder Pfund!

Kapitel 15

Mediale Abende und Fernsehauftritte

Die Arbeit in einem Fernsehstudio war für mich immer wieder eine neue Herausforderung. Sie ist nicht mit der Arbeit in einer Kirche, einem medialen Abend in einem großen Saal oder mit dem Auftritt in einem Theater zu vergleichen.

Meine erste Erfahrung in einem Londoner Studio war sehr wertvoll, da ich lernte, medial sehr schnell zu arbeiten. Es bleibt sehr wenig Zeit zum Nachdenken, und die Durchsagen aus der Geistigen Welt müssen blitzartig artikuliert werden. Die Vielzahl der Störungen – der sogenannte „ruhige“ Lärm, den man in den Studios antrifft, ist immer störend. So ruhig man auch sein muss, wenn das Zeichen „auf Sendung“ leuchtet: Die Kameraleute, die Techniker, das Flüstern und die stille Bewegung von Armen und Füßen erzeugen unterschwellige Geräusche, die die Arbeit erschweren.
Wenn man sensitiv ist und sich auf die Geistige Welt einstimmt und zur Kommunikation bereit ist, dann sind alle diese „ruhigen Aktivitäten“ störend, und dem Medium fällt es schwerer, die Verbindung zur Geistigen Welt aufzunehmen.

Für die Fernsehleute muss eine Sendung immer sehr spannend gestaltet sein und interessant bleiben; dies setzt das Medium unter enormen Druck. Von den Aufnahmen, die in einer Talkshow gedreht werden, werden manche Szenen nachträglich herausgeschnitten. Wenn das der Fall ist, kann manchmal ein wichtiges Wort oder ein Satz fehlen, und dadurch bekommt die Botschaft aus der Geistigen Welt, die das Medium weitergegeben hat, eine völlig andere Be-

deutung! Darum bin ich vor Fernsehaufnahmen immer sehr nervös und angespannt. Sehr belastend für ein Medium ist auch der Elektrosmog in den Fernsehstudios.
Wir wissen, was Elektrosmog ist! Elektrische Geräte lösen energetische Störungen aus und dadurch wird die Sensibilität eines Mediums sehr beeinflusst. Unsensible Menschen werden diese Störungen nicht wahrnehmen. Sie können in einer modernen Wohnung mit vielen elektronischen Störfeldern sehr gut schlafen, während andere Menschen mit einer höheren Wahrnehmung das nicht können und nach einigen Jahren vielleicht erkranken. Können Sie sich vorstellen welche schlechten Energien vorhanden sind, wenn man vor Fernsehkameras sitzt, verkabelt mit sehr empfindlichen, in die Kleidung angesteckten Mikrofonen, starken elektrischen Lampen und anderen elektrischen Geräten!?
Wenn man dies bedenkt, ist es ein Wunder, dass unter solchen Bedingungen eine Kommunikation mit der Geistigen Welt stattfinden kann.

Oft habe ich von anderen Medien gehört, dass sie nicht in elektrischen Störfeldern arbeiten können, dass dies ihren Energiefluss hemmt und die Verbindung zur Geistigen Welt blockiert. Mit dem gleichen Argument haben es noch vor einigen Jahren viele Medien abgelehnt, dass ihre privaten *Sittings* auf Tonband aufgezeichnet werden. Heutzutage haben sich die meisten Medien an die modernen Gegebenheiten gewöhnt, so wie wir alle mit elektrischen Geräten leben müssen.
Während einer Sendung bleibt kaum Zeit zu „überlegen". Vor der Aufnahme kommt dann der/die Moderator/in und spricht mit dem eingeladenen Medium ein paar Worte, aber das Medium erfährt nicht welche Fragen er/sie stellen wird, während man „auf Sendung" ist.
Es wird erwartet, dass in kurzen Sätzen, logischen Erklärungen und auch noch überzeugend geantwortet wird. Ohne die Hilfe der Geisti-

gen Welt wäre dies kaum möglich. Man muss dem Moderator gedanklich immer einen Schritt voraus und auf alles vorbereitet sein!
Einige haben ihre eigenen Meinungen und versuchen sogar, das Thema Medialität lächerlich aussehen zu lassen, oder sie bemühen sich, das Medium vorsätzlich zu einer missverständlichen Aussage zu verleiten. Wenn sie später nur ein entscheidendes Wort oder einen Satz aus dem Gespräch herausschneiden, kann das Medium sogar unglaubwürdig und inkompetent wirken. Das ist die Welt des Fernsehens!

Bis heute wurde ich verlässlich von meinen Geistigen Führern geleitet. Bisher gab es nur eine Fernsehsendung, in der ich mich nicht gut behandelt fühlte und wo ich spürte, dass meine Arbeit für die Geistige Welt nicht die Achtung bekam, die sie verdient.
Kommunikation ist nicht immer leicht. Ich kannte Leute, die private *Sittings* mit hervorragenden Medien hatten und doch enttäuscht waren. Möglicherweise hatte das Medium Kontakt mit Seelen aus der Geistigen Welt, die aber vom Sitter nicht erwartet wurden, oder dem Medium gelang es nicht, die Schwingungen des oder der Betreffenden aufzunehmen!
Das bedeutet nicht, dass es in einem zukünftigen *Sitting* genauso sein wird, es kann ebenso gut sein, dass das nächste *Sitting* das allerbeste ist, das der Sitter je erhalten hat.

Wenn man als Zuschauer an einem medialen Abend teilnimmt, wird man bemerken, dass immer „eine Botschaft“ dabei ist, die der Empfänger nur schwer annehmen oder verstehen kann. Das bedeutet nicht, dass diese Durchsage falsch oder ungenau ist! Es bedeutet nur, dass der Empfänger Zeit zum Nachdenken braucht oder sogar mit der Familie etwas abzuklären hat.
Manchmal erhält man eine phantastische Botschaft, die zum Zeitpunkt des Empfangs einfach nicht bestätigt werden kann. Das

habe ich bei zahlreichen Gelegenheiten erlebt. Ich erinnere mich an eine junge Dame in England. Ich beschrieb ihr einen Mann, von dem ich dachte, es sei ihr Vater. Dann hörte ich den Namen „Rick“. Die Dame reagierte nicht und hat auch nicht geantwortet! Ich wiederholte alles. Jeder im Saal fühlte sich unbehaglich, und ich wurde ein wenig ungeduldig.
Die Dame sah mich nur mit traurigen Augen an, aber sie sagte kein Wort.
Ich fragte: „Können Sie wenigstens ja oder nein sagen? Ich habe hier einen jungen Mann, der mir erzählt, er sei Ihr Vater, aber Sie müssen sehr jung gewesen sein, als er hinüberging, denn er sieht so aus, als sei er damals Anfang Zwanzig gewesen. Kennen Sie diesen Mann? Können Sie diese Botschaft verstehen?“ „Ja und nein“, entgegnete sie. „Was ist mit dem Namen Rick?“ „Nein“, fuhr sie mich an. Plötzlich war der Kontakt unterbrochen, ich konnte ihn nicht mehr sehen, und ich konnte überhaupt nichts mehr spüren!
Ich hasse es, Dinge in der Schwebe zu lassen, und es ist nicht meine Art zu sagen: „Gut, überdenken sie das Ganze noch einmal, ich überlasse es ihnen!“ In diesem Fall konnte ich aber nichts anderes tun. Ich fühlte mich wirklich sehr schlecht von dieser Dame behandelt, denn ich wollte ihr ja nur helfen! Ich war so frustriert, weil ich so sicher war, dass die Nachricht für diese Dame durchgegeben wurde, aber ich konnte es nicht beweisen. Der Kontakt war abgebrochen.
Die Stimmung in dem Saal war sehr unruhig, und es fiel mir sehr schwer, mit einer neuen Durchsage fortzufahren. Aber ich tat es, und die Dinge besserten sich.

Am Ende der Veranstaltung kam die Dame zu mir auf die Bühne. Sie sagte mir mit Freude, dass sie nicht an ein Leben nach dem Tod glaubt. Sie war Ärztin und glaubte, dass das Leben mit dem Tod endet. Ihre Freundin jedenfalls hatte sie überredet hierher zu kommen; sie hoffte, dass es sie nachdenklich machen würde, aber der

Abend hatte sie nicht überzeugen können. Ich wurde von ihrer Kälte und der Offenheit, mit der sie sprach, zurückgestoßen. Sicher hätte ich sie mir nicht als Ärztin gewünscht! Dann bemerkte ich wieder ihre traurigen Augen und sah einen kleinen Jungen aus der Geistigen Welt neben ihr stehen.

„Oh, sie haben einen kleinen Jungen in der Geistigen Welt! Er wirkt wie ein Siebenjähriger, mit lockigem, blondem Haar."

Die Dame brach in Tränen aus und lief davon. Ich war benommen und blieb schockiert zurück; ich hätte ihr so gerne geholfen, aber ich sah keine Möglichkeit.

Ein paar Tage später arbeitete ich in einer kleinen Kirche in einem anderen Stadtteil Londons. Nach dem Gottesdienst fragte eine Dame, ob sie mich sehen und ein paar Minuten mit mir sprechen könnte.

Sie erzählte mir, sie sei die Freundin der jungen Ärztin, welche sie überredet hatte, zu dieser bereits erwähnten Veranstaltung mitzukommen. Ihr leiblicher Vater war kurz vor ihrer Geburt in Amerika gestorben. Niemand hatte ihr davon erzählt. Nachdem ihre Großmutter gegangen war, hatte sie mitgeholfen, deren Wohnung aufzulösen und dabei eine Schachtel gefunden, die einige Fotografien, Briefe und andere Dinge enthielt. Auf einigen der Fotos war ihre Mutter als junge Braut zu sehen, mit einem sehr gut aussehenden Bräutigam! Ein Brief war von einer Amerikanerin, die behauptete, ihre Großmutter zu sein, und sich nach ihrem Wohlergehen erkundigte! Dies beunruhigte sie, sie nahm den Brief und die Fotos und zeigte sie ihrer Tante, die sie sehr liebte. Die Tante bestätigte, dass ihr richtiger Vater Richard hieß und in Amerika nach einem Autounfall sehr jung verstorben war. Die Familie war der Ansicht, ihre Mutter hätte unter ihrem Stand geheiratet, und man war erleichtert, dass sie nach Richards Tod nach England zurückkehrte und dort seine Tochter zur Welt brachte. Die junge Frau heiratete wieder, lebte nun in England und löste sich von ihrer Vergangenheit in

Amerika. Ihre Tochter wuchs auf, studierte Medizin und wurde Ärztin. Sie heiratete und brachte später einen Jungen zur Welt, der sechsjährig an Herzversagen starb. Obwohl sie Ärztin war, konnte sie ihn nicht retten!
Nach seinem Tod hatte sie sich von ihrem zweiten Ehemann getrennt und wurde danach sehr vergrämt. Sie stürzte sich auf ihre Arbeit, um sich abzulenken.
„Letzte Woche war sie schlecht gelaunt, Sie sehen, sie möchte glauben, dass der Tod das ‚Ende' ist! Aber jetzt haben Sie sie verunsichert! Letzte Nacht rief sie mich an und erzählte mir, dass sie ihre Tante gefragt hatte, ob sie den Namen Rick kenne, und ihre Tante erzählte ihr, dass der Name ihres Vaters Richard gewesen ist, und dass ihn jeder in Amerika als Rick kannte!"
Ich bot dieser Dame an, ihrer Freundin, der jungen Ärztin, zu helfen. „Nein! Ich fürchte, sie braucht Zeit, sie muss sich jetzt selbst helfen", antwortete sie.

Mit der Zeit wird diese Ärztin verstehen, dass wir alle mehr als Fleisch und Blut sind! Sie war sehr verunsichert – ihr wissenschaftlicher Verstand erfasste nicht, dass wir in der Geistigen Welt weiterleben. In der Zukunft wird sie sicherlich ein anderes Medium aufsuchen. Auch wenn es nicht leicht sein wird, wird sie ihre Prüfung bestehen. Ihr Sohn liebt sie sehr, dieses Band der Liebe kann nicht getrennt werden. Sie hatte gelitten und es tat mir weh, nichts mehr für sie tun zu können.
Denken Sie nur an ihren Vater! Er bemühte sich, durch ein fremdes Medium in einer öffentlichen Veranstaltung, mit Hunderten von Leuten, seiner Tochter zu sagen, dass er sie liebt und stolz auf sie ist. Höchstwahrscheinlich wollte er sie unterstützen und trösten, doch sie lehnte ihn ab.
Wie traurig! Wie muss er sich gefühlt haben?
Können Sie sich einen Fall wie diesen im Fernsehen vorstellen,

wenn jemand skeptisch ist und nicht einmal den Spitznamen des Vaters kennt?!
Die Kamera hätte diese traurigen Augen gefilmt und im Originalton die Stimme aufgenommen, die „Nein!“ sagt.
Wie einfach es doch ist, ein Medium dadurch inkompetent aussehen zu lassen! Durch das Fernsehen wollen wir auch die zweifelnden Menschen erreichen und versuchen, sie von unserer Arbeit zu überzeugen. Bisweilen ist dies unser einziges Mittel.

Ein Medium muss immer zur Wahrheit stehen, ruhig und besonnen bleiben und dabei immer freundlich sein, egal was passiert.
Die Fernsehregisseure lassen sich bei der Bearbeitung der gedrehten Show Zeit, weil sie das Gesagte zuerst von dem Sitter bestätigt haben möchten. Nicht jede Durchsage findet sofort Zustimmung.
Ich erinnere mich an meine erste Fernsehsendung in Deutschland. Ich musste stundenlang in einer Garderobe warten. Ein sehr freundlicher junger Mann bot mir Brötchen, Tee, Kaffee und Schokolade an.
Gewöhnlich wird man im Studio einige Zeit vor der Sendung erwartet, damit Vorbereitungen für die Sendung getroffen werden können.
Während ich wartete, meditierte ich; ich betete und spürte die Wärme, die Gegenwart der Geistigen Welt. Ich erinnere mich, die Anwesenheit von zwei Männern wahrgenommen zu haben, die ich nicht sehen, aber spüren konnte. Sie wollten mit jemandem im Studiopublikum Kontakt aufnehmen. Ich war sehr erleichtert, da ich wusste, dass zumindest ein Kontakt zustande kommen würde. Es war nun meine Aufgabe, die richtige Person im Publikum zu finden.
Ein sympathischer junger Mann brachte mich zur Maskenbildnerin. Als ich dort mit gepudertem und geschminktem Gesicht in den Spiegel schaute, fühlte ich einen jungen Mann aus der Geistigen Welt an meiner Seite. Es war ein emotionaler, liebevoller Kontakt;

vielleicht wollte er mit seiner Frau oder Freundin sprechen? Er stand eine Weile bei mir, und wieder fühlte ich mich sicher, dass er mir helfen würde, seine Lieben zu finden, wenn die Zeit für die Kommunikation gekommen war.
Nach der langen Wartezeit und der Anspannung ist man sehr erleichtert, wenn das Zeichen zur Aufnahme gegeben wird.
Diesmal waren meine Verbindungen schon vorhanden. Ich konnte jetzt diese beiden Männer sehen, die ich vorher schon gespürt hatte. Sie führten mich zu der Person im Publikum, mit der sie Kontakt aufnehmen wollten. Ich sprach einen Mann an, der mit seiner Frau anwesend war, und die Information, die ich ihm gab, wurde von ihm bestätigt. Einer dieser beiden Männer aus der Geistigen Welt war sein Bruder, der andere sein Vater.
Das gleiche passierte mit dem jungen Mann, den ich bei der Maskenbildnerin gespürt hatte. Er war durchgekommen, um mit seiner Freundin zu sprechen, die mit ihrer Mutter in der letzten Reihe im Publikum saß. Sein Tod war sehr plötzlich eingetreten, und er hatte keine Zeit gehabt, „Lebewohl" zu sagen. (Obwohl ein „Lebewohl" nicht wirklich notwendig ist, da es eigentlich keine Trennung gibt!)
Die Botschaften wurden herzlich aufgenommen, und ich war sehr erstaunt, wie schnell mich alle Durchsagen aus der Geistigen Welt erreichten. Dafür war ich der Geistigen Welt sehr dankbar. Ich weiß, dass ich ohne ihre Hilfe und Unterstützung nicht arbeiten kann.
Die Arbeit in einem Fernsehstudio ist sehr nervenaufreibend. Wenn der Regisseur „Aufnahme" sagt, muss alles klappen, alle Botschaften müssen sofort übermittelt werden.

Viele meiner Leser werden denken: „Ist es richtig, wenn mediale Sendungen vom Fernsehen ausgestrahlt werden?" Viele werden sich fragen, ob die Durchsagen aus der Geistigen Welt vor der Sendung mit den Angesprochenen im Publikum abgestimmt wurden?

Ich kann nur sagen, dass ich immer ehrlich gearbeitet habe und niemals etwas anderes tun würde! Ich hatte nie Gelegenheit, vor der Sendung mit dem Publikum zu sprechen – ich konnte es nicht einmal sehen.
Ich bin sicher, dass vieles arrangiert werden könnte, wenn es so gewollt wäre, denn die Möglichkeiten dazu sind breit gefächert!
Für mich gibt es keinen Grund, etwas zu tun, das nicht der Wahrheit entspricht, denn am Ende kommt die Wahrheit immer ans Licht!
Die medialen Sendungen haben nichts mit Entertainment zu tun. Es sollte nicht als eine Alternative zum Kabarett oder einer anderen Art von Show betrachtet werden!
Das Fernsehen ist ein sehr mächtiges Medium, das Millionen von Menschen erreicht, die über die Medialität aufgeklärt werden möchten.
Menschen, die in kleinen Orten leben, weit entfernt von einer Großstadt, haben dadurch die Möglichkeit, einem Medium bei seiner Arbeit zuzuschauen. Sie haben die Möglichkeit, über das „Leben nach dem Tod" nachzudenken! Die meisten Menschen sind viel empfindsamer, als man denkt. Sie „spüren" es, wenn etwas „wirklich" ist und dürfen alle Emotionen miterleben.

Mein Ziel ist es, dem Tod die „Furcht" und das „Geheimnisvolle" zu nehmen. Wir alle müssen sterben, es ist ein Teil des Lebens.
Viele Menschen leiden – nur weil sie den „Tod" nicht verstehen und mit diesem „Zustand" nicht zurechtkommen.
Sehr viele Zuschauer können sich mit jenen Personen in den Fernsehstudios identifizieren, für die eine Kommunikation mit der Geistigen Welt zustande kam und durch die sie Botschaften erhalten haben. Auf diese Weise wird auch ihnen geholfen!
Mediale Abende sind sehr wichtig, um der Öffentlichkeit zu zeigen, dass eine Kommunikation mit der Geistigen Welt möglich ist. Bei einer öffentlichen medialen Veranstaltung ist es oft für die Zu-

schauer ein Problem, die Reaktionen der angesprochenen Personen zu verfolgen.
Wenn eine Dame in der ersten Reihe z.B. eine Botschaft von ihrem verstorbenen Ehemann oder Sohn erhält, ist ihr Gesicht nicht zu sehen! Deshalb kann man ihre Reaktionen nicht erkennen, und das Publikum bekommt wenig akustische und visuelle Rückmeldungen. Wenn man mehrere Reihen hinter dieser Dame sitzt, kann man nicht einmal ihre Stimme hören!
Oft sind die Leute nervös, oft stehen sie unter Schock, manchmal brechen sie in Tränen aus und brauchen Zeit, um alles in sich aufzunehmen. Das Fernsehen dagegen hat den Vorteil, alle diese Reaktionen zu zeigen.
Oft bedaure ich es, dass auch ich die Stimme kaum hören kann, wenn ich eine Botschaft an einen Teilnehmer ganz hinten im Saal übermittle! Der Gesichtsausdruck ist für mich nur selten sichtbar. Ich weiß, dass es immer Kritiker wegen der Gestaltung der medialen Sendungen im Fernsehen geben wird. Sendungen dieser Art sind in Deutschland neu.
Die konventionellen Kirchen tun nur wenig, den Trauernden zu helfen und auch wenig, die Wahrheit über das „Leben nach dem Tod" zu verbreiten, obwohl diese Botschaften in der Bibel zu finden sind. Das Medium Fernsehen ist ein gutes Mittel, um den Menschen Einblick in die mediale Arbeit zu geben.

In England gibt es zwei Sendungen, die fast täglich auf „Living U.K." ausgestrahlt werden. Dort übermitteln Medien Botschaften an ein Studiopublikum, und sie erklären auch die Grundlagen des Spiritualismus. Auch in Amerika werden solche medialen Sendungen ausgestrahlt. Es ist nur noch eine Frage der Zeit, bis sich solche Fernsehübertragungen in ganz Europa verbreiten.
Einige Menschen denken, emotionale Empfindungen gehören in die Privatsphäre und sollten nicht in der Öffentlichkeit behandelt

werden, aber denken Sie an die vielen Trauernden, denen dadurch geholfen werden kann, indem sie sich mit dem Schicksal anderer identifizieren!!?? Denken Sie an jene, die sich einsam fühlen, die ihre Lieben vermissen und die durch solche Fernsehausstrahlungen ein wenig Verständnis und Trost erhalten.

Kapitel 16

Spirituelle Begabungen

Mein ganzes Leben lang habe ich eine tiefe persönliche Beziehung zu Jesus Christus, und ich habe mich bemüht, seinen Lehren nach besten Kräften zu folgen. Seit meiner Kindheit bin ich mit der Kirche verwurzelt, und deshalb glaube ich an die allmächtige Kraft, die unbegrenzte Macht des Heiligen Geistes.
Im Laufe der Jahre besuchten mich viele *Sitter* aus dem Klerus, die meine Fähigkeiten anscheinend akzeptiert hatten, denn sonst hätten sie mich zweifellos nicht konsultiert! Dennoch ist mir bewusst, dass viele Kleriker nicht an die Medialität glauben und diese sogar negativ beurteilen.
Viele traurige, niedergeschlagene Seelen haben mich in der Vergangenheit aufgesucht und mir frei heraus gesagt, ihr Pastor oder Priester hätte ihnen abgeraten, zu einem Medium zu gehen. Nichtsdestoweniger haben diese Trost suchenden Seelen weder Kraft noch Führung von jenen erhalten, die sie davon abhalten wollten. Durch ein Medium haben sie hingegen den Weg zurück zu Gott gefunden, und ihr Glaube wurde wieder gefestigt. Ist das nicht seltsam? Jene, die am meisten kritisieren, die nie ein Medium konsultiert haben, und noch nie einen Gottesdienst einer *Spiritualist Church* besucht haben, erlauben sich darüber zu urteilen!

Ich bin kein Theologe, aber ich bin ein geweihter Minister (Pastor) der *Christlich Spiritualist Church.* Dennoch möchte ich meine persönliche Meinung und meine persönlichen Ansichten über die Spirituellen Begabungen, die ich über viele Jahre bei meiner Arbeit gewonnen habe, mitteilen. Es liegt mir fern, jemandem zu

nahe zu treten, geschweige denn jemanden zu beleidigen. Lassen Sie uns die Bibel aus einem anderen Blickwinkel betrachten.
Für viele ist die Bibel, die „Heilige Schrift“, ein Buch, welches alle Geistigen Wahrheiten enthält und aus dem sie die Lösung für alle Probleme erhalten können.
Für andere wiederum ist sie ein altmodisches, schwer verständliches Buch, das dennoch einen gewissen Respekt verdient und deshalb in einer Schublade aufbewahrt oder in einem Bücherregal verstaut wird.
Selbst jene, die skeptisch sind und die Bibel nicht sehr schätzen, sollten die kleine Mühe auf sich nehmen und zwischen den Zeilen lesen, sollten sich ein wenig Zeit nehmen und die Symbolismen herausarbeiten, denn dann werden Sie bemerken, dass dieses alte Buch noch immer die Quelle vieler Wahrheiten und Weisheiten ist.
Wie wir alle wissen, wurde das letzte der Evangelien etwa 200 Jahre nach dem Tod von Jesus niedergeschrieben. Wenn ein Text von einer Sprache in eine andere Sprache übersetzt wird, kann immer etwas von dem Sinn des Geschriebenen verloren gehen oder falsch gedeutet werden. Was die Bibel angeht, so wie sie uns heute vorliegt, hat sie, um es vorsichtig auszudrücken, viele Übersetzungen erlebt! So ist es kaum verwunderlich, dass die christliche Kirche in so viele Konfessionen, Sekten und Gruppen unterteilt wurde. In den englischsprachigen Ländern gibt es abgesehen von der Katholischen Kirche sehr viele verschiedene Kirchen, die alle unter der Bezeichnung „christlich“ einzuordnen sind. Jede verfügt über ihre eigenen religiösen Ansichten und alle haben biblische Texte, aus denen sie ihre Grundsätze ableiten. Alle behaupten, *allein sie* hätten die einzige Wahrheit!
Es kommt mir als Letztes in den Sinn, die Kirche zu kritisieren, doch wir müssen der Tatsache ins Auge sehen, dass viele Menschen aus der Kirche ausgetreten sind und ihre Suche nach der Wahrheit und nach Erleuchtung in einer anderen Richtung fortsetzen! Mir ist aufgefallen, dass während der letzten Jahre immer mehr junge Leute

an meinen Seminaren teilnehmen und sich für die Spiritualität interessieren. Viele sind höchst sensitiv und empfänglich für Meditationen und für die Medialität. Gelegentlich plaudern wir während der Mittagspause oder in den Kaffeepausen. Viele sagen ganz offen, dass sie der Kirche den Rücken gekehrt haben. Anfangs war ich ein wenig schockiert, dies zu hören, doch nach intensivem Nachdenken wurde mir klar, dass auch ich ihren freien Willen achten muss.

Die Kirche hat sie deshalb so desillusioniert, weil sie ihnen nicht genug Einsichten und Informationen über ihre eigene Seele und das Leben nach dem Tode vermittelt hat!
Die Kirche lehrt uns, dass wir ewig leben, eine Seele besitzen, doch über die Seele erfahren wir kaum etwas. Das „Leben danach" bleibt ein Geheimnis! Diese jungen und empfindsamen Menschen haben zumeist selbst übersinnliche Erfahrungen gemacht. Sie unterscheiden sich nach Art und Intensität: Einige haben ein Geistwesen, ein verstorbenes Familienmitglied oder einen engen Freund, der von ihnen gegangen ist, wahrgenommen. Andere haben eine Wesenheit in ihrer Nähe gespürt, und ihrer Intuition nach konnte es ihr Schutzengel gewesen sein. Manche haben erhellende „Träume" oder Vorahnungen gehabt. Sie haben Erklärungen für ihre vielfältigen Erfahrungen gesucht, und viele haben innerhalb der Kirche Anleitung und Rat erbeten. Die Antworten, die sie meistens erhielten, konnten sie nicht befriedigen, somit geht die Suche weiter.

Es ist schwer nachzuvollziehen, denn die Bibel ist voll mit übersinnlichen Erscheinungen und mysteriösen oder übernatürlichen Ereignissen, die alle nur verstanden und logisch akzeptiert werden können, wenn man ein umfassendes Verständnis der Mechanismen der Medialität besitzt. Das Alte Testament ist voll von Träumen, Vorahnungen, Trancezuständen, Visionen und Begegnungen mit Engeln und dergleichen.

Wer das Neue Testament liest, bekommt die Botschaft, dass das Leben ewig ist, und dass es ein „Leben nach dem Tod" gibt! Ich möchte meinen Lesern gerne die Antworten geben, die sie suchen. Wenn wir zu den Wurzeln zurückkehren, finden wir viele Antworten.

Wenn man die Medialität verstehen will, wie sie in der Bibel beschrieben wird, muss man beim heiligen Paulus beginnen. Paulus lehrt uns mit klaren Worten unsere Spirituale Identität. Er klärt uns auf über jene Geistigen Gaben, die wir heute die Medialität nennen. Ich muss nicht zwangsläufig jeden Text anführen, der in der Bibel zum Thema Leben nach dem Tod und der Kommunikation mit den beiden Dimensionen des Lebens zu finden ist. Es genügt, wenn ich nur ein paar Bibelstellen nenne, die interessierte Leser dann selbst nachschlagen und lesen können.

Die Silberschnur, die den physischen- und astralen Körper miteinander verbindet und die, ehe der Tod eintritt, sich vom physischen Körper löst, ist im Alten Testament erwähnt:
„Ja, ehe die silberne Schnur zerreißt,.... der Staub auf die Erde zurückfällt als das, was er war, und der Atem (Geist) zu Gott zurückkehrt, der ihn gegeben hat".
(Kohelet Kapitel 12, Vers 6 - 7). (Jerusalemer Bibel)

Paulus sagt uns, wir seien Körper, Seele und Geist:
„Der Gott des Friedens heilige euch ganz und gar und bewahre euren Geist, eure Seele und euren Leib" (man beachte, dass Geist vor Seele steht!).
(1.Thessalonicher Kapitel 5 Vers 23) (Jerusalemer Bibel)

Paulus sagt uns, dass wir auch einen „Geistigen Leib" besitzen:
„Gesät wird ein irdischer Leib, auferweckt ein überirdischer Leib.

Wenn es einen irdischen Leib gibt, gibt es auch einen überirdischen".
(1. Korinther Kapitel 15 Vers 44). (Jerusalemer Bibel)

Paulus verfügte über Spirituelle Gaben. Er war bei vielen Gelegenheiten in Trance. „In Zungen sprechen" war zu der Zeit von Paulus die Bezeichnung für Trance. Ein Geistiges Wesen nutzte die Zunge des Mediums, um sich zu äußern, manchmal sogar in einer fremden Sprache, die eine Übersetzung erforderte:
„Wenn ich in den Sprachen der Menschen und Engel redete".
(1. Korinther Kapitel 13, Vers 1). (Jerusalemer Bibel)
„Ich weiß allerdings nicht, ob es mit dem Leib oder ohne den Leib geschah, nur Gott weiß es".
(2. Korinther Kapitel 12, Vers 2). (Jerusalemer Bibel)

Paulus war auch ein spiritueller Heiler, er legte die Hände auf, um die Kranken zu heilen:
„Auch ungewöhnliche Wunder tat Gott durch die Hand des Paulus. Sogar seine Schweiß- und Taschentücher nahm man ihm vom Körper weg und legte sie den Kranken auf; da wichen die Krankheiten"....
(Apostelgeschichte Kapitel 19, Vers 11-12). (Jerusalemer Bibel)

Außerdem wurden von Paulus auch Prophezeiungen ausgesprochen:
„Und wenn ich Prophetengabe besitze"....
(1.Korinther Kapitel 13, Vers 2). (Die Einheitsübersetzung)

Paulus lehrte uns, dass auch wir über diese Gaben verfügen:
„Es gibt verschiedene Gnadengaben (Spirituelle Begabungen), aber nur den einen Geist. Es gibt verschiedene Dienste, aber nur den einen Herrn. Es gibt verschiedene Kräfte, die wirken, aber nur den einen

Gott: Er bewirkt alles in allen. Jedem aber wird die Offenbarung des Geistes geschenkt, damit sie anderen nützt. Dem einen wird vom Geist die Gabe geschenkt, Weisheit mitzuteilen, dem andern durch den gleichen Geist die Gabe, Erkenntnis zu vermitteln, dem dritten im gleichen Geist Glaubenskraft, einem andern – immer in dem einen Geist – die Gabe, Krankheiten zu heilen, einem andern Wunderkräfte, einem andern prophetische Reden, einem andern die Fähigkeit, die Geister zu unterscheiden, wieder einem andern verschiedene Arten von Zungenrede, einem andern schließlich die Gabe, sie zu deuten. Das alles bewirkt ein und derselbe Geist; einem jeden teilt er seine besondere Gabe zu, wie er will".
(1. Korinther Kapitel 12, Vers 4-11). (Jerusalemer Bibel)

Im Alten Testament wird die Medialität in all ihren Formen beschrieben. Propheten machten Prophezeiungen – sie sagten künftige Ereignisse voraus, übermittelten aber auch Spirituelle Wahrheit. Sie waren Kanäle Gottes, Gott konnte durch solche heiligen Männer sprechen und seinen Willen kundtun. Von einem Propheten oder Seher wurde erwartet, dass sie Wunder vollbrachten. Die Prophezeiungen mussten sich natürlich erfüllen, weil sie sonst als falsche Propheten abgestempelt worden wären.
Außer den anerkannten Propheten waren auch andere Menschen hellseherisch begabt – sie sahen „Engel", Botschafter Gottes. Diese von Gott gesandten Lichtwesen übermittelten den Menschen ihre Botschaften
Für die Propheten verwendete man auch das Wort „Seher", und oft wurde ein Prophet oder Seher einfach als „Mann Gottes" bezeichnet.
Wir lesen in 1. Samuel Kapitel 9 Vers 9-10:
„Vor Zeiten in Israel, wenn man ging, Gott zu fragen, sprach man: Kommt, lasst uns gehen zu dem Seher! Denn die man jetzt Propheten heißt, die heißt man vor Zeiten Seher. Saul sprach zu seinen

Knaben: Du hast wohl geredet; komm, lass uns gehen! Und da sie hingingen zu der Stadt, da der Mann Gottes war". (Luther Bibel) Ein „Seher" ist jemand, dessen Fähigkeiten nicht nur auf die Hellsichtigkeit begrenzt sind.

Doch wenn wir in 1. Samuel, Kapitel 10, Vers 6 lesen, *„Und der Geist des Herrn wird über dich geraten, dass du mit ihnen weissagest; da wirst du ein anderer Mann werden"* (Luther Bibel), dann wird uns klar, dass dies auf Trance-Medialität hinweist! Einer der berühmtesten Fälle von Hellhören findet sich im Buch Samuel. (1. Samuel, Kapitel 3) Obwohl Samuel das ganze Buch Samuel hindurch als „Seher" bezeichnet wurde! Wir lesen, dass der Seher Jedo Visionen hatte: *... und in der Vision des Sehers Jedo...* (2. Buch der Chronik, Kapitel 9, Vers 29) (Jerusalemer Bibel).

Daraus ergibt sich, dass ein „Seher" sowohl das Hellhören als auch das Hellsehen nutzte – eine weitere Bestätigung, dass „Seher" und „Prophet" ein- und dasselbe meinten.
„Dann sprach Amazja zu Amos:
Seher, geh fort, flüchte dich ins Land Juda! Iss dort dein Brot und mach dort den Propheten!"
(Amos Kapitel 7, Vers 12) (Die Einheitsübersetzung).

Meistens lesen wir, dass die Propheten oder Seher über die Fähigkeit des Hellhörens und /oder des Hellsehens und/oder des Hellfühlens verfügten. Hier haben wir nun ein Beispiel eines Sehers der über alle mentalen Gaben der Medialität verfügte:
„Ein Geist schwebt an meinem Gesicht vorüber, die Haare meines Leibes sträuben sich. Er steht, ich kann sein Aussehen nicht erkennen. Eine Gestalt nur vor meinen Augen, ich höre eine Stimme flüstern".
(Hiob, (Ijob) Kapitel 4, Vers 15-16). (Jerusalemer Bibel)

Dies sind nur ein paar Beispiele des Alten Testaments für „Spirituelle Gaben", wobei ich mit Bedacht die weniger bekannten ausgewählt habe. Viele von Ihnen werden weit mehr davon kennen, die zu den beiden bekanntesten Propheten Moses und Elias gehören. Es gibt jedoch noch sehr viel mehr Beispiele, wenn man sich die Mühe macht, weitere Bibelstellen zu lesen.

Die Propheten im Alten Testament behaupteten, dass die von ihnen gehörte Stimme die Stimme Gottes war. Die meisten von uns sehen Gott heutzutage nicht mehr als die Person, die als alter Mann mit langem, weißem Bart hoch über den Wolken auf einem Thron sitzt. Für die höchste Macht der Welt wäre das eine viel zu starke Einschränkung, doch denkt man Tausende von Jahren zurück, kann man sich gut vorstellen, dass Gott in den alten Kulturen personifiziert wurde. Heute würden viele von uns erwarten, dass Gott durch einen himmlischen Boten oder durch ein Engelswesen zu uns spricht.

Aus der Bibel erfahren wir, dass ein hellhörendes Medium höher angesehen war als ein hellsehendes Medium. Von Moses heißt es, er sprach von Mund zu Mund mit Gott, während Miriam und Aaron Gott nur durch Träume und Visionen sehen konnten, siehe 4. Buch Moses (Numeri).

Außerdem gab es sogenannte Seher, die nicht direkt mit Gott sprachen, sondern mit einem Hausgeist; diese nannte man in der Bibel Hexen oder Zauberer. Der Ausdruck „Hausgeist" bedeutet, dass die Medien mit den niedrigeren Ebenen der Astralwelt arbeiteten. Wahrscheinlich arbeiteten sie ohne Geistführer und ohne Gebet. Diese Ebene nennt man „Psychic Ebene".
Siehe 3. Buch Moses, Kapitel 20, Vers 6 und 2. Buch der Könige, Kapitel 21, Vers 6.

Der bekannteste Fall eines Mediums, das mit einem Hausgeist arbeitete, befindet sich in 1. Samuel, Kapitel 28. Es handelt sich um die Hexe von Endor, manchmal auch als Medium von Endor übersetzt. Auch Saul benötigte Anleitung und betete zu Gott, doch er erhielt weder durch Träume noch durch Propheten Hilfe. Als letztes Mittel verkleidete er sich und besuchte die Hexe von Endor. Saul bat sie, den Geist Samuels „herauf zu holen", sie folgte diesem Wunsch. Samuel erschien; er war böse auf Saul und verkündete ihm, er werde die Schlacht verlieren und am nächsten Tag bei ihm in der Geistigen Welt sein. Es wird der Spruch zitiert, „man soll die Toten nicht heraufbeschwören", und das könnte sehr wohl mit diesem Vorfall in der Bibel zu tun haben!

Saul betete zu Gott, erhielt aber weder durch Träume noch durch Propheten eine Antwort. Der Kontakt mit der Geistigen Welt muss frei zustande kommen. Ein Medium kann nicht jemanden in der Geistigen Welt anfordern, um einen Kontakt herzustellen! Sie müssen aus eigenen freien Willen erscheinen. Der Wunsch nach einem Kontakt muss auf beiden Seiten bestehen.
Die Frau fragte Saul: „Wen soll ich dir heraufholen?" Er antwortete: „Hol mir Samuel herauf." In der Bibel finden sich sowohl im Alten als auch im Neuen Testament verschiedene Warnungen hinsichtlich der Medialität. Am bekanntesten ist möglicherweise diese:
„Hütet euch vor den falschen Propheten; sie kommen zu euch wie (harmlose) Schafe, in Wirklichkeit aber sind sie reißende Wölfe. An ihren Früchten werdet ihr sie erkennen".
(Matthäus Kapitel 7, Vers 15). (Jerusalemer Bibel)

Im Alten Testament werden uns zwei Extreme vorgeführt: Propheten, die die Stimme Gottes hörten, und dazu Hexen und Zauberer, die mit weniger hoch entwickelten Geistwesen verkehrten. Viele Leute sagen, sie hätten Engel gesehen oder Vorahnungen, Träume

und sogar Visionen gehabt. Im Alten Testament sehen wir, dass all diese Erscheinungen sehr ernst genommen wurden.
Den Juden, die bekanntlich immer sehr auf Traditionen bedacht waren, sagt man nach, das Volk mit den größten übersinnlichen oder medialen Neigungen zu sein. Das jüdische Volk ist immer sehr kreativ gewesen, und hier könnte man gut eine Verbindung zwischen Kreativität, Sensitivität und Empfänglichkeit herstellen, also Kreativität mit Medialität verknüpfen!
Besonders in den Künsten wie zum Beispiel in der Musik gibt es viele große Namen jüdischen Ursprungs. Im Spiritualismus Englands hat es einige wahrhaft große Medien aus dem Judentum gegeben, ihre Arbeit ist bemerkenswert gewesen. Ich war damit gesegnet, einige von ihnen persönlich gekannt zu haben.
In der Bibel ist oft von Musik die Rede, und die Psalmen Davids sind für ihre außerordentliche Poesie bekannt. Durch die Musik werden Energie und Schwingungen angehoben, was dazu beiträgt, die Verbindung zwischen dem Medium und der Geistigen Welt aufzubauen. Im Alten Testament wird die Verbindung zwischen Medialität und Musik oft erwähnt, beispielsweise an folgenden Stellen:
1. Chronik, Kapitel 25, Vers 1, 1. Samuel, Kapitel 10, Vers 5-10 und 1. Könige, Kapitel 3, Vers 15.

Nun wollen wir auf den Gründer des Christentums schauen, der mit allen Spirituellen Gaben gesegnet war.

Jesus Christus

Jesus Christus war weder Katholik noch Protestant, Jesus war Jude! Wir wissen, dass Jesus mit den jüdischen Bräuchen, Ritualen und Überzeugungen jener Zeit erzogen wurde. Aus dem neuen Testament wissen wir, dass er im jüdischen Tempel unterrichtet wurde. Anders als das Alte Testament, das voll ist mit übernatürlichen und übersinnlichen Ereignissen, setzt das Neue Testament mit der

Erfüllung der alten Prophezeiung ein – dem Erscheinen des lang erwarteten Messias, mit der Geburt von Jesus Christus.

Dass die Heiligen Drei Könige durch einen Stern zu diesem Ereignis geführt wurden, zeigt uns, wie ernst sie auch die Astronomie nahmen. Die jüdische Kabbala war über Jahrhunderte hinweg ein nur für Eingeweihte zugängliches Geheimwissen; sie beweist, wie wichtig die Lehren des Übersinnlichen, des Esoterischen und der Mysterien für das jüdische Volk seit den uns bekannten frühesten Zeiten der Geschichte waren.
Es ist bekannt, dass es lange vor der Zeit von Jesus Christus viele „geschlossene Schulen" gab, die als Mysterienschulen bezeichnet wurden. Dort wurden die überlieferten Weisheiten und alten Wahrheiten gelehrt. Wer in die Geheimnisse der Mysterienlehre eingeweiht wurde, musste das erworbene Wissen geheim halten. Einige dieser Mysterienschulen wendeten sogar die Todesstrafe an, wenn dieses Geheimnis gebrochen wurde. Wir wissen, dass es solche Schulen in Ägypten, Griechenland, Persien, Indien und auch im fernen Osten gab.

Als Jesus seine große Mission begann, suchte er sich eine Gruppe passender Schüler aus, gläubige Anhänger, die wir als Jünger bezeichnen. Wir glauben, dass auch sie in einer geschlossenen Schule oder in einem Spirituellen Kreis zusammen saßen, wo Jesus sie die Mysterien und die Spiritualität lehrte. Sie meditierten, beteten gemeinsam und wurden von Jesus tiefgehend instruiert.
Im Neuen Testament lesen wir, dass sie sich in ein Hinterzimmer zurückzogen, um ungestört zu sein. Oder „sie gingen in einen oben gelegenen Raum, um sich zu versammeln".
Die Kraft Gottes existierte schon lange vor der Geburt von Jesus. Diese Kraft und ihre Strahlen sind das Größte, was es im Universum gibt, und diese Kraft steht uns auch heute noch zur Verfügung.

„Jesus“, der geliebte Sohn Gottes, nutzte diese Kraft Gottes, die ihn durchströmte, und er verwendete sie, um Gott zu preisen. Im Laufe seines Lebens wurde er der Gesalbte genannt, Jesus mit der Macht des Gesalbten (aus dem griechischen Christos), was später zu Jesus Christus wurde. Wir wissen, er war in jeder Weise „Gottähnlich“, er war voller Liebe, Mitgefühl und Verständnis. Er war der größte spirituelle Meister, das Licht der Welt.
Jesus bestand darauf, dass seine Lehren für jedermann bestimmt waren – nicht nur für Juden, was die Jünger mehr als einmal in Frage stellten. Wie wir lesen, stellten die Jünger Jesus häufig Fragen, weil er sich nicht an die Regeln seiner Tradition hielt: Heilung am Sabbat, Zusammenkünfte mit Geldverleihern, Steuereintreibern und mit Prostituierten! Er sagte, seine Botschaft sei für alle, was auch die Nichtjuden einschloss! Er war nicht bereit, Mitglied im jüdischen Kreis der Eingeweihten zu sein!
Zu der Zeit von Jesus glaubte man an die Wiedergeburt, was auch zur Lehre der frühen christlichen Kirche gehörte und erst sehr viel später verworfen wurde. Im Neuen Testament finden sich viele Hinweise darauf!
Damals glaubten die Menschen, Krankheit sei auf das Karma zurückzuführen und eine Strafe für Sünden, die man in einem früheren Leben – oder auch im gegenwärtigen Leben begangen hatte. Nach der Heilung von Kranken sagte Jesus oft:

„Gehe hin, deine Sünden sind dir vergeben!“ oder „Gehe heim, dein Glaube hat dich geheilt!“ oder auch „Gehe heim und sündige nicht mehr!“ Aus dem Griechischen wurde übersetzt: „Gehe heim und beende etwas in deinem Leben!“ Wir wissen heute alle, dass manche Krankheiten emotional oder psychisch bedingt sind.
Man kann sich vorstellen, dass Jesus seine Schüler lehrte, wie man heilt und sie anhielt, sich der göttlichen Kraft zu öffnen und sie zu Instrumenten Gottes zu machen.

Jesus fragte seine Jünger: „Was sagen die Menschen, wer ich bin?" Sie antworteten: „Manche sagen, du seiest Johannes der Täufer, andere Elias, andere sagen auch, du seiest einer der alten, wieder auferstandenen Propheten". Darauf fragte Jesus: „Doch was sagt ihr, wer ich bin?" Petrus antwortete: „Der Gesalbte Gottes" (Christus).

Wiedergeburt oder Reinkarnation war zu der Zeit von Jesus, wie schon gesagt, eine gängige Überzeugung und gehörte zur frühen Christenheit, und hier haben wir einen der Fälle, die das bezeugen. Etwa eine Woche später, nachdem Petrus zu Jesus sagte, „Du bist der gesalbte Gottes" führte Jesus die Jünger Petrus, Jakob und Johannes in die Berge, um zu beten. Er wurde vor ihren Augen „verklärt". Seine Kleidung glänzte so weiß wie Schnee, und vor ihm erschienen nacheinander das Gesicht von Elias und das Gesicht von Moses.
Wir wissen nur von diesem einen Mal, dass Jesus die „Verklärung" (Transfiguration) demonstrierte.

Wir haben zwei Beispiele, die wir heute die „unmittelbare Stimme" in der Medialität nennen würden, das heißt, alle Anwesenden hören eine Stimme, nämlich anlässlich der Verklärung und der Taufe von Jesus. Die Gabe der Prophetie durchzieht das gesamte Evangelium. Wie ich bereits gesagt habe, war Jesus Christus in allen seinen Fähigkeiten vollkommen unbeschränkt (nachzulesen etwa bei Johannes Kapitel 16, Lukas Kapitel 9, Vers 44 und Johannes Kapitel 13, Vers 21-38).
Ihm wurden viele Titel verliehen: „Meister"; „Messias", „König der Könige" und „Guter Hirte". Ich bevorzuge die Bezeichnung „Friedensfürst". Wenn man die Evangelien liest, wird man von der großen Liebe Jesu für alle Menschen tief berührt. Seine so beschei-

den als Gleichnisse vorgetragenen Lehren, (denn jedermann sollte sie verstehen) besitzen soviel Schönheit und Schlichtheit, und dennoch sind sie tiefgründig und von höchster Spiritueller Kraft.
In den Evangelien finden wir alle großen kosmischen Wahrheiten, all die Weisheit und Philosophie der Spiritualität. Jesus sagte: „Liebe deinen Nächsten wie dich selbst." Das ist nicht so einfach, weil viele Menschen sich selbst nicht lieben! Viele Menschen verstehen sich nicht einmal selbst.
Er sagte nicht: „Liebe deinen Nächsten mehr als dich selbst!"
Er lehrte uns, tolerant zu sein und andere nicht zu verurteilen, aber vor allem lehrte er uns, zu vergeben. Er lehrte uns, dass durch ihn, durch die Kraft Gottes, alles möglich ist. Sagte er nicht, *„Amen, amen, ich sage euch: Wer an mich glaubt, wird die Werke, die ich vollbringe, auch vollbringen, und er wird noch größere vollbringen",...*
(Johannes Kapitel 14, Vers 12). (Jerusalemer Bibel)

Jesus konnte jemanden ansehen und alles erkennen, was gewesen ist – und alles, was sein würde. Seine große Spirituelle Erkenntnis, sein großes Spirituelles Verständnis ließen ihn jeden so annehmen, wie er war, ohne ihn überzeugen zu wollen. Er akzeptierte ihren freien Willen! Jede Seele hat diesen freien Willen!
Wer wirklich über Verständnis verfügt, benötigt die Vergebung nicht, denn im Verständnis ist Vergebung eingeschlossen. Wie können wir erwarten, andere zu verstehen, wo es uns doch manchmal nicht gelingt, uns selbst zu verstehen? Für uns ist es deshalb wichtig, zu vergeben. Wir müssen uns selbst vergeben, ehe wir anderen vergeben können.
Wie oft lesen wir, „deine Sünden sind dir vergeben"?
Jesus lehrte uns sehr viel, und jeder muss das annehmen, was im gegebenen Augenblick seiner Spirituellen Entwicklung entspricht.
Wir können die Evangelien immer wieder von vorne lesen, und ent-

sprechend unseres seelischen Wachstums werden wir immer wieder etwas Neues finden, etwas Symbolisches oder einen neuen Aspekt. Nach seinem Tod bewies Jesus, was er lehrte, und zeigte sich denen, die ihn liebten! Wir lesen, dass er nach seinem Tod mehrere Male verschiedenen Personen erschienen ist.

Was geschah an Pfingsten? Wie wir wissen, waren die Jünger zum Pfingstfest in einem Raum versammelt. Wir lesen, dass ein heftiger Wind aufkam und die Jünger „in Zungen" redeten. Über den Köpfen der Jünger loderten Flammenzungen.

Jeder, der tiefe Trance erlebt hat, wird wissen, dass die Temperatur im Raum beträchtlich abfällt, was viele als „kalten Windzug" bezeichnen.

Bei übersinnlichen Erscheinungen sind über dem Kopf eines Mediums in tiefer Trance oft Lichter zu sehen. Diese Lichter sind etwa so groß wie eine Armbanduhr.

Ist dies nicht ein Zeichen, dass Jesus sie unterrichtete? Die Jünger glaubten, die Prophezeiung des Joel werde erfüllt:

„Danach aber wird es geschehen, dass ich meinen Geist ausgieße über alles Fleisch. Eure Söhne und Töchter werden Propheten sein, eure Alten werden Träume haben, und eure jungen Männer haben Visionen".

(Joel Kapitel 3, Vers 1). (Jerusalemer Bibel)

Es ist uns bekannt, dass die Jünger, vor allem Petrus, nach diesem Erlebnis mit der spirituellen Heilung begannen (siehe Apostelgeschichte Kapitel 3).

Die Jünger, einige Frauen und eine Gruppe Anhänger von Jesus, wurden wahrscheinlich von Petrus angeführt. Für kurze Zeit gab es eine soziale Gemeinschaft, in der alles geteilt wurde. Wir lesen, dass jene, die Häuser oder Land besaßen, ihren Besitz verkauften und das Geld den Aposteln gaben, damit auch für die Bedürfnisse derer gesorgt werden konnte, die nicht über Reichtum verfügten.

Wäre das Christentum überhaupt gegründet worden, wenn Jesus sich nach seinem physischen Tod nicht gezeigt hätte, wenn die Jünger nicht an Pfingsten vom Heiligen Geist ergriffen oder erfüllt worden wären? Indem Jesus sich seinen Jüngern und jenen zeigte, die ihn liebten, bewies er, was er gepredigt hatte: Das Leben geht über den Tod hinaus! Durch seine fortdauernde Führung und Geistige Anleitung wurde seine Mission fortgesetzt.
Sechs Tage vor der „Verklärung“ sagte Jesus zu Petrus:
„Ich aber sage dir: Du bist Petrus, und auf diesen Felsen werde ich meine Kirche bauen“….
(Matthäus Kapitel 16, Vers 18). (Jerusalemer Bibel)

Jesus betonte, dass seine Botschaft, seine große Mission nicht allein auf die Juden beschränkt, sondern allen Männern und Frauen zugänglich sein sollte. In den gesamten Evangelien ist oft von Frauen die Rede, und Jesus behandelte sie immer mit Achtung und großer Freundlichkeit. Uns kommt das nicht ungewöhnlich vor, doch zu jener Zeit war der jüdische Alltag eine Welt der Männer.
Jakob, Johannes, Petrus und eine Gruppe von Frauen sowie andere Anhänger von Jesus trafen sich regelmäßig, wodurch eine jüdische christliche Gemeinde entstand. Wir wissen alle, dass die Jünger nach Pfingsten voll des Heiligen Geistes waren; das war insofern ein Durchbruch, als sie ihre von Gott gegebenen Geistigen Fähigkeiten ausübten. Diese Gaben wurden auch von vielen anderen angewandt. So lesen wir, dass Stephanus heilte und Wunder vollbrachte. Wir können annehmen, dass noch viele andere die spirituellen Gaben (Geistesgaben) nutzten, möglicherweise innerhalb der christlichen Gemeinde.
Petrus war der Führer dieser Gemeinde, die in Jerusalem gegründet wurde. Diese Gemeinde war in ihrer Tradition sehr jüdisch geprägt, selbstverständlich waren alle Mitglieder Juden. Später verbreitete

sie sich dann von Palästina aus und erreichte die hellenisierten Juden (griechisch sprechende Juden). Das setzte sich einige Jahre lang erfolgreich fort.
Dazu lesen wir (Apostelgeschichte 10), dass Petrus sich in Trance versetzte und eine Vision hatte. Er sollte in seinen christlichen Gemeinden auch Nichtjuden aufnehmen, oder die christliche Botschaft sollte zumindest außerhalb der jüdischen Tradition verbreitet werden.
Die jüdische Priesterschaft begann, diese Gemeinde zu verfolgen, und Petrus wurde eingesperrt. Viele wurden getötet, und Stephanus wurde zu Tode gesteinigt. Paulus, der damals noch Saulus hieß, war bei dieser „Steinigung" anwesend. Anschließend reiste er nach Damaskus, um jene zu verfolgen, die es wagten, die jüdischen Priester zu missachten und sich ihren Anweisungen nicht zu unterwerfen!
Auf dieser Reise erblickte er ein helles Licht, das ihn blendete, und er hörte die Stimme von Jesus. Drei Tage lang hatte er nichts getrunken und gegessen. Er wurde in die dritte Dimension des Himmels versetzt und von Engeln instruiert, dort sah er Jesus. Dies nennt man heute eine Astralreise. Drei Tage nichts zu essen, das ist nicht so erstaunlich, aber in diesem Klima drei Tage nichts zu trinken, das ist wirklich sehr bemerkenswert. Sein körperlicher Zustand dürfte dem Zustand eines Menschen im Koma ähnlich gewesen sein.
Paulus behauptete, er hätte Jesus gesehen, und Jesus würde ihn unterweisen und führen.

Petrus und die Jünger vertraten unterschiedliche Ansichten, und die Beziehung wurde angespannt, besonders zwischen Paulus und Petrus.
Paulus war ein hellenisierter Jude, also ein griechisch sprechender Jude, der außerhalb Palästinas lebte und die christliche Botschaft zu

allen Menschen einschließlich der Nichtjuden tragen wollte. Petrus wollte die christliche Gemeinde jüdisch halten!
Es ist traurig, dass wir nur so wenige Informationen über die jüdischen Christen haben, die nach unserer Überzeugung womöglich von Petrus geführt worden sind. Schließlich kannten die Jünger Jesus und wurden von ihm unterwiesen, aber vielleicht wurde aus Angst vor den jüdischen Priestern vieles geheim gehalten.
Paulus reiste nach Griechenland und gründete dort seine eigenen Gemeinden, deren Mitglieder als spirituelle Christen bezeichnet wurden. In den spirituellen christlichen Gemeinden des Paulus gab es keinen speziellen Priester. Jeder in der Versammlung, der vom Heiligen Geist inspiriert oder erfüllt wurde, stand auf und übermittelte seine Botschaft. Wir wissen, dass alle Geistigen Gaben, Heilung, Trance und spirituelle Botschaften, genutzt wurden.
Später kamen dann „Propheten" (Medien) in die Gemeinden, die der Gemeinde dienten, indem sie sich als Instrumente für den Heiligen Geist anboten.

In seinem Buch *The Psychic Stream* teilt Arthur Findlay uns mit, dass zu der Zeit von Paulus das griechische Wort für Prophet die Bedeutung „Medium" hatte.

Von Paulus wissen wir, dass in den frühchristlichen Gemeinden Griechenlands spirituell gearbeitet wurde. Er schreibt an die Korinther und sagt ihnen, wie sie ihre Gottesdienste abhalten sollten.
(1. Korinther, Kapitel 14, Vers 3-5) (Luther Bibel):
„*Wer aber prophetisch redet, der redet den Menschen zur Erbauung und zur Ermahnung und zur Tröstung.*
Wer in Zungen redet, der erbaut sich selbst, wer aber prophetisch redet, der erbaut die Gemeinde.
Ich wollte, dass ihr alle in Zungen reden könntet; aber noch viel mehr, dass ihr prophetisch reden könntet. Denn wer prophetisch

redet, ist größer als der, der in Zungen redet, es sei denn, er legt es auch aus, damit die Gemeinde dadurch erbaut werde."

Als junger Mann hatte Paulus den Beruf eines Zeltmachers erlernt – wie alle Juden hatte er ein Gewerbe. Interessant ist, dass er seinen Körper als Zelt bezeichnete:
„*Denn ich weiß, dass mein Zelt bald abgebrochen wird, wie mir auch Jesus Christus, unser Herr, offenbart hat*".
(2. Petrus Kapitel 1, Vers 14). (Jerusalemer Bibel)

Dies ist eines von vielen Beispielen einer Medialen Kommunikation zwischen Jesus und Paulus, die wir im Neuen Testament finden können.
Ohne Paulus gäbe es bei uns heute möglicherweise kein Christentum. Interessant ist, dass in den frühen griechischen christlichen Gemeinden alle folgenden Erscheinungen zu finden waren: Heilung durch Handauflegen, Trance in Form des „Zungenredens" und Deutung des Gesagten, Übermitteln der Geistigen „Botschaften von den Toten", Spirituelle Philosophie, eine Art der Kontemplation, Gesang und Gebet.

Paulus war außerordentlich gesegnet mit allen Geistigen Gaben und behauptete, er werde von Jesus persönlich angeleitet:
„*Ich erkläre euch, Brüder: Das Evangelium, das ich verkündigt habe, stammt nicht von Menschen; ich habe es ja nicht von einem Menschen übernommen oder gelernt, sondern durch die Offenbarung Jesu Christi empfangen*".
(Galater Kapitel 1, Vers 11-12). (Jerusalemer Bibel)
„*Denn ich habe vom Herrn empfangen, was ich euch dann überliefert habe*"....
(1. Korinther Kapitel 11 Vers 23). (Jerusalemer Bibel) ...„*Da wandte ich mich zunächst nicht an Fleisch und Blut, auch ging ich nicht*

nach Jerusalem hinauf zu denen, die vor mir Apostel waren"... (Petrus und die anderen Jünger).
(Galater Kapitel 1, Vers 16-17) (Die Einheitsübersetzung)

Paulus schätzte seine Medialität sehr und wollte, dass andere ebenfalls ihre Geistigen Gaben entwickelten:
„Jagt der Liebe nach! Strebt aber auch nach den Geistesgaben, vor allem nach der prophetischen Rede!"
(1. Korinther Kapitel 14, Vers 1) (Jerusalemer Bibel)
„Vernachlässige die Gnade nicht, die in dir ist und dir verliehen wurde, als dir die Ältesten aufgrund prophetischer Worte gemeinsam die Hände auflegten".
(1.Timotheus Kapitel 4, Vers 14). (Jerusalemer Bibel)
„Löscht den Geist nicht aus! Verachtet prophetisches Reden nicht! Prüft alles, und behaltet das Gute!"
(1. Thessalonicher Kapitel 5, Vers 19-21) (Jerusalemer Bibel)
„Seit Erschaffung der Welt wird seine unsichtbare Wirklichkeit an den Werken der Schöpfung mit der Vernunft wahrgenommen, seine ewige Macht und Gottheit. Daher sind sie unentschuldbar".
(Römer Kapitel 1, Vers 20) (Jerusalemer Bibel)
Weitere Lektüre: 2. Korinther Kapitel 15, Vers 18, 2. Korinther Kapitel 3, Vers 8, 1. Korinther Kapitel 16, Vers 39, Galater Kapitel 3, Vers 5.

Nach dem Tod von Paulus breiteten sich die christlichen Gemeinden weiter aus, bis in das vierte Jahrhundert wurden in den Gemeinden (Kirchen) Propheten/Medien eingesetzt.
„Ein griechischer Bischof von Nicomedia namens Philotheus Bryennius hat im Jahre 1873 ein antikes christliches Buch mit dem Titel „Die Lehre der zwölf Apostel" in der Bibliothek des Jerusalem-Klosters von Konstantinopel gefunden. Dieses Buch wurde in viele Sprachen übersetzt, viele Theologen kennen dieses Werk unter

dem Titel „The Didache". Vermutlich wurde dieses Buch in der Zeit um 130 - 150 nach Christus geschrieben. Durch dieses Buch werden meine Ausführungen bestätigt."

Etwa zu dieser Zeit erschienen dann die ersten Priester und übernahmen die Führung der Gemeinden.
Nach und nach vernachlässigte man in den Gottesdiensten einige der Geistigen Gaben. Das Handauflegen (Heilung) wurde von manchen Priestern noch ausgeübt, Worte der Weisheit und der Philosophie gingen in die „Predigt" ein, die der Priester zu einem Bestandteil des Gottesdienstes machte. Anfangs mag das manchmal durch Priester geschehen sein, die in Trance fielen (in Zungen redeten). Nach einiger Zeit wurde dieser Trancezustand schwächer und ähnelte einer sehr leichten Trance, die wir als „Überschattung" bezeichnen. Dies entwickelte sich sogar noch weiter, und viele Priester sprachen ihre Predigt, während sie durch himmlische Wesen stark inspiriert wurden.
Ohne Paulus hätte die Christenheit sich nie über die jüdischen Gemeinden hinaus verbreitet. Paulus war es, der diese Weltreligion aufgebaut hat. Er errichtete sie außerhalb der Kontrolle durch die jüdische Priesterschaft und die Autoritäten Judäas.
Paulus sah, hörte und spürte Jesus, deshalb können wir heute sagen, Paulus hatte Medialen Kontakt zu Jesus – denn Paulus lebte in der physischen Welt, doch Jesus war physisch tot. Jesus leitete Paulus aus einer himmlischen Sphäre.
Man könnte also sagen, dass die christlichen Gemeinden auf oder durch Gaben des Geistes gegründet wurden! In den christlichen Gemeinden von Paulus wurden die Geistigen Gaben in großem Umfang genutzt! Der Kontakt zur Geistigen Welt wurde regelmäßig gepflegt.
In der Bibel steht, dass eine Jakobsleiter den Himmel mit der Erde verbindet! Es gibt viele Bibelstellen, in denen davon die Rede ist!

Diese Verbindung zwischen den Dimensionen des Lebens, die wir „Himmel“ und „Erde“ nennen, hat es immer gegeben. Jesus sagte uns ganz klar, dass wir die Ewigkeit besitzen:
„Amen, amen, ich sage euch: wenn jemand an meinem Wort festhält, wird er auf ewig den Tod nicht schauen“.
(Johannes Kapitel 8, Vers 51). (Jerusalemer Bibel). Weiterführende Lektüre: Johannes Kapitel 14, Vers 1-7.
Deshalb sterben wir nicht, sondern wechseln nur die Form – von einer physischen Form in eine Astralform und später in eine spirituelle Form.
Der Heilige Geist ist eine Kraft, eine Energie, die unmöglich einzuschränken ist. Auch diese Kraft ist ewig, und auch sie ist in unserer heutigen Welt spürbar, und man kann sehen, wie sie wirkt.

Jeder, der der Menschheit hilft, jeder, der Barmherzigkeit übt, der sich bemüht, Liebe, Licht und Frieden zu verbreiten, ist offen für diese große Kraft. Keine Heilung, kein echter Kontakt mit der Geistigen Welt, keine Form von Medialität und tatsächlich keine der uns durch Paulus übermittelten spirituellen Gaben kann ohne die Göttliche Kraft in vollem Umfang genutzt werden.
Jesus lebt – seine Energie, seine Liebe, seine Wahrheit und seine Gnade. Die Kraft, die ihn durchströmte, existiert noch immer und für immer.
Die alten Weisheitslehren, die uns durch verschiedene Quellen überliefert wurden – dazu gehören auch die Lehren, die von den Geistigen Führern angesehener Medien übermittelt wurden, sowie die alten okkulten und esoterischen Lehren, – stimmen alle mit den Lehren und Informationen überein, die Paulus uns hinterlassen hat. Alles steht in der Bibel geschrieben, Sie können es selbst nachlesen. Die ersten Priester waren Medien, die den Menschen mit ihren von Gott gegebenen spirituellen Gaben dienten. Über das Leben nach

dem Tod sind alle Informationen vorhanden, und doch scheint im Lauf der Geschichte so viel verloren gegangen zu sein. Paulus lehrte uns, dass die spirituellen Gaben von Gott gegeben sind, so wie alle unsere schöpferischen und künstlerischen Fähigkeiten aus dieser Quelle stammen! Sollten sie dann nicht innerhalb der Kirche genutzt werden? Die von Gott gegebenen Fähigkeiten gehören in das Haus Gottes, wo es doch die Felsen sind, auf denen die Kirche errichtet wurde! Es ist traurig, dass in den deutschsprachigen Ländern nur wenige Kirchen Heilung für jene bieten, die ihrer bedürfen. In England bieten neben der *Spiritualist Church* viele andere Kirchen spirituelle Heilung an, die vom Pastor und anderen in der Kirche aktiven Mitgliedern ausgeführt wird.
„Ist jemand krank, der rufe zu sich die Ältesten von der Gemeinde, und lasse sie über ihn beten, und salben mit Öl in dem Namen des Herrn“.
(Brief Jakobus 5, Vers 14-16). (Luther Bibel)

Heute sind manche Kirchen sehr offen und bieten Meditation an: Zen-Meditation, Tai Chi, Chi Gong und vieles mehr. Das alles hilft uns dabei, die innere Welt zu finden, und führt uns deshalb auf den richtigen Weg zu wahrer spiritueller Einsicht. Wäre es hingegen nicht wundervoll, wenn die wahren Wurzeln der Urchristen anerkannt und auch für uns greifbar würden???
Ich hoffe, dass ich mit diesem Kapitel etwas Klarheit schaffen konnte.

Kapitel 17

Was sagt uns die Geistige Welt?

Im Rahmen meiner Seminartätigkeit und in den Briefen, die ich bekomme, tauchen immer wieder die gleichen Fragen auf. Das zeigt mir, dass es noch einiges zu erklären gibt, um die Zusammenhänge der Medialität verständlicher zu machen.
Vor zwanzig Jahren war ich der Meinung, eine ganze Menge Antworten zu kennen. Damals glaubte ich, übersinnliche, spirituelle und esoterische Kenntnisse zu besitzen. Nach so vielen Jahren der Erfahrung wird mir inzwischen jedoch bewusst, dass niemand alle Antworten kennen kann.
Der Weg, den wir alle gehen, bedeutet miteinander und voneinander zu lernen. Wahrheit ist wie ein Diamant, mit vielen Facetten, wenn wir den Diamanten drehen, erscheint ein anderer Aspekt und die Wahrheit in einem anderen Licht. Viele Religionen und Konfessionen behaupten, die einzige Wahrheit zu kennen. Ich bin dankbar, dass ich mein Wissen über die Geistige Welt und die spirituellen Wahrheiten direkt von meinen dortigen Geistigen Führern und Helfern erhalten habe. Auch bin ich den vielen erfahrenen Medien dankbar, die mich ausgebildet und auf meinem Weg begleitet haben. Es ist mir ein tiefes Bedürfnis, die bedeutendsten Fragen und Themen anzusprechen, und Licht, Liebe und Verständnis zu vermitteln.
Oft werde ich gefragt: „Warum haben viele Medien nordamerikanische Indianer oder Chinesen als Geistige Führer? Warum gibt es keinen typischen Engländer, sagen wir einen Mr. Smith, als Geistigen Führer?"
In meinem ersten Buch „Der Himmel ist nur einen Schritt entfernt" erklärte ich, dass nicht jeder einen Geistigen Führer hat. Jeder

Mensch hat einen Schutzengel, und viele Menschen haben auch Geistige Helfer, die sie durch bestimmte Lebensabschnitte begleiten und ihnen helfen. Häufig halten die Menschen einen Geistigen Helfer irrtümlicherweise für einen Geistigen Führer.
Im gesamten Universum wird Gleiches von Gleichem angezogen. Irgendwann erreichen Sie eine Stufe, wo Sie mehr über Spiritualität erfahren wollen. Wo Sie sich zu fragen beginnen: „Was ist das Leben eigentlich, welchen Zweck hat mein Leben, warum bin ich hier, und wo gehe ich von hier aus hin?“ Irgendwann wird Ihnen bewusst, dass die materielle Welt und all ihre Heuchelei Ihnen keine Zufriedenheit mehr geben kann. Dann stellen Sie fest, dass das Leben nur Illusion ist, und Sie verlangen nach Wahrheit, Sie sehnen sich danach, in Harmonie und Frieden zu leben, und vielleicht wünschen Sie sich sogar, in irgendeiner Weise zu dienen! Sie wünschen sich, Ihren Mitmenschen zu helfen, die bedürftig sind! Dies ist der erste Schritt auf dem Weg zur Spiritualität.

Durch diesen Prozess der Bewusstwerdung wird sich ein geistiger Führer an Ihre Seite stellen und versuchen, Sie zu inspirieren. Das kann er über Ihre geistigen Kanäle und über Ihre Gedanken tun. Er bringt Sie vielleicht dazu, etwas zu lesen, was Ihre Art zu denken beeinflusst. Möglicherweise führt er Sie zu jemandem, der Ihnen ein wenig Wissen verschafft, was Sie einen Schritt weiter bringt. Er könnte sich Ihnen auf der Astralebene im Schlaf nähern! Tatsächlich könnte es eine Kombination all dieser und noch vieler anderer Dinge sein. Seine Möglichkeiten, Sie zu erreichen, sind unbegrenzt. Sie könnten sich seiner Anwesenheit und seines Einflusses bewusst sein oder es überhaupt nicht bemerken. Es kommt allein darauf an, dass Sie Fortschritte machen, und wichtig ist nur, welche Wirkung seine Führung auf Sie hat.
Er hat nicht den Wunsch, angebetet zu werden, vielleicht will er für einige Zeit oder langfristig anonym mit Ihnen arbeiten. Sein Ziel ist

es, zu dienen, anzuleiten und Ihnen bei Ihrem Spirituellen Vorankommen zu helfen. Dies ist das universell gültige Gesetz – der ältere Bruder hilft dem jüngeren. Die Starken helfen den Schwachen. Es ist seine Liebe zu den Menschen, seine Liebe zu Gott und sein Ziel, das Niveau des Spirituellen Bewusstseins zu heben.

An Ihrem persönlichen materiellen Leben ist er weitgehend desinteressiert (auch wenn man das Materielle nicht vollständig vom Spirituellen trennen kann, weil beide in gewissem Umfang miteinander verbunden sind – lernen wir auf allen Ebenen).
Es gibt Fälle, in denen Menschen ihren Geistigen Führer „sehen" und sogar seinen „Namen" erfahren. Manchmal hören sie vielleicht seine Stimme in ihrem Kopf. Gelegentlich kann die Beziehung ganz wunderbar und intensiv sein, doch das ist ganz gewiss nicht immer der Fall. Tatsächlich haben sogar viele Menschen echte Geistige Führer, die über viele Jahre hinweg mit ihnen oder durch sie arbeiten, ohne dass sie sich dessen voll bewusst sind.

Es gehört zu unserem „seelischen Lernen", unseren freien Willen zu nutzen; ein Geistiger Führer will nicht, dass jemand von ihm abhängig wird. Aus genau diesem Grund beschließt er vielleicht, mit Ihnen zu arbeiten und Sie auf sanfte und liebevolle Weise zu leiten, aber dennoch sehr im Hintergrund zu bleiben.
Es heißt, Schutzengel und eigentlich alle engelhaften Lichtwesen hatten nie auf der physischen Ebene der Erde Gestalt angenommen. Sie existieren in den höheren Ebenen der Geistigen Welt.
Ein Geistiger Führer ist ein sehr hochentwickeltes Wesen und hat den Zyklus von „Leben und Tod" vollendet. Das heißt, er hat einmal auf der irdischen Ebene gelebt und alle die irdischen Lektionen durchgemacht. Nachdem er mehrere Lebensspannen durchlaufen hat, kam eine Zeit, in der es für seine künftige Entwicklung nicht mehr angemessen war, auf die Erde zu reinkarnieren. Durch höhere

Sphären innerhalb der Geistigen Welt hat sich seine Seele weiter entwickelt. Aufgrund seines Wunsches, Gott und der Menschheit zu dienen, beschloss er, seine Hilfe in bedingungsloser Liebe anzubieten.
Weil seine Sphäre in der Geistigen Welt höher liegt als die Ebenen, auf denen unsere von uns gegangenen Lieben existieren, ist seine Astralform sehr viel heller und transparenter. Könnten wir uns auf seine hohe Ebene begeben, würde er für viele von uns tatsächlich als „Licht" erscheinen – Form und Einzelheiten seiner Erscheinung wären für unsere Sehkraft nicht erkennbar. Dies liegt an der sehr hohen Frequenz seiner Schwingungen.
Will ein hoch entwickeltes Wesen auf die Erde, muss es die tiefer liegenden schweren Ebenen der Geistigen Welt durchschreiten. Damit es jemand auf der Erde erkennt oder spürt, muss es seine Frequenz und Schwingung den Schwingungen der Erde anpassen. Dazu wird die Frequenz verlangsamt. Manchen Menschen wird das als Licht erscheinen, andere höher sensible Menschen werden seine Form wahrnehmen können.
Uns kommt es dann so vor, als würden sie sich bekleiden und so angezogen sein, wie sie es in ihrer letzten irdischen Gestalt waren, womit sie uns eine irdische Form und einen Namen anbieten, nur um erkannt zu werden. Dies geschieht nur uns zuliebe, weil wir hier auf Erden Form und Namen brauchen!

Blicken wir in die Geschichte zurück, so waren die spirituell am höchsten entwickelten Kulturen bei den Indianern Nordamerikas, den Chinesen, den Ägyptern und tibetanischen Mönchen zu finden; in der westlichen Welt waren viele der Kirche verbunden, etwa Nonnen, Mönche und Pastoren.
Wir wissen, dass das Schamanentum viele Ähnlichkeiten mit dem Spiritualismus aufweist. Die Indianer Nordamerikas verstanden unter „Tod", dass sie, wenn es an der Zeit war die irdische Hülle ablegen, ihren Stamm verließen, in die Berge gingen, einschliefen,

und in die Geistige Welt überwechselten. Sie wollten keine Last für den Stamm sein. In den Wurzeln dieser hohen Spirituellen Kultur ist viel Weisheit zu finden.
Wir wissen, dass die Chinesen früher über sehr viel Weisheit und Wissen verfügten, aber auch die Ägypter, Tibetaner und viele andere Völker. Leider ist ein großer Teil der alten Weisheit teilweise ausgelöscht oder verloren gegangen!
Man denke nur an die Millionen von Seelen, die in der westlichen Welt ihr Leben Gott weihten. Viele Nonnen und viele Mönche verbrachten ihre Zeit damit, Kranke zu heilen und den Armen zu helfen. Durch das Gebet und durch die Meditation fanden sie ihren inneren Weg zum Licht und zur Wahrheit.
Alle diese Seelen sind durch die verschiedenen Ebenen und Sphären in der Geistigen Welt vorangeschritten. Ihre auf der Erde „festgelegten Pfade“ und ihre „feststehenden irdischen Gedanken“ werden durch die Entwicklung in der Geistigen Welt aufgelöst. Es gibt keine strengen Regeln, wonach ein Geistiger Führer in einer dieser Formen erscheinen muss! Es hat in der ganzen Welt außerordentlich fortgeschrittene Seelen gegeben, und es ist gut möglich, dass ein jeder von ihnen sich als Geistiger Führer präsentiert.

In England treten am häufigsten folgende Führer auf:

Indianer aus Nordamerika
Chinesen/Japaner
Nonnen und Mönche
Tibetanische Mönche
Araber
Jüdische Rabbis
Zulu oder andere Afrikaner
Kinderführer

Ich habe Führern die männliche Form „er“ zugeschrieben, aber selbstverständlich kann ein Führer auch in weiblicher Gestalt auftreten!
Oft zieht jemand das Gegenteil an. So kann es vorkommen, dass eine sehr religiöse katholische Dame – das muss nicht unbedingt eine Nonne sein – einen tibetanischen Mönch oder einen Chinesen als Führer hat.
Wer als Medium oder Heiler arbeitet oder den Menschen auf irgendeine Weise hilft, hat oft ein Team von drei Führern. Einer davon kann einem selbst in seinen charakterlichen Eigenschaften und spirituellen Qualitäten sehr ähnlich sein. Dies könnte sich auf religiöse Überzeugungen beziehen oder in eine andere Richtung gehen.
Manche Medien glauben, die Führer würden sich in symbolischer Form zeigen! Will jemand wirklich einen Indianer sehen, zeigt sich der Führer womöglich in dieser Form, weil man ihn sich so vorstellt. Persönlich teile ich diese Überzeugung jedoch nicht.
Wie schon gesagt, meist sind sie bestrebt, im Hintergrund zu arbeiten, unbemerkt und demütig. Die Form entsteht nur uns zuliebe, weil sie merken, dass wir hier in der physischen Welt eine physische Form und einen Namen benötigen! Sobald wir akzeptiert haben, dass unser Geistiger Führer für uns persönlich da ist, sollte die Form wirklich keine große Rolle mehr spielen.
Wirklich entscheidend sind Liebe, Verständnis, Lehre und Weisheit, die er uns mitteilen möchte.

Sehr oft werde ich gefragt:
Was geschieht, wenn jemand im „Koma“ liegt? Stimmt es, dass er hören kann, was man ihm sagt?

Die Frage ist nicht so eindeutig zu beantworten, wie das vielleicht scheint. Es gibt verschiedene Arten von Koma und unterschiedliche Grade der Bewusstlosigkeit. In der Hoffnung, Ihnen einen besseren

Überblick zu vermitteln, werde ich versuchen, das wenige zu erklären, was ich weiß.
Man könnte sagen, das Koma ist eine Existenzstufe zwischen den beiden Dimensionen, die wir Leben und Tod nennen.
Es ist ein Stadium des „Aufschubs", in dem nichts unmittelbar vorangeht. Ein Zustand, in dem die Zeit still zu stehen scheint, und eine Art natürlichen emotionalen Heilungsvorgangs. Nach einer gewissen Ruheperiode werden Bewertungen vorgenommen, die am Ende zu einer Entscheidung führen. In manchen Fällen mag auch nach dieser Entscheidung noch eine gewisse Zeit erforderlich sein, um die nächste Stufe des Seins vorzubereiten.

Der Astralleib löst sich vom physischen Körper, mit dem er durch die Silberschnur verbunden ist. Dies ermöglicht es dem Wesen, in die entsprechenden Ebenen der Astralwelt und in einen traumähnlichen Zustand hinüberzugleiten, wobei er durchaus mit seinen dahingegangenen Lieben zusammentreffen könnte. Gelegentlich beschließt er vielleicht, sein Haus oder seinen Garten zu besuchen, oder er steht gar neben seinem Körper, der auf einem Krankenhausbett liegt. Die Silberschnur kann sich dehnen und erlaubt dem Astralleib, sich vom Körper zu entfernen; das geschieht auch, wenn jemand sich auf eine Astralreise begibt oder eine Astralprojektion erlebt.
In diesem Stadium ist die Entscheidung noch nicht gefallen, ob jemand nun in die Geistige Welt wechseln oder in die physische Welt zurückkehren soll. Dabei geht der Sinn für „Zeit" verloren, und es kann ziemlich lange dauern, bis die Entscheidung gefallen ist.
Wenn das Wesen wegen eines schweren Schocks ins Koma gefallen ist, kann es gut einige Zeit auf der Astralebene brauchen, bis es sich von diesem Nervenschock erholt hat. Danach wird es zwischen den beiden Dimensionen des Lebens hin und her wandern. Es blickt

vielleicht auf verschiedene Erfahrungen zurück, bewertet die Vergangenheit und entscheidet allmählich über die Zukunft. Während es sich in diesem Stadium befindet, ist es emotional aktiv und wird Anleitung durch jene erfahren, die in der Geistigen Welt sind.
Die letzte Entscheidung ist von vielen Faktoren abhängig: Sind die Seelenlektionen noch nicht abgeschlossen, in welchem Zustand ist der Körper, welche Verbindungen bestehen zu den irdischen Lieben und welches Spirituelle Niveau hat er selbst erreicht? Welche Lebensdimension ist für sein Seelenwachstum in diesem Stadium der Spirituellen Entwicklung am besten geeignet?? All das spielt eine Rolle.
In solchen Fällen treiben sie oft zwischen zwei Dimensionen des Lebens und können bisweilen unsere Worte hier auf Erden hören und unsere Gefühle spüren. Für ein Geistwesen ist es nicht ungewöhnlich, dass es hört, wie zwei Ärzte oder Schwestern über den Zustand des Patienten sprechen, während sie durch die Station oder einen Flur des Krankenhauses gehen! Möglicherweise sehen sie sogar einen ihrer Lieben, der das Krankenhaus betritt, um sie zu besuchen, und begleiten ihn dann zu ihrem eigenen physischen Körper, der im Bett liegt!

Es gibt indessen Fälle, wo der Astralleib durch einen Schock mit großer Kraft aus dem physischen Körper gestoßen wurde. Der Astralleib kann nicht wirklich zu Schaden kommen, aber bei empfindsamen Seelen kann er zeitweilig geschwächt sein. Der Astralleib erlebt alles, was emotional ist, und ein starker Schock für das Nervensystem kann sich auf den Astralleib auswirken. Dann zieht das Geistwesen sich in die Astralwelt zurück, was dem Astralleib ermöglicht, wieder zu Kräften zu kommen.
Verbringt es dort einige Zeit, stimmt es sich auf die Schwingungen der Astralwelt ein und nimmt nicht wahr, was hier in der physischen Welt alles vor sich geht. So mag es von der physischen Welt

träumen und vage Blicke davon erhaschen, geistige Eindrücke vom irdischen Leben empfangen, die ihm vielleicht sogar unwirklich vorkommen.
Sollte es in diesem Stadium beschließen, in die Geistige Welt zurückzukehren, wird die Silberschnur durchtrennt, was es von seinem physischen Körper befreit und ihm völlige Freiheit gibt. Es reist dann bewusst sehr schnell durch einen Tunnel aus Licht und tritt fast sofort in das Schlafstadium ein. Wenn es bereits Zeit in der Astralwelt verbracht hat, sind einige Vorbereitungen schon abgeschlossen. Es ist in keiner Weise ungewöhnlich, dass eine Seele, die schon einige Zeit in der Astralwelt zugebracht hat und beschließt, dorthin zurückzukehren, kurz auf die physische Ebene zurückgeht, um einfach „Lebewohl" zu sagen.
Sollte sie andererseits ihre Entscheidung auf die physische Seite des Lebens zurückführen, dann wird sie Schritt für Schritt und manchmal sehr rasch ihre körperlichen Kräfte und Fähigkeiten zurückgewinnen. Dann hört und versteht derjenige jedes Wort, das die Leute aus seiner irdischen Umgebung sprechen.
Sie sehen, die Frage ist wirklich nicht leicht zu beantworten. Wenn sie nahe an die physische Welt herankommen, vernehmen sie gelegentlich jedes Wort. Sie spüren unsere Berührung, unsere Küsse, sie können sogar unser Parfum oder unser Rasierwasser riechen! Werden sie dagegen von der Astralwelt angezogen, dann wird ihnen die physische Welt nicht wirklich bewusst. Tatsächlich wechseln oder schweben sie häufig von einer Ebene zur anderen.
Bei ihrer Entscheidung sollten wir sie nicht beeinflussen und sie nicht zwingen, in die physische Welt zurückzukehren. Das verunsichert sie noch mehr und lässt sie nur noch tiefer in die Astralebene eindringen, was ihre Entscheidung verzögert. Auch wenn es Ihnen schwer fällt, weil es Ihre Frau oder Ihr Kind ist, das im Koma in einem Klinikbett liegt müssen wir Ihre Entscheidung respektieren! Wir müssen ihnen unsere Liebe geben und ihnen versichern, dass

diese Liebe fortbesteht, egal wofür sie sich entscheiden! Unsere Liebe soll ihnen helfen und sie nicht behindern.
Es gibt viele Fälle von „Koma“, in denen der Patient sehr krank ist und in ein Koma fällt, ehe er stirbt. Dies ist eine ganz andere Situation, weil hier die Entscheidungsfindung keine Rolle spielt.

Die Ärzte wissen, dass der Tod unvermeidlich ist, und man sollte diesen Abschnitt nur als ein Vorbereitungsstadium für den Übergang betrachten. Oft erhält der Patient Medikamente, starke Schmerzmittel oder auch Drogen, und diese bewirken, dass der Patient ruhig und gedämpft bleibt.
Manche komatöse Patienten kehren in einem gewissen Ausmaß in einen traumähnlichen, halbbewussten Zustand zurück, in dem sie sich vielleicht bewegen oder ein Lebenszeichen zeigen. Häufig spüren sie die Anwesenheit der Menschen um sie herum, und gelegentlich scheint es, dass sie sogar etwas zu sagen versuchen, ehe die Silberschnur durchtrennt wird.
Es gibt viele Fälle, in denen es so aussieht, als wäre die Seele bereits aus dem Körper gewichen, während sie „schlafen“ und so weit entfernt zu sein scheinen. Doch die Maschine arbeitet weiter, und die künstliche Atmung ist das einzige Lebenszeichen, bis der Übergang stattgefunden hat. Wie friedvoll doch so manche Seelen aussehen, (in einigen Fällen) sobald der letzte Kampf vorüber ist.
Ich habe als Medium unzählige Fälle erlebt, in denen die Seelen vor dem Übergang im Koma lagen, und durch mich liebevolle Botschaften an ihre irdischen Lieben übermittelten.
Viele haben fantastische Beweise geliefert und mir in allen Einzelheiten von den Menschen erzählt, die sie besucht haben, während sie krank im Bett lagen. Sie haben bemerkt, welche Kleidung die Tochter trug oder welche Schwester gerade Dienst hatte. Gelegentlich hatte man für sie Musik gespielt, und sie nannten genau das Stück, das man gespielt hatte. Es berührt uns sehr, wenn wir erfah-

ren, dass sehr oft der letzte Kuss, den wir kurz vor dem Tod oder in manchen Fällen unmittelbar nach dem Tod einem geliebten Menschen gegeben haben – gefühlt wurde!
Es gibt hingegen auch andere „Seelen“, die mir einfach mitteilen: „Ich muss krank gewesen sein, ich kann mich letztlich wirklich nicht an viel erinnern, ganz vage kommt mir die Erinnerung, dass ich im Bett lag, ich muss sehr tief geschlafen haben und im Schlaf hinübergeglitten sein. Plötzlich erwachte ich und fand mich recht glücklich und zufrieden in der Geistigen Welt wieder.“ Andere dagegen haben ihren Übergang bewusst erlebt und Einzelheiten darüber berichtet.

Eine sehr schwierige Situation entsteht, wenn jemand für sehr lange Zeit im Koma lag und die lebenserhaltende Maschine abgeschaltet wurde!
Man kann fragen: „Warum haben die im Koma liegenden Menschen ihre Entscheidung nicht selbst getroffen, was ist da geschehen?“ Irgendwie sind sie wohl in der Zeit „gefangen“ gewesen, weil sie, wie ich schon erklärt habe, das Gefühl für „Zeit“ und „Raum“ verlieren, sobald sie bewusstlos werden und ins Koma fallen. Für uns hier auf Erden mag dieses Stadium als lange Zeit erscheinen, aber dessen werden sie sich einfach nicht gewahr. Manchmal wollen sie den physischen Körper nicht loslassen, selbst wenn er nicht mehr funktioniert. Oft spüren sie, dass ein lieber Mensch auf Erden sie noch immer braucht und sie wünschen sich, dass sie noch bleiben dürfen – sogar in diesem sehr eingeschränkten Zustand. Bisweilen möchten sie jemandem auf Erden helfen oder etwas Bestimmtes erledigen. Häufig möchten sie auch sterben und können es nicht, weil die lebenserhaltende Maschine das verhindert! Manchmal sehen sie uns, sie schauen auf den physischen Körper und hoffen, sich wieder zu erholen; sie spüren unsere traurigen Gedanken, und selbst das kann den Tod bisweilen hinauszö-

gern. Gewöhnlich ist die Silberschnur sehr dünn. Es kommt zu drei Zuckungen; danach ist die Silberschnur durchtrennt. Dadurch löst sich der Astralleib mit der Seele vom physischen Körper. Dieses Stadium bezeichnet man als „Tod“ oder Übergang.
Bei Menschen, die sehr lange an lebenserhaltenden Maschinen angeschlossen waren, könnte es sogar sein, dass die erste Zuckung der Silberschnur bereits stattgefunden hat. Durch diese Maschinen werden die sonst folgenden nächsten beiden Zuckungen verhindert.

Wann ist der richtige Zeitpunkt die lebenserhaltende Maschine abzuschalten? Hier müssen wir uns auf den Rat der medizinischen Experten verlassen und das tun, was für den Patienten das Beste ist, und unsere Wünsche sollten wir zurückstellen. Wenn ein Koma-Patient über einen entsprechend langen Zeitraum an lebenserhaltenden Maschinen angeschlossen war, hat er in den meisten Fällen keine Chance mehr, wieder ein normales Leben zu führen. Die für den physischen Körper lebensnotwendigen Funktionen, werden nur noch von einer Maschine aufrechterhalten. Möglicherweise müsste der Patient mit einem Gehirnschaden oder mit anderen schweren Behinderungen in unserer Welt weiterleben. Ab einem gewissen Zeitpunkt, d.h. wenn die erste Zuckung der Silberschnur bereits stattgefunden hat, behindert eine solche Maschine nur den natürlichen Vorgang des Todes. Sobald die Maschine abgeschaltet ist, zerreißt die Silberschnur auf der Stelle und der Tod tritt ein. In Fällen, wo jemand für entsprechend lange Zeit im Koma gelegen war, wird das „Schlafstadium“ in der Geistigen Welt verkürzt. Es wurde begonnen, während der Betreffende zwischenzeitlich in die Astralebene gewechselt war. Der Blick zurück auf das irdische Leben, die ersten Bewertungen sind in vielen Fällen schon erfolgt. Die Komapatienten werden mit einigen verstorbenen Lieben (Geistigen Wesen) zusammengetroffen sein, was den weiteren, später stattfindenden Bewertungen dient.

Es gab viele Gelegenheiten, bei denen ich während eines *Sittings* ein Geistwesen gesehen habe, das ich zunächst für einen „Verstorbenen“ hielt, obwohl es sich in Wahrheit um einen Komapatienten handelte, der in seinem Astralleib reiste. Während der *Sittings* stelle ich dem Kommunikator immer die mentale Frage: „Wie bist du hinübergewechselt?“ Die Mehrheit der Verstorbenen gibt mir bereitwillig eine Information: „Ich hatte Magenkrebs, oder Herzversagen, oder was auch immer!“ Dies hilft, zu Anfang die Identität des Kommunikators zu überprüfen.

Bei *Sittings*, wo Verwandte oder Bekannte der *Sitter* im Koma liegen, bekam ich oft keine Auskunft über die Todesursache; oft sagt mir dann die Person, die die Botschaft empfängt: „Die Beschreibung passt auf meinen Vater (oder wer es auch sein mag), aber er ist nicht tot, er liegt im Krankenhaus im Koma!“

Einige Male habe ich auch von Leuten gehört, die zu Hause vor dem Fernseher saßen, als sie plötzlich ihren Ehemann oder ihre Tochter sahen. Es schoss ihnen der Gedanke durch den Kopf: „O Gott, er oder sie ist gerade gestorben!“ Wenn sie dann jedoch mit der Klinik telefonierten, wurde ihnen von der diensthabenden Schwester versichert, dass alles in Ordnung sei. Ehemann oder Tochter wären nach wie vor am Leben und immer noch im Koma.

Ich erinnere mich an eine Dame, die vor Jahren zu einem *Sitting* zu mir kam. Ihre Tochter war von ihr gegangen und recht lange im Koma gelegen, ehe sie dahinschied.

Die Dame war im Bus unterwegs zur Klinik, um ihre Tochter zu besuchen. Plötzlich fühlte und roch sie ihre Tochter, die neben ihr im Bus saß. Ihr wurde am ganzen Körper kalt, und sie war sicher, dass ihre Tochter verstorben war.

Sie erwartete, dass man sie bei der Ankunft in der Klinik mit der Nachricht vom Tod ihrer Tochter begrüßen würde, und war sehr überrascht, dass sie immer noch am Leben war. Einige Tage darauf ereignete sich ein ähnlicher Vorfall. Die Dame war beim Einkaufen, und gerade, als sie nach Hause kam, sah sie ihre Tochter an der Haustür stehen. Sie war sehr erschüttert, als sie die Tür öffnete und das Telefon läuten hörte. Es war das Krankenhaus – ihre Tochter war zehn Minuten zuvor in die Geistige Welt gegangen!

Wir wissen, dass Patienten, während sie im Koma liegen, in ihrem Astralleib in der Astralwelt schweben. Ob sie von ihren irdischen Lieben während der Astralreise gesehen oder einfach nur gespürt werden, ist von Fall zu Fall verschieden. Der eine ist empfänglicher für Übersinnliches, vielleicht auch gesegnet mit hellseherischen Fähigkeiten (potentiell, aber unentwickelt – der Betreffende kann sich dessen durchaus nicht bewusst sein), während ein anderer möglicherweise sensitiv, aber nicht so empfänglich ist und dann vielleicht nur eine astrale Anwesenheit fühlt oder empfindet.

Mein Wissen über Trance-Medialität hilft mir, den als „Koma“ bezeichneten Zustand zu verstehen. Da es hier große Ähnlichkeiten gibt, könnte man eine sehr tiefe Trance gut mit einem Koma vergleichen.

Wir wissen, dass Schamanen sich oft in tiefe Trance versetzen und sich scheinbar im „Koma“ befinden, ja häufig sogar wie tot erscheinen! Solche Zustände können einen Tag oder länger anhalten. In einem solchen Stadium kann man sie mit Nadeln stechen oder ihre Haut mit einer offenen Flamme berühren, ohne dass sie irgendetwas spüren. Während die Schamanen im Koma sind, reisen sie in ihrem Astralleib in die „Unterwelt“ (eine Ebene der Astralwelt).

Die tibetanischen Mönche haben eine bestimmte Zeremonie für ihre Toten. Stirbt jemand, führen sie diese aus und begleiten die Seele des Toten in die so genannte „Unterwelt“, wobei sie mehrere Stadien durchlaufen, bis sie eine bestimmte Ebene erreicht haben, auf der die Toten sich befinden. Die Zeremonie ist sehr komplex, mit Gesang, Stöhnen und rhythmischem Atmen, was alle in einen Trancezustand versetzt!

Der Heilige Paulus verbrachte drei Tage in „Trance“ oder einem „Koma“, in dem er zum Himmel auffuhr!
„Die Auferstehung der Toten!“ In der Bibel finden sich so viele Beispiele! Ohne auch nur einen Augenblick lang die Fähigkeiten der Propheten, später der Apostel mindern zu wollen, könnte man zumindest in einigen Fällen daran denken, dass der Betreffende nicht wirklich „tot“ war, sondern sich einfach in einem Koma befand. Wir lesen einige Male, dass sie für drei, vier oder gar noch mehr Tage „tot“ waren! Hätte der physische Körper sich in diesem Klima in solchen Zeiträumen nicht schon zersetzen müssen? Möglicherweise wusste man zu jener Zeit nichts von „komatösen Zuständen“. Mittels astraler Projektion könnte ein hoch entwickeltes Wesen den physischen Körper verlassen und im Astralleib zu einem Treffen mit dem Astralleib der Person im Koma reisen. Diesen könnte es bitten oder ihm befehlen, in den physischen Körper zurückzukehren. Für eine hoch entwickelte Seele wäre es sogar logischer, einfach mental mit dem Geist der Person im Koma zu sprechen!
An dieser Stelle kommt mir die Frage in den Sinn: „Wann kommt hier der freie Wille ins Spiel?“
Nicht nur Komapatienten können bisweilen in ihrem Astralleib erscheinen oder sind imstande, eine Verbindung mit einem Medium herzustellen, während sie noch hier auf Erden sind. Manchmal sind es auch sehr schwache ältere Menschen, die viel schlafen oder in Tagträumen versunken sind, Menschen, die mentale Schwierigkeiten haben, zu kommunizieren und sich zu konzentrieren. Bisweilen sieht es so aus, als lebten sie in einer eigenen Welt, manche scheinen sogar in der Vergangenheit zu leben. Man könnte sogar sagen, dass manche schon in der Astralwelt leben.
Gelegentlich sieht oder spürt ein Medium im Rahmen seiner Arbeit durchaus einmal eine solche Seele und gibt diese Information an den *Sitter* weiter, um zu erfahren: „Das ist meine Mutter, sie lebt

noch, sie ist im Altenheim. Sie schläft sehr viel, und sie scheint ihre mentalen Fähigkeiten zu verlieren, denn sie erkennt oft nicht einmal mich!"
Im Laufe der Jahre beobachtete ich viele Fälle. Manchmal waren die älteren Leute krank und litten an Alzheimer oder ähnlichen Beschwerden. Wir dürfen nicht vergessen, dass sie krank sind – das Gehirn funktioniert nicht mehr richtig! Der Astralleib ist vollkommen, und so bleibt er auch. Wenn der Übergang stattfindet, wird der physische Körper zurückgelassen, und mit ihm all die Krankheiten und die Behinderungen.
Ich sage hier ganz klar, dass es bisweilen möglich ist, solche Seelen zu sehen, zu spüren oder zu empfinden, und dass sie sich einem Medium gegenüber bemerkbar machen können, während sie noch hier im Leben sind!

Es könnte vorkommen, dass jemand ein Medium konsultiert und das Medium für unzulänglich hält, wenn er oder sie jemanden tot glaubt, der in Wahrheit noch lebt! Wenn man die Dinge verstanden hat, kann man eine logische Erklärung geben.
Wunderbar ist, dass viele dieser Seelen sehr oft ganz glücklich in ihrer eigenen Welt leben. Einige stellen eine Verbindung zu den Geistwesen ihrer Lieben her und erfahren bisweilen viel Glück. Andere entfliehen für eine Weile der Wirklichkeit des Alters, den Schmerzen und Plagen und all dem, was um sie herum geschieht – sie finden Erleichterung in ihrer Traumwelt.
Manchmal scheint es vielleicht, als würden sie sehr emotional auf eine sehr triviale Angelegenheit reagieren! Doch sie könnten durchaus, ohne dass jene auf Erden das bemerken, etwas aus der Vergangenheit wieder erleben, was sie vielleicht aufregt. So viele ältere Menschen beginnen, alles zu bewerten, auf das ganze Leben zurückzuschauen. Sie durchleben Situationen aus der Vergangenheit. Das ist keine leichte Aufgabe, und doch hilft es ihnen, wenn sie hin-

über gehen, denn sie sehen viele wieder, von denen sie in der Vergangenheit seelisch berührt wurden. Sollte es einen überraschen, wenn manche von ihnen ein wenig verwirrt sind? Ist es wirklich eine Überraschung, dass sie den Kontakt mit der Gegenwart verlieren – wo sie doch bisweilen mit der Vergangenheit und der Zukunft in Berührung kommen?
All jene, die sich um die alten Menschen kümmern, brauchen eine Menge Geduld. Es ist nicht immer leicht, und manchmal kann es einen außerordentlich fordern!

Sie sollten sich vielleicht sagen, dass nichts ewig dauert! Die beste Medizin ist die Liebe, und dafür brauchen Sie kein ärztliches Rezept – selbst wegen einer Überdosierung brauchen Sie sich keine Sorgen zu machen! Genehmigen Sie sich auch selbst etwas von dieser Arznei! Sie ist nicht nur für die Alten da!
Ich erinnere mich an einen meiner liebsten *Sitter*, als ich noch in England lebte. Die Dame war „Gebietskrankenschwester“ und eine sehr liebevolle und fürsorgliche Seele. Ihre Dienste und ihre Freundlichkeit gingen weit über ihre Pflichten als Schwester hinaus. Wir hatten viele gute *Sittings* zusammen und freuten uns, wenn wir beisammen waren. Sie liebte es, wenn ich nach dem Ende des *Sittings* Klavier spielte, und wir wurden Freunde.
Eines Tages besuchte sie mich; sie sah sehr müde aus und hatte einen anstrengenden Tag mit einigen ziemlich schwierigen Patienten hinter sich. „Paul“, begann sie, „ich möchte, dass Sie mir einen großen Gefallen tun. Ich weiß, Sie werden in Kürze nach Deutschland gehen, aber könnten Sie vor der Abreise eine Dame treffen? Ich möchte Ihnen nichts über sie erzählen, aber ich bin sehr besorgt, ich fürchte, wenn sie keine Hilfe erfährt, bekommt sie am Ende noch einen Nervenzusammenbruch.“
Am nächsten Tag richtete ich es mitten im Kofferpacken so ein, dass die Dame zu einem *Sitting* kommen konnte. Sie kam an und

wirkte sehr müde und besorgt. Ihre traurigen Augen sahen mich an, und ich ließ mein Herz zu ihr hinübergehen. Ich erklärte, dass ich ein Gebet sprechen und dann schauen würde, ob jemand aus der Geistigen Welt mit ihr zu sprechen wünschte.
Nach dem Gebet sah ich eine alte Dame, die sagte: „Sagen Sie ihr, sie soll nicht länger die „Dramaqueen“ spielen und kein Theater machen, keine Tochter hätte es besser gemacht! Sie hat ihr Bestes gegeben, und ich weiß, ich war kein leichter Fall für den, der sich um mich gekümmert hat! Es tut mir so Leid, dass ich bisweilen schwierig war, ich wollte es nie sein!“
Die alte Dame war richtig proletenhaft, und ich konnte im Kopf sogar ihren Dialekt hören. Die Botschaften gab ich wortwörtlich weiter! Die Dame sah mich an, Tränen rollten über ihre Wangen, und sie zitterte.

Die alte Mutter sagte: „Sie braucht einen guten Brandy! Sagen Sie ihr, sie soll nach Clacton (Badeort in England) gehen! Das wird ihr gut tun. Seit ich hier ‚herüben‘ bin, habe ich Zeit gehabt, über alles nachzudenken. Jetzt weiß ich, warum sie mich manchmal angeschrien hat! Sie war in den Wechseljahren! Manche Frauen sind in dieser Zeit sehr empfindlich! Ich bin nicht ‚über Kreuz‘ mit ihr, aber sie will nicht hören. Ich liebe sie!“
Diese Botschaft gab ich weiter, und die Dame brach in Lachen aus! Auch sie sprach diesen Proleten-Dialekt! „Das ist meine Mama, sie hat nie getrunken, aber sie hatte immer eine Flasche Brandy im Schrank, für Notfälle. Wann immer jemand starb oder ins Krankenhaus kam oder einfach nur weinte, stand die Brandyflasche auf dem Tisch. Ihre Schwester lebte in Clacton, und vor Jahren liebte sie es, ihre Schwester zu besuchen! Ehrlich, ich habe meine Mutter sehr geliebt, aber die letzten paar Jahre war sie sehr schwierig. Ich wollte sie nicht ins Heim stecken, also tat ich mein Bestes, und mit Hilfe der Gebietsschwester haben wir es geschafft. Meine Mutter war

sehr verwirrt und brachte alles durcheinander, und manchmal stellte sie mir zwanzigmal dieselbe Frage! Mehr als einmal verlor ich die Kontrolle und schrie sie an! Nun kann ich mir nicht verzeihen!"
Das *Sitting* ging weiter, und wir verbrachten eine wunderbare Zeit, ihre Mutter war wirklich eine Type! Auch ihr Vater ließ sich sehen und bedankte sich für alles, was sie getan hatte! Am Ende der Sitzung war die Dame sehr erleichtert, und ihre Lieben hatten sie beruhigt. Sie konnte innerlich wieder mit ihrer Mutter Frieden schließen.

Oft sind unsere Lieben für uns sehr schwierig, wenn sie verwirrt oder jahrelang bettlägerig sind und unsere Hilfe brauchen, manchmal sogar rund um die Uhr. Es ist vollkommen verständlich, wenn wir uns aufregen oder gelegentlich unduldsam werden.

Sobald sie in der Geistigen Welt sind, blicken sie mit Verständnis zurück, sie bemerken das Gute, was wir getan haben, selbst wenn sie es anscheinend größtenteils für selbstverständlich gehalten hatten. Ich entsinne mich eines älteren Herrn, der schrecklich verwirrt war und gegen Ende seines Lebens seltsame Sachen machte. Seine Tochter war überzeugt, er hätte Alzheimer, doch das wurde nie offiziell diagnostiziert. Er benahm sich unmöglich und war sehr schwer zu beeinflussen, sodass der Arzt ihn in eine Spezialklinik überwies. Die letzten Monate verbrachte er auf einer Station für alte Menschen, die geistig nicht mehr in der Lage waren, auf sich selbst aufzupassen.

Nach seinem Tod kam die Tochter zu mir zu einer Konsultation. Ihr Vater dankte ihr für alles und erklärte, er könne sich an die letzten paar Jahre nicht richtig erinnern! Er hatte nur eine vage Erinnerung, dass er für kurze Zeit in einer Klinik gewesen sei, wo er der einzige geistig gesunde Patient war – alle anderen einschließlich der Ärzte und Schwestern seien vollkommen verrückt gewesen!!!

Die Tochter war sehr erleichtert. Ich habe eine ganze Menge Erfahrung mit solchen Fällen. Menschen, die Alzheimer gehabt haben, können sich oft an vieles aus der Vergangenheit nicht mehr erinnern. Sie wissen nur von der Zeit vor der Krankheit. Gelegentlich fallen ihnen vage irgendwelche Ereignisse ein, aber die große Dramatik, das große Leiden, die Verwirrung bleiben ihnen Gott sei Dank verborgen.

Ich bin so sicher, dass so viele andere Mütter, Väter, Tanten und andere in der Geistigen Welt sehr dankbar für „so vieles" sind, was man während der letzten Periode ihres irdischen Lebens für sie getan hat! So viele würden vor Freude aufspringen, wenn sie die Möglichkeit bekämen, „Danke sehr" zu sagen!
Auch uns tut es unendlich gut, wenn wir bemerken, dass man uns geschätzt hat. Hier kann die Kommunikation mit der Geistigen Welt sehr lohnend sein.

Kapitel 18

Niemand stirbt allein

Ich kann mich an unzählige Fälle erinnern, in denen mir Leute gesagt haben: „Paul, ich bin so viele Stunden am Bett meines Mannes gesessen und habe den Raum nur für ein paar Minuten verlassen, um ins Badezimmer zu gehen; als ich zurückkehrte, war er tot. Ich wäre so glücklich gewesen, wenn er in meinen Armen gestorben wäre!"
Oder: „Paul, ich habe die ganze Nacht am Bett bei meiner Mutter gewacht, weil ich wusste, dass sie bald sterben würde. Ich bin nur für ein paar Minuten eingenickt, und als ich aufwachte, war sie in die Geistige Welt gegangen."

Sehr oft glauben diese Menschen versagt zu haben und fühlen sich jahrelang schuldig, ihre Lieben nicht in die andere Welt begleitet zu haben. Wiederholt fragen sie sich: „Warum musste ich zu diesem Zeitpunkt ins Badezimmer gehen?" „Warum bin ich eingenickt?"
Die Wahrheit ist: „Niemand ist schuldig." Denn unsere Lieben hängen sehr an uns und können sich nur sehr schwer von dem geliebten Menschen auf der Erde trennen. Wenn dieser ins Bad muss oder einschläft, können sie unbelastet in die Geistige Welt gehen.

„Niemand stirbt allein!" Unser Schutzengel ist in dieser Zeit des Abschieds immer anwesend und begleitet diese Seele in die andere Welt. Wenn die Silberschnur getrennt wird, sehen viele Seelen ein wunderschönes helles Licht, andere fühlen und empfinden eine unbeschreibliche Liebe. Nach der Trennung der Silberschnur ist die Seele befreit von der Erde. Nicht nur der Schutzengel wartet, auch

andere Seelen von bereits Verstorbenen sind gekommen, um ihren Lieben den Übergang in die Geistige Welt zu erleichtern. Dies sind oft der Ehemann, die Ehefrau, die Mutter, der Vater, der Sohn, die Großmutter oder andere Seelen, die uns sehr lieben. Es ist eine wunderbare Erfahrung, vom physischen Körper befreit zu sein, frei von allen Leiden und Sorgen. Seinen Lieben zu begegnen und mit soviel Freude und Liebe empfangen zu werden ist ein wunderbares Glück.
In diesem Moment empfindet die scheidende Seele so viel Glückseligkeit, dass sie nicht auf die Schatten der Erde zurückblickt, sondern in Liebe und Frieden ihren Weg ins Licht geht. Viele Leute denken, dass sie zum Zeitpunkt des Todes eines geliebten Menschen anwesend sein sollten. Sie möchten seine Hand halten, ihn in ihre Arme nehmen, einen letzten Kuss geben oder sich verabschieden und ihm sagen, wie sehr sie ihn lieben. Tun sie das für sich selbst oder glauben sie, dass es für den Sterbenden wichtig ist?
Wenn ein Mensch alt wird, dann zieht sich das Prana (die Lebenskraft) schrittweise und ganz langsam aus dem physischen Körper zurück. Das schwächt ihn, und die fehlende Lebenskraft kann sich als Schmerz und Pein äußern.

Der physische und der astrale Körper sind durch eine Silberschnur miteinander verbunden, die jedoch mit zunehmendem Alter lockerer wird. Aus diesem Grunde schlafen viele ältere Menschen sehr viel. Sie gleiten in einen Traumzustand hinüber, man könnte sagen, dieser Zustand ist manchmal vergleichbar mit einer sogenannten Astralreise, wo sie die Verbindung mit der Astralebene aufnehmen und wo sie manchmal ihre vorangegangenen Lieben wiedersehen. Sie erzählen sehr viel aus der Vergangenheit und durchleben bestimmte emotionale Erfahrungen noch einmal. Manchmal nehmen viele jüngere Leute das nicht so ernst und denken, dass dies „altersbedingt“ sei! Sehr oft sehen, spüren und fühlen ältere Menschen die Seelen aus der Geistigen Welt, weil der physische Körper schwächer und die Silberschnur lockerer wird. Sie sind immer weniger an die Erde gebunden. Deshalb können sie besser mit ihrem Astralkörper fühlen, der sozusagen der Körper ihrer nahen Zukunft sein wird. So bereiten sie sich Schritt für Schritt auf die nächste Stufe in der Geistigen Welt vor.

Viele ältere Leute halten dankbar die Hände jüngerer Menschen, weil auf diesem Wege die gesunde physische Lebenskraft (Prana) zu ihnen fließt.

Der Austausch des Prana fließt nicht nur, wenn Alt und Jung sich an der Hand halten, sondern er findet auch über die Energie der Aura statt. Jetzt verstehen wir, warum junge Leute sich oft nach dem Besuch bei der Großmutter oder bei anderen älteren Verwandten so müde fühlen. Auch Tiere können ältere Personen mit pranischer Energie auftanken, und sie tun das mit Liebe. Für einen Hund ist es nicht ungewöhnlich, nahe bei einer älteren Person zu schlafen oder einfach zu einem alten Menschen zu laufen, weil er fühlt, dass dieser zusätzliche Energie braucht.

Man sagt, es sei nicht gut, wenn ein kleines Kind über einen längeren Zeitraum dasselbe Zimmer mit einer älteren Person teilt. Im Schlaf würde der ältere Mensch unbewusst dem Kind die pranische Energie „entnehmen“. Die Folge davon wäre, dass das Kind schwächer oder sogar krank wird – die ältere Person würde hingegen mehr Lebenskraft gewinnen.

Vor vielen hundert Jahren pflegten die Aristokraten in Frankreich die Kinder armer Bauern zu kaufen, oder zumindest bezahlten sie die Familien dafür, dass deren Kinder das Bett mit den Älteren teilten! Dadurch lebten die Reichen länger, das Kind jedoch wurde immer schwächer und war oft krank! Nach einer Weile wurde es dann durch ein jüngeres und gesünderes Kind ausgetauscht.

Wenn wir an der Seite eines Sterbenden sitzen, ist es deshalb unmöglich, diesen natürlichen Energieaustausch zu unterbinden.

Oft wird ein Mensch, der im Sterben liegt, unsere Gefühle spüren und unsere Gedanken aufnehmen können. Unsere Ängste, unsere Nervosität, unsere Traurigkeit und sogar unsere Ungeduld, alle diese Gefühle werden von ihm wahrgenommen und er wird dadurch beunruhigt. So schwer es uns fällt, müssen wir versuchen, ruhig und friedlich zu bleiben, um den Prozess des Sterbens zu unterstützen.

Wir müssen unseren Lieben Zeit geben zu sterben, egal wie lange dieser Übergang in die Geistige Welt auch dauern mag. Wir sollten in Gedanken mit ihnen sprechen: „Tu, was du für das Beste hältst, du hast das Recht, Schmerzen und Beschränkungen hinter dir zu lassen. Du verdienst es, in das Land des Lichtes zu gehen. Du solltest dir keine Sorgen meinetwegen und der anderen Lieben in der Familie machen! Lass dir Zeit und gehe in Frieden!“

Oft fällt den Sterbenden der Abschied leichter, wenn der geliebte Mensch gerade im Bad beschäftigt war oder eingeschlafen ist. Das ist der richtige Augenblick um zu sterben, weil die Seele, die in die Geistige Welt gehen möchte, sich von den geliebten Menschen auf der Erde leichter lösen kann. In diesem Moment des „Friedens“ und der Anwesenheit des Schutzengels und vieler geliebter dahingegangener Seelen zerreißt die Silberschnur.
Die zurückgebliebenen Menschen leiden sehr, weil sie zu diesem Zeitpunkt nicht bei ihrem geliebten Menschen waren.
Viele Jahre habe ich versucht, diese Personen zu trösten. Viele plagen Schuldgefühle, die jedoch unnötig sind. „Ach, wenn ich doch nur dagewesen wäre! Wenn ich das nur gewusst hätte!“
Viele hätten ihre Mutter vor ihrem Tod gerne in die Arme genommen, aber sie war im Krankenhaus an ein Überwachungsgerät oder einen anderen Apparat angeschlossen.
Ein anderer hätte sich gewünscht, dass sein Vater die letzte Ölung von einem Priester erhalten hätte. Wenn dies aber vor dem Tod nicht

möglich war, so kann man sicher den Priester bitten, nach seinem Tod für ihn zu beten. Auch wenn Sie Bedenken haben, dies sei nicht dasselbe, so hat das Gebet doch immer eine Wirkung und bringt inneren Frieden; das ist ein besonderer Segen. Es gibt immer einen Weg, Frieden und Liebe zu Gott und den Dahingegangenen zu finden.
Junge Menschen sterben oft unerwartet, viele alleine, viele in Gegenwart von Fremden – Ärzten und Schwestern.
Bitte bestrafen Sie sich nicht selbst! Niemand stirbt allein! Gleichgültig, ob Sie einer Religionsgemeinschaft angehören oder nicht. Auch der vermeintlich größte Kriminelle wird nach dem Tod einem geliebten Menschen begegnen.

Kapitel 19

Einige Formen der Kontaktaufnahme

In diesem Artikel möchte ich den Unterschied zwischen einem „*Trance*-Medium" und einem „*Channel*-Medium" erklären, sowie über die Bedeutung der Bezeichnung „*Engel*-Medium" sprechen.

Beginnen wir mit dem Begriff „*Trance*-Medialität".
Im Englischen unterteilt man die spirituelle Medialität in zwei Gruppen: die „mentale" und die „physische" Medialität. „Mentale Medialität" bedeutet, dass das Medium geistige Botschaften aus der „Geistigen Welt" erhält. Das geschieht in Form von hellsichtigen Bildern, Symbolen oder Stimmen, die im Inneren des Kopfes wie Gedanken, also auf der mentalen Ebene wahrgenommen werden.
Außerdem spielen in der mentalen Medialität das Empfinden und das Spüren eine sehr große Rolle!
Beim echtem „Hellhören" wird eine Stimme über das „Kehlkopfchakra" (das Zentrum des Hellhörens) empfangen, die scheinbar außerhalb des Kopfes wahrgenommen wird. Diese Art des Hellhörens ist sehr selten, weil das Hellhören meistens auf der Mentalebene stattfindet. Sehr oft wird darüber diskutiert, ob diese Art Medialität der physischen oder der mentalen Medialität zuzuordnen ist. Meiner Meinung nach gehört sie doch zu der physischen Medialität.

Zu der physischen Medialität gehören außerdem die Trance, die Materialisation, die Transfiguration und andere Phänomene.
Diese Begriffe möchte ich Ihnen nun im Einzelnen näher erklären.
Die Materialisation kommt heutzutage leider, soviel mir bekannt

ist, nicht mehr vor. Ich hatte nie das Glück, diese Art von Medialität zu erleben. Das Physische Medium versetzt sich in einen tiefen Trancezustand. Üblicherweise wird eine Kabine aufgebaut, in der das Medium Platz nimmt und sich in tiefe Trance versetzt. Eine Substanz, die man Ektoplasma nennt, tritt aus dem Mund, der Nase und den Ohren des Mediums aus. Diese Substanz sieht etwa wie Dunst oder wie sehr fein gesponnene Baumwolle aus. Die Geistigen Wesen bekleiden sich in der Kabine mit dieser Substanz, um sich für die Augen der physischen Welt sichtbar zu machen. Dies hat nichts mit Hellseherei zu tun – jeder Anwesende kann mit eigenen Augen sehen, was sich dort abspielt.

Transfiguration ist die Art von Medialität, die durch höhere Wesen demonstriert wurde (eines der bekanntesten Beispiele in der Bibel ist zu lesen bei Markus Kapitel 9).
Das Medium versetzt sich in Trance. Auch hier quillt aus den Ohren, dem Mund und der Nase des Mediums eine kleine Menge Ektoplasma hervor (weniger als bei der Materialisation, und oft auch feiner in seiner Konsistenz), aus dem sich die Gesichter von Menschen aus der Geistigen Welt über dem Gesicht des Mediums formen.
Während dieses Trancezustands kann das Medium nicht sprechen, weshalb normalerweise ein mentales Medium mit dem physischen Medium zusammenarbeitet, um die Botschaften aus der Geistigen Welt zu übermitteln. Dies habe ich schon bei mehreren Gelegenheiten miterleben dürfen. An eine Demonstration kann ich mich noch sehr gut erinnern, auch wenn seitdem bereits zwanzig Jahre vergangen sind. Damals lebte ich noch in London. Das physische Medium war ein älterer Herr, und eine Freundin von mir arbeitete mit ihm als mentales Medium zusammen. Es waren etwa siebzig Personen anwesend. Alle saßen im Dunkeln, doch nach kurzer Zeit hatte man sich an diese Lichtverhältnisse gewöhnt. Eine rote Lampe war unter dem Kinn des männlichen Mediums befestigt. Nach einer

Weile begann sich das Gesicht des physischen Mediums zu verändern. Die Stimme einer Dame im hinteren Teil des Saales rief plötzlich: „Oh, das ist mein Vater! Dad, bist Du wirklich hier?“ Das Gesicht lächelte und wir alle sahen diesen Herrn. Meine Freundin, die als mentales Medium arbeitete, gab die Botschaft des Vaters an seine Tochter weiter. Dies war ein sehr bewegender Moment!

An diesem Abend, den ich nie vergessen werde, konnten alle Anwesenden etwa vierzehn verschiedene Gesichter sehen. Es war ein starkes emotionales Erlebnis. Es waren viele Familien anwesend, und immer wieder konnte man hören: „Oh, schau mal Dad, da ist unsere Mutti!“, und sehr oft flossen Freudentränen. Tatsächlich weinte an diesem Abend jeder einmal, weil es sehr emotional und sehr bewegend war. Man spürte diese wunderbare Liebe, die niemals sterben kann, und die Botschaften, die herüber kamen, waren sehr überzeugend. Mehr als einmal sahen wir alle den Geistigen Führer des Mediums, einen Chinesen. Sein Gesicht war prachtvoll anzusehen, das Lächeln unvergesslich, und seine Kraft und seine Liebe berührten alle Anwesenden. Leider gibt es nur wenige Transfigurationsmedien unter uns, auch in England ist dies eine seltene Form der Medialität.

Mir ist bewusst, dass viele meiner Leser solche medialen Erscheinungsformen für unmöglich halten. Dazu kann ich nur sagen, dass ich mit beiden Beinen fest auf dem Boden stehe und Ihnen keine Unwahrheiten berichten würde. Ich kannte diese Medien persönlich, und sie waren beide sehr aufrichtig. Der Herr war ein sehr bescheidener Mann, der es im Leben sehr schwer hatte. Seine Frau war behindert, und er pflegte sie viele Jahre lang. Meine Bekannte leitete eine kleine christliche *Spiritualist Church* und war ebenfalls sehr spirituell. Sie verbrachte viel Zeit damit, anderen Menschen zu helfen.

Zu weiteren „physischen Erscheinungen“ gehören Tischrücken, Levitation (freies Schweben), Tischklopfen, „direkte Stimme“ und die Arbeit mittels einer silbernen Trompete.
Ich habe gesehen und gespürt, wie sich ein schwerer Holztisch bewegte; es ist ein seltsames Gefühl, weil man die Gegenwart der Geistigen Kraft fühlen kann. Den Sinn und Zweck solcher Aktivitäten kann ich persönlich nicht nachvollziehen. Es ist wunderbar, wenn man erkennt, dass unsere Geistigen Freunde solche Dinge bewirken können, aber es bringt uns auf unserem spirituellen Weg nicht weiter und hilft uns in keiner Weise dabei. Dies gilt auch für das Tischklopfen! (Ich wollte nur der Vollständigkeit halber, diese Art der Medialität nicht unerwähnt lassen.)

Die „direkte Stimme“ gibt es inzwischen nur noch äußerst selten. Das letzte Medium dafür war der sehr berühmte *Leslie Flint,* und ich kenne viele Leute, die über ihn die „direkte Stimme“ erlebt haben. Leider ist er gestorben, und viele vermissen ihn sehr.
Das Ektoplasma, das während des Trancezustandes von dem Medium austritt, formt einen neuen „Kehlkopf“ abseits des Mediums, dieser Vorgang ist jedoch für die meisten Menschen unsichtbar. Durch diesen neu entstandenen Kehlkopf können die Stimmen aus der Geistigen Wesen direkt vernommen werden!
Es gibt Leute, die jahrelang einem Kreis für physische Phänomene (Parapsychologie) angehörten. Dieser unterscheidet sich stark von dem Zirkel für mentale Medialität, der auch medialer Entwicklungskreis genannt wird. Diese beiden Zirkel haben keine Gemeinsamkeiten. Sie unterscheiden sich in ihren Energien und Ausstrahlungen.
In einem physischen Kreis müssen die *Sitter* immer auf demselben Stuhl sitzen, und sie müssen immer dieselbe Kleidung tragen. (Hoffentlich darf man die Kleidung von Zeit zu Zeit auch waschen!).
Es ist wichtig, dass sich die physische Ausstrahlung und Energie nicht verändert.

Nun möchte ich das Phänomen der „silbernen Trompete“ beschreiben.
Eine silberne Trompete wird auf den Fußboden in die Mitte des Kreises (gebildet aus den anwesenden Personen) gelegt. Manchmal bewegt sie sich, und sehr selten ertönen Klänge aus der Trompete. Es ist nicht ungewöhnlich, dass Leute zwei bis drei Jahre in einem solchen Kreis sitzen, ehe die Trompete beginnt, sich zu bewegen – dies hängt sehr stark davon ab, wie viel physische Energie sich angesammelt hat.

Ich persönlich fühle mich von solchen Phänomenen nicht angezogen, obwohl mir oft gesagt wurde, dass ich ein sehr gutes physisches Medium sein könnte.
„Trance“ gehört zur physischen Medialität, und ein Schüler, der sich für diese Form von Medialität interessiert, sollte an einem solchen Kreis teilnehmen. Obwohl „Trance“ zu den physischen Phänomenen gehört, lehren und praktizieren viele Medien in England in einem normalen medialen Ausbildungskreis (einem Kreis für mentale Medialität) den Trancezustand. Wenn der Schüler sich besonders für Trance-Arbeit eignet, wird er in der Regel entweder an einem nur für diesen Zweck gebildeten „Spezialkreis“ teilnehmen oder sich einem physischen Kreis anschließen. Meines Wissens gibt es wesentlich weniger physische Kreise als Kreise für mentale Medialität.

Es gibt verschiedene Arten der Trance, die von einem sehr leichten bis hin zu einem sehr tiefen Trancezustand führen. Der Verstand des Mediums wird von seinem Geistigen Führer übernommen, damit dieser im physischen Sinne sprechen kann. Wenn jemand keinen physischen Körper mehr braucht, hat er natürlich keine Stimmbänder bzw. keinen Kehlkopf mehr, durch den er sprechen kann. Der Geistführer benutzt den Körper des Mediums, um durch diesen

zu sprechen. Die dafür erforderlichen Informationen kann der Geistige Führer aus den Gedächtniszellen des Gehirns abrufen.
Das erste Stadium der Trance nennt man „Überschattung". Das Medium spricht mit offenen Augen, vermutlich über ein spirituelles Thema, oder allgemeine spirituelle Philosophie. Nach einiger Zeit erhält es Inspiration vom Geistigen Führer, die zunehmend tiefer wird. Der Geistige Führer kommt ganz nahe an das Medium heran und übernimmt auf diese Weise die intellektuellen Fähigkeiten seines Instrumentes. Wenn eine Person mit hellseherischen Fähigkeiten anwesend ist, kann diese den Führer sehen, wie er das Medium überschattet. Das Medium nimmt seinen Führer sehr deutlich wahr und ist imstande, seine eigene Stimme zu hören. Die Botschaft fließt durch das Medium hindurch, das Medium jedoch hat keinen Einfluss auf das, was durchkommt, und kann das Gesagte kaum kontrollieren und auch nicht unterbrechen. Sobald die Durchsagen beendet sind, kehrt das Medium langsam wieder auf seine Bewusstseinsebene zurück. Einige Leute werden fragen, ob es sich wirklich um einen Trancezustand handelt, wenn das Medium bei vollem Bewusstsein ist und nicht schläft! Entscheidend ist jedoch die Qualität der Aussage! Wenn der Geistige Führer sein Wissen und seine Weisheit auf diese Art in der natürlichsten und einfachsten Form vermitteln kann, so sollte man das meiner Meinung nach schätzen und nicht daran zweifeln.
Auf der nächsten Stufe geht das Medium tief in sich, und nach einer Weile sieht es vielleicht so aus, als würde es schlafen. Es arbeitet mit geschlossenen Augen und kann aufstehen und herumgehen, wenn das erforderlich ist. Diese veränderte tiefere Bewusstseinsstufe erlaubt dem Geistigen Führer, das Medium zu kontrollieren, und deshalb wird dieses Stadium „Kontrollstadium" genannt. Hier gibt es je nach Bewusstseinsstufe zwei Unterteilungen, ein leichtes Kontrollstadium und ein tiefes Kontrollstadium. Wenn ein Medium in einem leichten Kontrollstadium ist, kann es sein, dass es einiges

von seinem „Gesprochenen" hört. Beim Aufwachen, d.h. bei der Rückkehr in den normalen Bewusstseinszustand, wird es sich nicht wirklich an all das erinnern können, was geschehen ist.
Wenn ein tieferes Kontrollstadium erreicht ist, scheint das Medium tief zu schlafen, es bewegt sich weniger, und beim Erwachen oder bei der Rückkehr zum Normalbewusstsein wird es sich nicht an das Gesagte erinnern. Vielleicht hat auch das Medium das Gefühl, geträumt zu haben. Man kann dies mit jemandem vergleichen, der tief geschlafen hat und mit dem Wissen erwacht, etwas geträumt zu haben, sich aber nicht an den Traum erinnern kann.

Es gibt mehrere Stufen tiefer oder vollständiger Trance, in denen sich das Bewusstsein des Mediums stark verändert. Es kann aussehen, als würde es sehr tief schlafen oder sich in einem dem Koma ähnlichen Zustand, einem Stadium ohne Bewusstsein, befinden. Die Atmung ist verändert, die Gesichtszüge des Mediums können sich eventuell ebenfalls ändern, und es dauert länger, bis der erwünschte Trancezustand erreicht ist. Gewöhnlich sitzt das Medium auf einem Stuhl und seine Stimme kann einen fremden Klang annehmen. Dieses Phänomen werde ich später erklären.
Bei jeder Trancetätigkeit sind verschiedene Veränderungen zu beobachten. Am auffälligsten ist der Blutdruck. Dieser sinkt mit der Tiefe des Trancezustands. Der Pulsschlag und die Atmung verändern sich, Augenblinzeln und Schluckbewegungen werden seltener. Bei sehr tiefer Trance kann es manchmal vorkommen, dass die Lippen sich bläulich verfärben (wie bei Leuten mit Herzproblemen), und die Gesichtsfarbe kann erschreckend blass wirken. Wie bei allen Formen der Trance ändern sich Klang und Lautstärke der Stimme, was besonders im Zustand von tiefer Trance auffällig ist. Wenn man das Medium kennt, bemerkt man, wie die persönlichen Merkmale und die individuellen Besonderheiten verschwinden. Der kontrollierende Führer spricht nicht nur, indem er den Ver-

stand und den Geist seines Werkzeuges benutzt, sondern man kann auch seine Persönlichkeit, seinen Charakter und sogar seinen Humor auf der physischen Ebene spüren.

Diese sehr tiefe Trance findet man nicht nur in der Medialität, sondern auch in anderen Kulturen, im Schamanismus vieler Länder, in Afrika und wohl überall auf der Welt. Es ist der Glaube verbreitet, dass die Seele des Mediums den physischen Körper verlässt, während die Seele des kontrollierenden Geistigen Führers oder eines anderen Wesens den physischen Körper des Mediums benutzt. Dies stimmt jedoch nicht – tatsächlich steht der Astralleib neben dem physischen Körper (im Fall tieferer Trance). Das ist nicht so ungewöhnlich, da sogar während eines Tiefschlafs die Seele den physischen Körper verlassen kann und in den Astralleib wechselt. Viele Leute, die in Narkose operiert wurden, werden diese Erfahrung gemacht haben. Wie ich im Kapitel über das Koma erklärt habe, findet die Astralreise oft statt, wenn sich jemand im Stadium tiefer Trance (das dem Koma vergleichbar ist) befindet!

Ein Medium, das sich in tiefer Trance befindet, darf niemals berührt oder durch andere Störungen erschreckt werden. In diesem Stadium könnte das den Tod bedeuten. Durch den Schock würde die Silberschnur durchtrennt, und die Seele wäre natürlich außerstande, aus dem Astralleib in den physischen Körper zurückzukehren. Einen weiteren Grund, das Medium nicht zu erschrecken, möchte ich Ihnen wie folgt erklären: Um das Medium hat sich ein Energiefeld aufgebaut, und wenn eine Person ohne die Erlaubnis des Geistigen Führers in dieses Energiefeld eindringt, bewirkt das einen entsetzlichen Schock auf das gesamte Nervensystem. Wenn ein Trance-Medium in England öffentlich auftritt, arbeitet es normalerweise mit einem zweiten Medium zusammen.

Diese Person sitzt nahe beim Trance-Medium und versorgt es mit „pranischer“ Energie. Sie beobachtet und beschützt das Medium während der Trance und instruiert das Publikum entsprechend. Manchmal begleiten auch zwei Leute das Trance-Medium.

Früher wurde in England nahezu jedes Medium dafür ausgebildet, in einer bestimmten Trancetiefe zu arbeiten. Heutzutage ist die Trance-Medialität hingegen nicht mehr so beliebt. Der moderne Spiritualist glaubt, dass die Geistige Welt durch ein hochgradig sensitives und weit entwickeltes Medium alles Gewünschte vermitteln kann, ohne dass das Medium in die Bewusstlosigkeit gehen muss.

Die modernen Medien möchten über alles, was sie sagen, die Kontrolle behalten. Die Zeiten, als im „Dunklen“ und mit dafür auserwählten Gruppen gearbeitet wurde, sind weitgehendst vorbei. Die meisten Medien möchten auf natürliche Weise arbeiten und die mysteriösen, übernatürlichen Aspekte aus ihrer Arbeit heraushalten. Sie arbeiten mit offenen Augen und brauchen sich nicht hinter ihrem Geistigen Führer zu verstecken. Es hat sich in der Vergangenheit gezeigt, dass die Gesundheit mancher Medien durch die Arbeit in tiefer Trance in starke Mitleidenschaft gezogen wurde. Der sinkende Blutdruck und die Verlangsamung des Pulsschlags belasten das Herz- Kreislaufsystem.
Ich habe durch verschiedene fantastische Trance-Medien wunderbare Lehren direkt von ihren Geistführern erhalten und zu Unterrichtszwecken selbst als Trance-Medium gearbeitet. Alle „Trancearbeit“ trägt dazu bei, die Verbindung zwischen dem Medium und seinem Führer zu festigen. Sie ist deshalb ein wesentlicher Bestandteil der Ausbildung eines Mediums. Wichtig ist dabei die Qualität! Wenn jemand in Trance Weisheit, Wahrheit und höhere Philosophie vermittelt (die ihm ohne Trance nicht verfügbar wären), dann ist Trance offensichtlich von unschätzbarem Wert.

Früher hat das Medium oft mit veränderter Stimme gesprochen, manchmal gebrochenes Englisch, dann wieder mit starkem ausländischem Klang. Man dachte, dies sei „die Stimme“ des kontrollierenden Wesens! Heutzutage wissen wir, dass ein Geistiges Wesen das Medium übernimmt und dessen Körper und Geist wie einen Computer benutzt, um in der physischen Welt zu sprechen. Wenn es über den Kehlkopf des Mediums spricht, dann ist die Stimme des Mediums verändert und hat einen fremden Klang.

Ein Medium, das mit anderer Stimme spricht, ist deswegen kein Schwindler. Seine eigene Persönlichkeit ist zur Seite gestellt, und es spürt die Anwesenheit des Geistigen Führers oder eines anderen Wesens, die die Kontrolle des Mediums übernommen haben. Das tiefe Unterbewusstsein des Mediums bringt eine zu dieser Person passende Stimme hervor, es wird eine Stimme erzeugt, die dem geistigen Wesen entspricht. So spricht ein indianischer Geistführer durch ein englisches Medium mit gebrochenem Englisch.

„Channelling“ besagt, dass auf diesem „Kanal“ etwas vermittelt wird. Deshalb kann man alle Arten der Medialität einschließlich der Heilung darunter zusammenfassen. Der Ausdruck *„Channelling“* stammt aus Amerika.
Amerikaner haben oft eine andere Terminologie als Engländer. Sie fragen ein Medium „How do you read?“ (Sie wollen wissen, wie man die medialen Botschaften empfängt, welche Art der Medialität letztlich praktiziert wird). Ob ein Medium sieht, hört, fühlt oder spürt – für einen Amerikaner wird deshalb ein *Sitting* „Reading“ genannt. Man kann auch in England sagen, dass man ein privates *Reading* wünscht! Es ist dasselbe wie ein *Sitting* – eine Konsultation bei einem Medium.

Einfach ausgedrückt bedeutet *„Channelling"*, dass das Medium einem geistigen Wesen gestattet, es als „Kanal" zu benutzen, ohne die kompliziertere Form der *Trance* auszuüben. Da der Ausdruck „*Channel*-Medium" so allgemein und breit gefächert ist, wird er nicht nur von Heilern, sondern auch von Medien, die inspirierte Botschaften erhalten sowie mediales Schreiben praktizieren, benutzt.
Diese Art des Schreibens nennt man eine Form von inspiriertem Schreiben. Das Medium nimmt ein Blatt Papier und einen Stift und schreibt die Gedanken, die ihm eingegeben werden, spontan nieder. Oft kann man Fragen stellen, und der *Channeller* (Vermittler) schreibt die Antwort auf.
Bisweilen können die Augen des Mediums beim *Channelling* geöffnet sein. Dennoch wirkt das Medium abwesend und etwas entfernt von der Realität, möglicherweise sieht es so aus, als wäre es in seiner eigenen Welt.
Ein anderes Mal hat das Medium die Augen geschlossen und es sieht sogar so aus, als wäre es in einem traumähnlichen Zustand, was von der Tiefe des *Channelling* abhängt. Man könnte es vielleicht mit der veralteten englischen Bedeutung des Begriffs „Überschattung" vergleichen.
Das Medium kann mittels seiner Gedanken Informationen aus der Geistigen Welt erhalten, ohne die Gefahren der *Trance* auf sich nehmen zu müssen. Wenn ein *Channel*-Medium während der Sitzung von jemandem berührt würde, bekäme es zwar einen Schock, doch seine Gesundheit oder sein Nervensystem wären keineswegs ernsthaft gefährdet.

Wie bei der *Trance* gibt es verschiedene Stufen, auch das *Channelling* ist nicht auf eine Ebene beschränkt. Manche Medien gleiten beim *Channelling* in eine andere Bewusstseinsebene, vergleichbar mit dem Zustand einer leichten Kontrolle, wie wir ihn bei der Trance finden.

Beim *Channelling* kann man oft ziemlich natürlich von einer Ebene in eine andere gleiten. Es gibt Zeiten, wo das Medium pausenlos spricht, manchmal hört sich die Stimme verändert an, sie kann sanfter als die eigene Stimme des Mediums sein oder manchmal sogar ein bisschen strenger. Das ist jedoch davon abhängig, über welche Themen gesprochen wird. Oft arbeitet ein *Channel*-Medium mit Fragen und Antworten.
Einige Leser denken vielleicht: Ist es nicht besser, wenn das Medium in tiefer *Trance* ist und nicht bewusst wahrnimmt, worüber es spricht?
Ich denke, wenn die Geistige Welt durch ein mentales Medium die Möglichkeit hat, auf natürliche Weise ihre Informationen und Ratschläge weiterzugeben, ist das vorteilhafter als der komplizierte Vorgang der *„Trance"*, die sogar in einigen Fällen die Gesundheit eines Trance-Mediums gefährden kann. Wenn dagegen ein Medium in Trance arbeitet, ist die Möglichkeit geringer, dass eigene Gedanken in die Botschaften einfließen, abgesehen vom tiefen Unterbewusstsein.

Inspiriertes Schreiben oder eine Botschaft durch Channeling kann nicht absolut rein sein, denn in gewisser Weise werden diese durch die eigenen Gedanken des Mediums beeinflusst! Das Medium verwendet (wenn auch unbewusst) seine eigenen Gedanken und Ausdrücke. Weil die Durchsagen die man über ein *Channel*-Medium erhält, von dem Medium mental empfangen werden, würde ich *Channelling* unter „Mentalmedialität" und nicht unter „physische Medialität" einordnen.
Von welcher Quelle erhält ein Medium beim *Channelling* seine Informationen?
Das ist sehr unterschiedlich, bei vielen sind es Engelwesen, die sie als Kanal nutzen. Bei anderen ist es der Geistige Führer oder sind es die Geistigen Helfer, denen es als Kanal dient!

Die *Channel*-Medien, die von ihrem Geistigen Führer oder Helfer als Vermittler benutzt werden und den Ratsuchenden Hilfe und Ratschläge anbieten, sind in unserer heutigen Welt sicher sehr notwendig. Ich persönlich bin nicht einverstanden mit dem Verfahren von „Frage und Antwort", da ich weiß, dass es nicht notwendig ist, Fragen zu stellen, wenn ein Geistiger Führer anwesend ist. Er weiß, was Sie bedrückt und auf welche Antworten Sie warten. Sie werden sie vom Geistigen Führer erhalten.

Da ich weiß, dass viele *Channel*-Medien mit Fragen und Antworten arbeiten, akzeptiere ich das einfach.
Diese Medien werden Sie fragen: „Wen soll ich Ihnen vermitteln?"
Darauf antworten Sie vielleicht: „Ich möchte meinem Mann ein paar Fragen stellen" oder „Ich möchte, dass Sie den Kanal zu meiner Tochter herstellen!" Doch Sie sollten mit solchen Fragen vorsichtig sein!
Die Folge von Fragen und Antworten ist kein Beweis, dass das Medium Kontakt zu Ihren Lieben in der Geistigen Welt hat. Nachdem Ihre Fragen vom *Channel*-Medium beantwortet wurden, sollten Sie um Beweise bitten, um sicher zu stellen, dass die Antworten tatsächlich von Ihrem Mann, Ihrer Tochter oder einem anderen Hinterbliebenen in der Geistigen Welt stammen.

Inzwischen ist meinen Lesern sicher bewusst geworden, dass wenn sie eine Jenseits Verbindung mit einem engen Angehörigen herstellen wollen, die geeignete Hilfe bei einem Jenseitskontakt-Medium finden werden. Die Lieben aus der Geistigen Welt müssen aus freiem Willen durchkommen und können nicht herbei gerufen werden!!! Sollte Ihnen ein Medium jemals die Frage stellen: „Mit welchem Verstorbenen wünschen Sie einen Kontakt?", so sollten Sie Zweifel haben, denn Sie befinden sich nicht bei einem ausgebildeten und qualifizierten Medium.

Wenn es nicht möglich ist, ein *„Jenseitskontakt*-Medium" zu konsultieren, können Sie sich auch an ein *Channel*-Medium wenden, von dem Sie wissen, dass es einen seriösen Ruf hat. Entscheidend ist, von welcher Qualität die Durchsagen sind, und wie hoch der Informationswert für Sie ist. Man kann auch auf diesem Weg sehr erstaunliche und eindeutig erkennbare Botschaften von einem geliebten Menschen aus der Geistigen Welt erhalten.
Wie sich die Zeiten doch ändern. Noch vor zwanzig Jahren bezeichnete sich, soweit ich weiß, niemand als *Channel*-Medium, obwohl die Ausdrücke „als Kanal dienen" oder „als Instrument benutzt werden" stets verwendet wurden.
Im Grunde spielt die Bezeichnung keine Rolle, denn es macht keinen Unterschied, ob man sich Hellseher, spiritueller Berater, medialer Lebensberater, Medium, übersinnlich begabt, *„Jenseitskontakt*-Medium", *Channel*-Medium oder *„Trance*-Medium" nennt. Entscheidend ist die Qualität und der Erfolg der Arbeit. Wenn Sie einiges Verständnis für Medialität mitbringen, werden Sie imstande sein, das Wichtigste aus einem *Sitting* mitzunehmen, und außerdem werden Sie auch die Quelle der Informationen des Mediums erkennen. Obwohl sehr viele Menschen sowohl extrem übersinnliche als auch spirituelle Begabungen besitzen, gibt es für sie leider nur sehr wenige Möglichkeiten, ihre Fähigkeiten weiter zu entwickeln. Manchmal bin ich sehr erstaunt über die gute Qualität einiger Medien mit sehr wenig und gelegentlich gar keiner Ausbildung. Ich kann mir sehr gut vorstellen, dass diese Personen mit einem geführten Training hervorragend arbeiten würden.

Seit dem Beginn der Schöpfung hat es Menschen gegeben, die Engel gesehen haben; himmlische Lichtwesen und Botschafter des Himmels.
In der Bibel finden Sie unzählige Hinweise: „Der Engel des Herrn kam über sie!" „Der Engel des Todes!" „Engel der guten Gezeiten"

und viele mehr. Heißt es denn nicht: „Denn er befiehlt seinen Engeln, dich zu behüten auf all deinen Wegen. Sie tragen dich auf ihren Händen, damit dein Fuß nicht an einen Stein stößt“
(Psalm 91; Vers 11 und 12).
Die Aufgabe der Engel ist es, über uns zu wachen, uns zu beschützen und uns zu leiten. Zudem haben wir alle unseren persönlichen Engel – unseren Schutzengel. Ich glaube an den Beistand der Engel.
Die meisten Menschen können nur schwer akzeptieren, dass es höhere Lichtwesen gibt, die wir Engel nennen. Sie haben die Vorstellung, Engel müssten in Gold gemalt sein, Flügel haben und mit einem glänzenden, leuchtenden Heiligenschein versehen sein.
Diese Vorstellung von dem Aussehen der Engel ist jedoch nur symbolisch zu verstehen. Die Engel befinden sich im höchsten Himmel – sie haben „Flügel“, um sich zwischen den Ebenen zu bewegen.
Die Flügel sind ein Symbol dafür, dass ihnen keine Grenzen gesetzt sind. Auch das Licht, das einen Engel umgibt, kann ihm das Aussehen verleihen, als hätte er Flügel!
Ich erinnere mich, dass ich als Kind Lichtwesen sah, die ich für Engel hielt! Sie sind mir einfach erschienen! Als Kind empfand ich es vollkommen normal und machte mir keine weiteren Gedanken darüber.
Im Spiritualismus nennen wir den Schutzengel den „Türwächter“. Es gibt Geistige Führer, Geistige Lehrer, Geistige Mentoren und Geistige Helfer, für viele Spiritualisten nehmen diese wahrscheinlich den Platz der Engel ein! Obwohl ich persönlich glaube, dass Engel in manchen Fällen noch eine Stufe höher stehen als diese wunderbaren Wesen.

Wie ich in der Antwort auf die Frage nach den Geistigen Führern schon erklärt habe, hat ein Engel (Lichtwesen) niemals als Mensch auf der Erde gelebt. Deshalb bin ich überzeugt, dass diese Wesen den höheren Sphären der Geistigen Welt angehören und auf einer höheren Ebene stehen als die Geistigen Führer. In der Bibel können Sie lesen, dass Engel immer erschienen sind, um Botschaften zu überbringen oder etwas Wichtiges anzukündigen. Es gibt zahlreiche Beispiele dafür, obwohl wir keine genaue Beschreibung dieser „Engel“ kennen. Nur der „Engel des Herrn“ kam hernieder. Und alle fürchteten sich sehr! Wir wissen aber, dass sie in himmlisches Licht gehüllt waren! Die Vorstellungen, die die meisten von uns über Engel haben, wurden uns von Künstlern vermittelt. Bilder, die wir seit unserer Kindheit gesehen haben, zeigen die Engel mit lieblichen Gesichtern, goldenen Flügeln und leuchtendem Heiligenschein, oder als Putten mit pausbäckigen Gesichtern, kindlich dicken Armen und Beinen!!!

Ich glaube, dass Engel die Menschen auf Erden durch ihre Denkmuster beeinflussen können und auf sehr subtile Art sehr aktiv unter uns wirken.

Was ist also ein Engel-Medium – oder wie kann man Botschaften von Engeln vermitteln?

„Im Haus meines Vaters gibt es viele Wohnungen“.

(Johannes Kapitel 14 Vers 2).

In der Geistigen Welt gibt es sieben Ebenen. Ein Sprichwort lautet: „Im siebten Himmel sein.“

Wie ich schon erklärt habe, sind die Geistigen Führer auf einer viel höheren Ebene oder Sphäre als unsere lieben Verstorbenen, auch wenn sie schon viele Jahre in der Geistigen Welt sind. Noch viel höher als diese, sind Wesen, die wir himmlische Heerscharen, himmlische Helfer oder himmlische Botschafter nennen – die Engel!

Wenn ein Medium einen Kontakt mit den höheren Ebenen aufnehmen möchte, muss es seine Bewusstseinsebene sowie seine

Empfänglichkeit erhöhen. Dadurch passt es sich den höheren Schwingungen und Frequenzen der höheren Ebenen an.
Je höher die Ebenen, desto feiner und leichter sind die Schwingungen und Frequenzen, es fällt uns viel schwerer, diese Schwingungen wahrzunehmen und uns darauf einzustellen.
Tatsächlich sind einige dieser Ebenen für uns unerreichbar. In unserer physischen Gestalt sind wir nicht in der Lage, diese hohen Energien, diese feinen und reinen Schwingungen, welche wir als starkes Licht empfangen, zu ertragen. All das wäre extrem gefährlich für unsere physischen Sinne, und es ist für uns völlig unmöglich, dieses Licht in seiner reinsten Form zu empfangen. Selbst wenn das Instrument (das Medium) sehr empfindsam, spirituell und hoch entwickelt ist, wäre es nicht imstande, diese Schwingungen rein und direkt wahrzunehmen. Sie werden von anderen Wesen für uns gefiltert und in einer Form überbracht, die wir empfangen und annehmen können. Dieses andere Wesen handelt in aller Bescheidenheit als Vermittler und wird wahrscheinlich von dem Medium nicht wahrgenommen.
Wenn ein *Channel*-Medium Botschaften der Hoffnung, des Trostes oder der Weisheit empfängt, dürfte er oder sie als „Wir" sprechen. Sind die Worte schön und manchmal sogar poetisch formuliert, kann dies gut aus der Ebene der Inspiration stammen – das Medium ist dann von einem höher entwickeltem Wesen, das man im weitesten Sinne Engel nennen könnte, inspiriert. Das entspricht durchaus der Art, wie Komponisten inspiriert werden, um zu komponieren und Maler, um zu malen. Die Ebene der Inspiration ist eine sehr hohe Ebene, und alle kreativen Menschen werden ab und zu von dort ihre Inspirationen empfangen.

Wenn ein Medium mit Fragen und Antworten arbeitet, ist die höhere Qualität und die Weisheit der Antworten entscheidend. Es könnte eine Mischung aus Inspiration, Führung aus einer anderen Ebene

und aus dem Bewusstsein oder dem Unterbewusstsein des Mediums stammen. Ich habe Berichte gehört, wo ein Engel angeblich Botschaften übermittelt haben soll, die irdische Probleme wie Partnerschaftskonflikte, den Hausverkauf, die Arbeit und sogar über ihre finanziellen Entscheidungen betrafen. In anderen Berichten handelte es sich noch um banalere Angelegenheiten. Kein Wesen aus der höchsten Ebene wird sich für diese irdischen Belange interessieren! Wir müssen aufrichtig sein und sollten logisch denken. Diese Wesen werden niemals unseren freien Willen beeinflussen, weil sie wissen, dass wir nur durch ihn unsere zukünftigen Geistigen Fortschritte erleben werden.
In solchen Fällen unterliegt das Medium einer Täuschung – möglicherweise ist ein anderes Geistiges Wesen für diese oben als banal beschriebenen Ratschläge verantwortlich, oder sie stammen vielleicht aus dem Unterbewusstsein des Mediums! Wenn also ein Medium behauptet, oh, diese Botschaft kommt vom „Engel Michael", oder vom „Engel Gabriel", dann sollten Sie das Medium fragen: „Von welchem Engel Michael, oder von welchem Engel Gabriel, und von welcher Ebene?"

Dasselbe Problem wiederholt sich, wenn ein Medium in Trance arbeitet und sein indianischer Geistführer durch das Medium spricht! In diesem Fall können wir nur die Richtigkeit des Gesagten beurteilen – es sei denn, man ist ein mentales Medium, das die Anwesenheit des Geistigen Führers sehen und fühlen kann.
Die Qualität eines *Jenseitskontakt*-Mediums, das den Kontakt zur Geistigen Welt herstellt, ist viel leichter zu beurteilen. Wenn ein solches Medium Ihnen mitteilt, dass Ihr Vater anwesend ist, blondes Haar hat, im Monat März an einem Herzanfall starb und Josef hieß, können Sie das genau überprüfen! Entweder es stimmt oder es stimmt nicht. Wenn nicht, dann ist das Medium nicht in Kontakt mit Ihrem Vater!!!

Sie werden es bemerken, wenn ein Medium von einem hoch entwickelten Wesen als Kanal, als ein Instrument benutzt wird. Man kann es spüren, und es gibt keine Möglichkeit, das zu imitieren. Es sind nicht nur die Worte, die gesprochen werden, es ist der gesamte Inhalt – Weisheit, Erkenntnis, Liebe und Verständnis, was jedes höher entwickelte Lichtwesen ausstrahlt. Wer immer damit gesegnet ist, so einen wunderbaren Kontakt zu erleben, wird voller Demut sein.

Wie bereits erwähnt, glaube ich an Engel. Ich weiß, dass sie immer bei uns sind, um uns zu helfen und uns zu führen. Dass sie einige hoch sensible Medien inspirieren, kann ich akzeptieren. Ich kann aber keineswegs glauben, dass sie zu einem großen Teil an einer „Engels-Auslegung“ oder einem „Engel-Channeling“ beteiligt sind. Ich bin überzeugt, dass andere Geistige Wesen fälschlicherweise als Engel wahrgenommen werden.
Ein Engel ist ein Botschafter der höchsten Ebenen des Himmels! Auf anderen Ebenen gibt es die zahllosen Wesen aus der Geistigen Welt, die bereit sind, uns zu helfen. Es kommt trotzdem vor, dass manchmal Informationen von einer höheren Ebene durch einen Geistigen Helfer für uns „gefiltert“ werden.

Viele Jahrhunderte hindurch verbrachten Millionen Männer und Frauen ihr Leben im Schoß der Kirche. Viele davon waren Nonnen und Mönche, sehr viele dieser Seelen sind nun in der Geistigen Welt. Auf Erden war ihr Leben bestimmt nicht immer einfach. Im Rahmen ihrer Pflichten halfen viele den Armen, viele heilten Kranke, und alle dienten Gott.
Wäre es nicht logisch, wenn solche Seelen, nachdem sie in der Geistigen Welt große Fortschritte gemacht haben, sich darum bemühen, ihren jüngeren Brüdern und Schwestern hier auf Erden in aller Bescheidenheit zu dienen??? Viele von ihnen dürften biblische

Namen haben, die sie anlässlich des Eintritts in das Konvent oder das Kloster bei der Ordination annahmen.
Vielleicht erscheinen sie einem Medium im Licht! Es könnte auch sein, dass das Medium Symbole von Engeln, Harfen, Trompeten oder ähnlichen Dingen empfängt, die mit diesen Wesen in Verbindung gebracht werden können.

Abgesehen von diesen wunderbaren Seelen, die ihr irdisches Dasein im Dienste Gottes verbracht haben, gibt es viele andere Geistige Helfer mit einer Fülle an Erfahrungen, die bereit sind zu helfen. Geistige Lehrer, Geistige Führer und andere hoch entwickelte Seelen, die, wie ich in diesem Buch bereits erklärt habe, keine physische Form benötigen. Uns können sie sehr wohl als „Licht" erscheinen; wenn Sie eine leuchtende Erscheinung sehen, jemanden, der völlig in „Licht" gehüllt ist, wären Sie dann nicht versucht, dieses Wesen einen „Engel" zu nennen?
Außerdem sind da noch die Natur- oder Elementargeister. Sie können auch als Fee oder in einer anderen fantastischen vollendeten Form auftreten! Wie viele Menschen mögen diese Wesen, die uns helfen möchten, aber keine große Weisheit besitzen, wohl irrtümlich für eine Art Engel halten? Würden die nicht wahrscheinlicher bei irdischen Problemen beraten, etwa zur Partnerschaft, zu einem Umzug oder finanziellen Schwierigkeiten?
Ich biete hier nur Vorschläge an, die nicht beabsichtigen, jemanden zu beleidigen, der als *Channel*-Medium arbeitet. Mein Ziel ist wirklich nur, jenen zu helfen, die nach der Wahrheit streben! Und die hier gegebenen Anregungen sind sicher verständlich.
Kein Geistiges Wesen aus einer hohen Ebene wird uns je betrügen oder uns etwas erzählen, was nicht wahr ist! Dagegen können weniger entwickelte Geistwesen manchmal jemanden necken oder sich einen Spaß mit uns zu machen – aber dies alles ist völlig harmlos! Solange jemand in Liebe und Licht arbeitet, solange man nach

Vollkommenheit strebt, besteht keine Gefahr, solche Wesen anzuziehen. Wenn man ungeschützt arbeitet, ohne Gebete und ohne einen Geistigen Führer, wenn man dazu neigt, bisweilen andere zu „necken“ oder ihnen zu schmeicheln und seiner Fantasie freien Lauf lässt, dann besteht die Gefahr, dass solche Wesen ab und zu mit einem spielen. Schließlich lautet das Gesetz der Anziehung „Gleiches zieht Gleiches“ an.

Von Zeit zu Zeit erzählen mir Leute, dass ein *Channel*-Medium eine Verbindung mit der „Heiligen Maria“ oder gar mit „Jesus Christus“ herstellt haben soll. Ich frage mich: Wie kann das möglich sein? Vielleicht stimmen sie sich auf die „Göttlichen Strahlen“ ein oder verbinden sich mit einem himmlischen Wesen, das ihnen im Licht erscheint, weshalb sie davon ausgehen, es sei Jesus Christus oder die heilige Maria!
Ich habe Wesen gesehen, die „leuchten“, das Licht ist so intensiv, dass man es nicht direkt ansehen kann. Oft verschwinden sie sehr schnell wieder, und ich bin sicher, dass andere Menschen sie auch so sehen! Ich weiß jedoch, dass dies ein hoch entwickelter himmlischer Helfer oder Bote ist, den viele als Engel bezeichnen würden, andere vielleicht als Geistigen Lehrer oder Mentor. Aber aus den bereits dargelegten Gründen bin ich ganz sicher, dass es nicht „Jesus Christus“ oder die heilige Maria sein kann.

Stellt man sich ein Haus mit sieben Etagen oder Stockwerken vor, so kann man nicht in die siebte Etage gelangen, ohne die anderen Ebenen zu durchqueren, die zur höchsten Etage führen. Wenn ein Medium behauptet, es hätte eine Verbindung zur höchsten Ebene, dann muss es imstande sein, einem auch Informationen über die anderen Ebenen zu geben! Insbesondere zunächst einmal Botschaften von unseren Lieben in der Geistigen Welt, und noch viel mehr als das!

„An ihren Früchten sollt ihr sie erkennen!“.........
(Matthäus Kapitel 7, Vers 16) (Jerusalem Bibel)
Das gilt für das Instrument oder das *Channel*-Medium ebenso wie für die Quelle der Informationen!

Kapitel 20

Kinder in der Geistigen Welt

In dem folgenden Artikel möchte ich mich den Kindern in der Geistigen Welt widmen, und die häufigsten Fragen, die mir immer wieder gestellt werden, auf diesem Wege beantworten.

In meinem ersten Buch habe ich mich intensiv mit den verstorbenen Babys befasst; in meinem zweiten Buch möchte ich über Kinder verschiedener Altersgruppen in der Geistigen Welt sprechen.

Die meiste Zeit meines Lebens habe ich als Medium gearbeitet – meine ersten *Sittings* gab ich, als ich dreizehn Jahre alt war! Ich habe mit Kindern aller Altersstufen kommuniziert. Um einige Kriterien besser erläutern zu können, habe ich sie in drei Gruppen unterteilt: Kinder unter sieben, Kinder zwischen sieben und dreizehn und Teenager von dreizehn bis achtzehn Jahren.

Mir ist bewusst, dass mancher unter Ihnen meint, zwischen 16 Jahren und 18 Jahren hätte man einen Jugendlichen und kein Kind mehr vor sich. Für die Eltern ist es jedoch auch in diesem Alter noch ein Kind! Es mag zudem viele Fälle geben, wo man ein Kind nicht eindeutig einer Gruppe zuordnen kann, weil es für sein Alter schon sehr weit entwickelt ist oder aber auch kindlicher wirkt, als es seinem Alter entspricht.

Jedes Kind ist ein Individuum, und nur die Eltern wissen, welchen Entwicklungsstand es hatte, als es in die Geistige Welt gegangen ist. Mein Ziel ist es, Ihnen zu vermitteln wie die Kinder in der Geistigen

Welt aufgenommen werden, und wie ihre Entwicklung dort weiter geht.
Wenn ein Kind in die Geistige Welt wechselt, spielt die Zeit genauso wie bei den Erwachsenen keine Rolle mehr, und deshalb ist es nicht wichtig, wie schnell sich das Kind dort entwickelt. Das ist individuell sehr unterschiedlich und deshalb nicht in irdischen Begriffen und Zeitmaßstäben zu erklären. Alle Kinder in der Geistigen Welt werden immer mit anderen Kindern zusammen sein. Stellen Sie sich einen großen Park hier auf der Erde vor, wo es viele Spielmöglichkeiten gibt. Im Park spielen viele Kinder unterschiedlichen Alters. Was, glauben Sie, geschieht?
Einige spielen fröhlich zu zweit, erfreuen sich an der Gesellschaft des anderen, andere sind vielleicht glücklich, wenn sie in einer kleinen Gruppe sein dürfen, während wiederum andere sich in einer größeren Gemeinschaft glücklich fühlen.
Ein paar kleinere Kinder schauen immer wieder zu ihrer Mama, die sie in den Park begleitet hat und auf einer Parkbank sitzt. Diese Mutter wird in der Geistigen Welt stellvertretend durch ein anderes liebendes Wesen ersetzt. Sie vergewissern sich, dass auch sie ihnen beim Spielen zusieht. Einige ältere Kinder wenden sich von den jüngeren ab und suchen Gruppen, die ihrem Alter entsprechen. Es gibt jedoch auch ältere Kinder, die sich zu den jüngeren hingezogen fühlen; sie helfen ihnen liebevoll und lernen mit ihnen, was auch für sie von Nutzen ist und ihrer Entwicklung hilft. So wie hier auf der Erde finden sich auch die Kinder in der Geistigen Welt sehr häufig in Gruppen zusammen.

Auf der Erde werden die Kinder genetisch bedingt innerhalb einer bestimmten Zeit erwachsen! Sie müssen eine Schulklasse in einem Jahr abschließen, sie müssen innerhalb einer begrenzten Zeit bereit sein, in die weiterführende Schule zu wechseln. Mit dreizehn werden sie als Teenager eingestuft – ob sie nun wirklich schon so weit

entwickelt sind oder nicht! Jeder, der mit Kindern zusammen ist, weiß, dass jedes Kind ein besonderes Individuum ist. Jedes Kind ist anders und hat seinen eigenen Charakter. In der Geistigen Welt dürfen sich die Kinder ohne vorgegebenen Druck entwickeln. Sie müssen nicht das werden, was von ihnen „erwartet" wird, sie müssen weder Eltern noch Lehrern noch den vielen anderen gefallen. Für uns ist das alles sehr schwer zu verstehen.
Wir wissen, dass es in der Geistigen Welt eine Art von Schulen gibt, in denen Kinder in Gruppen von weisen Seelen betreut werden, doch auch dies geschieht ohne Druck und Einschränkungen. Sie erhalten Lektionen über spirituelles und geistiges Wissen, das hilfreich für Ihre weitere seelische Entwicklung ist.
Außerdem wissen wir, dass Kinder aus der Geistigen Welt die Erde besuchen, wann immer sie das wünschen. Sie besuchen ihre irdischen Familien und Freunde, denen sie sich oft nähern, wobei sie auch von ihren irdischen Lieben lernen. Man kann sagen, sie lernen in zwei Dimensionen; in der Dimension des Lebens und in der Dimension der Geistigen Welt.
Viele irdische Kinder erzählen, dass sie mit imaginären Freunden spielen – oft sind diese Freunde jene Kinder aus der Geistigen Welt, die sich von ihnen angezogen fühlen.

Während sie nach eigenen Vorstellungen heranwachsen, wird allmählich der Wunsch schwächer, die Schattensphäre (die irdische Ebene) zu besuchen, jene Sphäre, wo die Schwingungen dichter und gröber sind. Sie stimmen sich stärker in die feineren Schwingungen der Geistigen Welt ein.
Vielleicht verstehen jetzt die Eltern, die mir oft sagen: „Ich habe meine kleine Tochter immer wahrgenommen, doch inzwischen spüre ich sie kaum noch! Es ist, als wäre sie weiter weg gegangen."
Sie bleiben immer die Mutter, der Vater bleibt immer der Vater, und das gilt auch für Tanten, Großmütter und alle Arten von Verwand-

ten. Niemand in der Geistigen Welt kann Sie ersetzen! Auch wenn Sie die Anwesenheit Ihres Kindes nicht mehr spüren, sind Sie deswegen nicht aus den „Gedanken" Ihres Kindes verschwunden. Da es den Kindern möglich ist, uns zu besuchen, verspüren sie kein „Verlangen", keine „Sehnsucht" nach uns.

Wenn sie in der Geistigen Welt Fortschritte machen, wird es ihnen gelingen, sich geistig mit uns zu verbinden. Auf diesem Weg der Kontaktaufnahme, wo die Schwingungen verlangsamt und abgesenkt werden müssen, können Kinder ohne große Mühe sich auf unsere Ebene einstimmen. Dies vollzieht sich in einer Art „Tagtraum" oder „Tagvision". Oft besuchen sie uns nachts, wenn wir schlafen. Wir alle treffen unsere Lieben von Zeit zu Zeit im Schlaf, während der sogenannten Traumphase. In der Geistigen Welt gibt es keine Nacht, und die Ruhe und Stille hier auf der Erde ist für viele besonders geeignet, sich uns zu nähern. Sie sehen also, dass die Kinder Möglichkeiten haben, sich auf unsere Seite des Lebens einzustimmen! Leider sind sich die meisten von uns dessen nicht bewusst. Wir alle träumen, aber viele von uns können sich beim Aufwachen nicht mehr an diese Träume erinnern.
Wenn ein Medium in die Kommunikation eintritt, ist das nicht immer einfach. Ein sehr kleines Kind, das im Augenblick des Abschieds vielleicht drei oder vier Jahre alt war, kann nur mit dem aktuellen Stand seiner Intelligenz kommunizieren! Kinder haben ihre Erinnerungen und können deshalb auf ihre eingeschränkte Weise ihre Identität beweisen. Ältere Kinder übermitteln dem Medium vielleicht mentale Bilder aus der Vergangenheit, wie zum Beispiel verflossene Erinnerungen, Lieblingsspielzeuge, die liebsten Spiele, Geburtstagsfeste und Schulfotos. Manchmal hält das Medium ein Kind für jünger, als es im Augenblick des Übergangs war. Das liegt nicht allein an der übermittelten Information – oft wirken Kinder in der Geistigen Welt auch jünger.

Häufig hat ein Kind auch ein „mentales Bild“ davon, wie es in seiner irdischen Zeit aussah, selbst wenn es in der Geistigen Welt vorangekommen ist und in all den verbrachten Jahren im Jenseits weiter gewachsen ist. Dennoch zeigt es dem Medium während der „Medialen Kommunikation“ dieses „mentale Bild“, damit der Empfänger (Eltern, Großeltern usw.) etwas damit anfangen kann und es leichter erkennt.
Auf der irdischen Ebene können es junge Teenager oder Kinder kaum erwarten, erwachsen zu werden. Viele möchten „ausgeflippte“ Kleidung tragen, viele wollen mit den Dingen der Kindheit nichts mehr zu tun haben. Sobald sie in der Geistigen Welt sind, wäre es logisch, wenn diese Kinder sich einem Medium gegenüber etwas älter darstellen würden!
Was die „Mediale Kommunikation“ angeht, müssen wir aufrichtig sein, aber es ist auch nicht immer ein „Fehler“ des Mediums, wenn das Alter eines Kindes nicht exakt festzustellen ist.

Viele Kinder erscheinen bei einem *Sitting* zusammen mit älteren Familienmitgliedern und Verwandten, dadurch wissen wir, dass der Kreis der Familie und der Lieben in der Geistigen Welt „ohne Zwang“ beibehalten wird. Zu wissen, dass die Großmutter sich um unseren jungen Sohn kümmert oder Onkel Johann über unsere Tochter wacht, ist sehr tröstlich für uns.

Nach der Medialen Kommunikation teilen mir die Menschen oft mit, sie könnten akzeptieren, dass ihr Kind in der Geistigen Welt heranwächst. Dennoch haben sie ein wenig Angst vor dem erneuten Zusammentreffen nach ihrem eigenen Tod. „Vielleicht erkenne ich ihn ja gar nicht, oder möglicherweise erkennt er mich nach dreißig Jahren nicht mehr?“ Solche Befürchtungen sind völlig unbegründet. Sobald Sie in der Geistigen Welt sind, werden Sie Ihren Sohn <u>wieder erkennen.</u> Sie werden ihn in Ihrer Seele spüren. Er wird Sie ebenfalls erkennen; bedenken Sie, dass er so viele Gelegenheiten hatte, Sie zu „sehen“ und sich mental auf Sie „einzustimmen“! Ihre körperliche Erscheinung wird deshalb keine Überraschung für ihn sein. Dieses Treffen wird voller Freude sein, deshalb sollten Sie sich darüber keine Sorgen machen. Ihre Befürchtungen sind verständlich – doch sie bestehen nur aufgrund fehlenden Wissens. Mein Ziel ist es, mein kleines bisschen an Wissen mit meinen Lesern zu teilen, um solche Ängste zu zerstreuen.

Kinder unter sieben Jahren

Wenn kleine Kinder auf die andere Dimension wechseln, ist es wirklich sehr erstaunlich, wie schnell sie sich an das Leben in der Geistigen Welt anpassen. Sie schlafen recht bald nach der Ankunft, und während dieses Schlafes ist die Erinnerung an das irdische Leben für eine Weile gedämpft! So kommt kein Verlangen nach Mama oder Papa auf. Dieser angenehme verträumte Schlaf tröstet das Kind sehr.

Irdische Kinder halten oft bis ins siebte Lebensjahr ohnehin eine Verbindung zur Astralwelt aufrecht. In den ersten drei Jahren ist diese Verbindung sehr stark. Sind sie erst einmal in den Astralleib zurückgekehrt, erkennen sie die Geistige Welt als ihre Heimat und erinnern sich an die Zeit vor ihrer Geburt. Diese Erinnerung an die wahre „Heimat“ ist tief in uns allen verwurzelt, denn wir sind alle Geistige Wesen und Kinder spüren es noch viel stärker und fühlen sich automatisch zu Hause.
In einem späteren Stadium dieses Schlafes träumen sie, und in ihren Träumen stellen sie zeitweilig eine mentale Verbindung zu ihren irdischen Familien her. Manche der älteren Kinder sehen und spüren unsere große Traurigkeit und unsere Verlassenheit, sie können jedoch diese Gefühle nicht wirklich verstehen! Schließlich sind sie

selbst ganz glücklich, es geht ihnen gut, und sie wünschen sich, uns in kindgemäßer Weise zu trösten und uns ihre Liebe zu zeigen.

Wenn sie dann aufwachen, werden sie von Lichtwesen versorgt und betreut, die wir als Engel bezeichnen. Diese Lichtwesen begleiten sie auf die Erde, wenn sie den Wunsch haben, uns zu besuchen.
Leider zeigen Sorge und Kummer sich in der Aura, was jene in der Geistigen Welt als dickes, dunkles Tuch wahrnehmen, das uns umhüllt. Bisweilen gelingt es Geistigen Wesen, uns durch diese Hülle zu erblicken. Kinder besitzen jedoch durch ihre Sensibilität einen noch klareren Blick, deshalb ist ihre Wahrnehmungsfähigkeit viel reiner und empfindsamer. Dieser erste kurze Kontakt verläuft entsprechend, es kommt ihnen so vor, als befänden sich ihre irdischen Lieben im Zimmer nebenan! Tatsächlich passen sie sich sehr rasch an das Leben in der Geistigen Welt an, das ihnen sehr natürlich erscheint.
Manche kleinen Kinder hängen sehr an ihrer irdischen Mutter, und das ist auch die erste und größte Frage, die jede Mutter sich stellt: „Wenn es ein Leben nach dem Tod gibt, wie kann mein Kind ohne mich zurechtkommen? Es wird doch sicher seine Mami brauchen?"
Die Verbindung zur irdischen Mutter wird verringert, und um diesen „Wechsel" der Dimension auszugleichen (den Kinder viel leichter nehmen als Erwachsene, weil es ein ganz natürlicher Vorgang ist), erscheint zeitweilig eine Mutterfigur, kein Ersatz, sondern einfach jemand in der Nähe, der für eine Weile die Mutterrolle übernimmt. Das kann auch jemand aus der Familie sein, wie zum Beispiel die Großmutter, die Tante, die Cousine oder eine gute Freundin.
Gelegentlich geht eine junge Mutter in die Geistige Welt hinüber, die sehr an Kinder gewöhnt ist, so dass es für sie selbstverständlich ist, für eine gewisse Zeit mit einem Kind im Jenseits zu reden und zu spielen. Möglicherweise fühlt das Kind sich mit dieser Frau sehr wohl und bleibt einige Zeit in ihrer Obhut. Manchmal erfahren viel-

leicht Frauen, die auf Erden nie eigene Kinder haben konnten, für eine Weile die Freuden des Mutterseins. Dennoch ist es weit „üblicher“, dass ein Kind von jemandem aus der Familie betreut wird. Diese Betreuung ist zusätzlich zu der ständigen Fürsorge der Engelwesen, die immer greifbar sind. Man darf nicht vergessen, dies ist immer nur eine vorübergehende Situation, weil das Kind sich sehr schnell an die Geistige Welt anpasst und Fortschritte macht. Niemand in der Geistigen Welt kennt Schmerzen, Furcht oder Sorgen, niemand erfährt Verlangen oder Sehnsucht – diese Gefühle lassen sie alle zurück, wenn sie in die Welt des Lichts gehen.
Nach einiger Zeit erinnern sich die Kinder allmählich an das „Erdenleben“, obwohl sie sich schon sehr gut auf das Geistige Leben eingestellt haben. Man sagt, selbst sehr kleine Kinder würden eine Art von „Rückschau“ erleben, in der sie ihr Leben einschätzen und bewerten, doch das wird sehr viel später mit der Hilfe und Anleitung höherer und weiserer Geistwesen stattfinden.
Sie suchen sich ihren Weg zurück durch die Wälder, denn Kinder haben mir erzählt, dass sie auf ihrem Abstieg durch den Dunst auf die schattige Erde, die ihnen irgendwie düsterer vorkommt als die Lichtwelt, sie den Eindruck hatten, als würden sie durch einen dichten Wald aus schweren oder großen Bäumen gehen, der sie in die Täler der Erde führt. Dann besuchen sie ihre Familie, das Schlafzimmer, ihre Spielsachen; oft spielen sie mit ihren irdischen Freunden, ihren Brüdern, Schwestern und Haustieren (Katzen, Hunden oder anderen Tieren). Oft sitzen sie bei Mami oder Papi auf dem Schoß oder neben ihm auf der Couch! (Leider bemerken Mami und Papi in den meisten Fällen absolut nichts von diesem Vorgang.) Häufig besuchen sie auch die Großeltern, Tante und Onkel, oder andere Verwandte und Freunde.
Nach einer Weile kehren sie wieder in die Welt des Lichtes zurück, die nun ihr neues Heim ist, wobei sie aber wissen, dass sie die Erde immer dann, wann sie wollen, besuchen können.

Kinder zwischen sieben und dreizehn

Bei den jüngeren Kindern dieser Altersgruppe verhält es sich ganz ähnlich wie bei den kleineren Kindern, über die ich bereits gesprochen habe, außer dass bei den größeren Kindern die Erinnerung an die „Geistige Heimat" nicht so ausgeprägt sein wird wie bei den Kleinen!

Je länger jemand auf Erden verweilt, desto größer ist das „Erinnerungsvermögen" an das irdische Leben. Kinder in diesem Alter erleben nur eine kurze Periode des Rückblicks über ihr Erdenleben, in der sie alles, was sie erlebten, bewerten und analysieren. Dies findet während eines tiefen Schlafes statt, in dem die Seele träumt, wobei die Träume der Seele und bestimmte Szenen erneut betrachtet werden. Sie werden dann ihr Leben mit ihrem derzeitigen Bewusstsein beurteilen und bewerten. Viele Kinder sind von Natur aus sehr sensitiv und spirituell veranlagt. Selbst in so jungen Jahren erkennen sie die auf Erden gelernten Seelenlektionen, was ihnen für ihre weitere Entwicklung in der Geistigen Welt von Nutzen sein wird.

Ihre Anpassungsphase in der anderen Welt ist in keiner Weise „schmerzlich" und lässt sich nicht mit dem viel tieferen Schlafstadium der „Selbsteinschätzung und Selbstbeurteilung" vergleichen, welches die Erwachsenen nach ihrem Übergang erleben.

Viele Menschen werden es vielleicht nur schwer akzeptieren können, dass so kleine Kinder ihr irdisches Leben bewerten sollen, doch dies ist nur ein ganz kurzer Prozess, weil in einem viel späteren Stadium ohnehin eine Gesamtbeurteilung stattfindet, in der mit der Hilfe höher entwickelter Geistwesen feinere und detailliertere Einschätzungen und Bewertungen vorgenommen werden.

Wenn die verstorbenen Kinder aus ihrer Schlafphase erwachen, werden sie unter ständiger Anleitung durch höhere und weisere Wesen (wir würden sie als Engel bezeichnen) und von Familienmitgliedern in der Geistigen Welt betreut. Manche dieser Familienmitglieder erkennen die Kinder vielleicht wieder, andere erkennen ihre Seele und recht bald nehmen sie Kontakt mit denen auf, die ihnen geistig nahe stehen. Kinder passen sich äußerst schnell an, und oft finden sich jene mit gleichen Interessen oder Fähigkeiten in kleinen Gruppen zusammen.

Wie kurz die Zeit auf Erden auch gewesen sein mag, so ist doch die Seele an Erfahrung gewachsen, sie hat Seelenlektionen erlernt, denn kein Leben hier auf Erden besteht ohne Zweck, Form und Plan.

Die Kinder können die Verbindung zur irdischen Ebene leicht herstellen, und sie besuchen die Wohnung ihrer Familie, aber auch Freunde und gelegentlich vielleicht ihre Schulen. Die älteren Kinder können den Kummer und die Sorgen ihrer Lieben auf Erden spüren und verstehen. Sie bemühen sich sehr, sie zu trösten und versuchen sich erkennbar zu machen, weil sie ihnen sagen wollen: „Mir geht's gut, seid nicht so traurig!"

Wie Sie sehen, können die Kinder, wann immer sie das Verlangen haben, nach uns schauen und bei uns sein. Sie verlangsamen ihre Schwingungen und dadurch synchronisieren sie sich mit den Schwingungen der Erde. Wie bereits erklärt, gibt es unterschiedliche Wege, sich auf das Erdenleben einzustimmen.

Wenn die Kinder eine Weile in der Geistigen Welt verbracht haben, gibt es für sie kein „Heimweh" mehr; sie fühlen sich dort sehr zu Hause und sind froh, dass ihre Seele lernen und vorankommen darf. All die Fähigkeiten und Begabungen, über die ein Kind verfügt, werden in der Geistigen Welt noch weiter gefördert und weiterentwickelt, und ihre Seele wächst an Wissen und Erfahrung.

Teenager zwischen dreizehn und achtzehn

Die Pubertät verläuft von Teenager zu Teenager sehr individuell und unterschiedlich. Sie befinden sich in einem Übergangsstadium,

in dem sie weder Kind noch Erwachsener sind. Die moderne Welt verlangt sehr viel von unseren Teenagern.
Sie müssen es schaffen, viel zu lernen und zu studieren, aufzuwachsen und mit ihrem emotionalen Zustand zurecht zu kommen. Sie brauchen einerseits Sicherheit, Liebe und Unterstützung durch die Familie und versuchen andererseits, daraus auszubrechen, weil sie sich bisweilen sehr eingeschränkt fühlen.

Manche Teenager sind sehr sensitiv und liebevoll, andere sind etwas schwer zu verstehen, was nachvollziehbar ist, denn sie durchleben eine schwierige Zeit. Wenn solche Menschen in die Welt des Lichts hinübergehen, brauchen sie Zeit, sich „auszuruhen“ und „wahrzunehmen“, dass gewisse Zwänge nicht mehr existieren, weil „Zeit“, wie wir sie hier auf Erden verstehen, nicht mehr über sie bestimmt!
Teenager treten in das Schlafstadium ein und überschauen noch einmal ihr irdisches Leben, wobei sie häufig emotionale Erfahrungen wiedererleben, das Erlebte aus anderer Sicht wahrnehmen und ihren eigenen Weg des Lernens bewerten. Sie sehen nicht nur ihre eigenen Stärken und Schwächen, sondern erkennen allmählich den Sinn hinter „ihrem Leben“, das nach Ansicht mancher so abrupt beendet worden ist.
Sie sehen, welchen Einfluss andere auf sie hatten, aber sie bemerken auch die Auswirkungen ihrer Worte, Taten und sogar ihrer Gedanken. Es wird ihnen zum ersten Mal bewusst, welchen Einfluss und welche Wirkung ihre Taten, Worte und Gedanken auf andere gehabt haben! Alles in allem benötigen sie Zeit, um all das zu verarbeiten und sich auf die neue Situation einzustellen. Das ist nicht immer einfach, weil manche Teenager emotional etwas labil sind. Oft erlangen sie nach der Zeit der „Rückschau“ ein besseres Verständnis und fangen an, ihr Verhalten zu begreifen! Dies verläuft ganz allmählich.

Vergessen wir nicht, dass auch wir oft Erwachsenen gegenüber Dinge gesagt haben, die wir bedauern, dass wir alle jemanden gekränkt haben, auch wenn es unbeabsichtigt war. Doch auch wir sind von anderen gekränkt und verletzt worden! Wir wurden enttäuscht oder missverstanden. Gewöhnlich findet man nach einiger Zeit in der Geistigen Welt seine Selbsterkennung.

Jede Seele hat ein Ziel! Während des Schlafstadiums gewinnt die Seele an Erkenntnis für ihren weiteren Fortschritt.
Meist ist sie bestrebt, ihr Ziel zu erreichen, das sie sich gesetzt hat, was immer das auch sein mag. Hier in der Geistigen Welt gibt es viele Möglichkeiten und Gelegenheiten, dieses Bestreben zu erfüllen, auch wenn es für uns nur schwer zu verstehen ist. Abgesehen von der Verbindung mit anderen Lieben aus ihrer Familie schließen sich Teenager Gleichgesinnten an und helfen einander!
Oft erscheinen sie mir in einer Medialen Kommunikation und erklären: „Oh, ich habe mich mit dem und dem getroffen, und er hat mich in alles hier oben eingeweiht!!“ Diese „Altersgruppe“ findet sich (anders als Babys und kleine Kinder) im jenseitigen Leben am schnellsten zurecht.

Wenn sie mit der „Erde“ Kontakt aufnehmen wollen, stellen sie oft fest, dass sie über „Gedanken“ mit uns kommunizieren können, ehe sie lernen, ihre Schwingungen zu verringern, wie das die kleineren Kinder tun. Manchmal machen sich Teenager auf Erden bemerkbar, indem sie ihre Kraft und ihre Fähigkeiten dazu verwenden, einen Computer ein- oder auszuschalten oder das Radio aufzudrehen, ja manchmal sogar auf dem Anrufbeantworter eine Nachricht zu hinterlassen!! Wie es scheint, haben sie auf diesem Gebiet besondere Begabungen. Sie helfen einander, und nach einiger Zeit bemühen sie sich, jene zu trösten und zu unterstützen, die noch auf der Erde sind.

Wie wir Hinterbliebenen mit dem Verlust unserer Kinder zurechtkommen!

„Es gibt nichts Schlimmeres, als ein Kind zu verlieren!“ Diesen Satz sagen wir alle, ohne wirklich über jedes Wort nachzudenken! Aber: Sie können Ihr Kind nicht verlieren! Ihr Kind wechselt nur von einer Dimension in eine andere. Der physische Körper wird zurück gelassen. Jetzt finden sich unsere Lieben in ihrem Astralleib wieder. Ihr Kind bleibt Ihr Kind, und die Bande der Liebe, die sie miteinander verbunden haben, während Ihr Kind hier auf Erden war, sind so stark wie eh und je!
Ich greife den einleitenden Satz noch einmal auf: „Es gibt nichts Schlimmeres für die Eltern, wenn das eigene Kind vor ihnen in die Geistige Welt geht.“

Wenn ein Elternteil stirbt, ist das sehr schmerzlich, und auch der Tod eines Bruders oder einer Schwester ist eine Erfahrung, die weh tut; das Hinscheiden des Partners, sei es der Ehemann oder die Ehefrau, kann herzzerreißend sein. Doch nichts ist mit dem Tod des eigenen Kindes zu vergleichen! Das erste Gefühl wird sein, dass Sie selbst ebenfalls den Tod herbeiwünschen! Sie sehen im Leben hier keinen Sinn mehr, alles erscheint so bedeutungslos.
Jeder von uns trägt irgendwie den Gedanken in sich, dass wir vor unseren Kindern Abschied von dem physischen Leben nehmen sollten! Es wird jedoch nie darüber gesprochen, kein Gesetz schreibt es vor, und doch erhoffen wir genau das in unseren Gefühlen! Denn wir glauben, dass es so richtig ist.

Leider erfahren Eltern, die sich in diesem Stadium des Verlustes und der Trauer befinden, bei weitem zu wenig Hilfe und Beistand! Oft können Freunde und Bekannte nicht einmal mit den Trauernden reden, weil sie die schmerzliche und unangenehme Situation selbst nicht verkraften und der Trauer und den Tränen der Eltern fassungslos gegenüber stehen würden! Nach der Zeit des Verlustes ihres Kindes sind viele Eltern oft sehr isoliert, weil sie in ihrer Trauer kein Mitleid ertragen können und deshalb lieber allein sind. Nach einem solchen „Ereignis“ werden Ehen oder Partnerschaften oft großen Belastungen unterworfen, und es ist nicht ungewöhnlich, dass in vielen Fällen eine Trennung oder Scheidung folgt.

Sie müssen geduldig sein und sich Zeit zugestehen, um mit der neuen Situation fertig zu werden, wie schwer das auch für Sie sein mag. Ihr Kind ist damit konfrontiert, sich auf die Geistige Welt einzustellen – und auch Sie müssen sich an die neuen Gegebenheiten anpassen. Manche benötigen oft ein Jahr für die Periode der tiefen Trauer, andere länger, einige sogar mehrere Jahre!

Für Sie ist es wichtig, sich zu sagen: „Ich habe als Vater/Mutter alles getan, was ich konnte, und wir werden wieder zusammenfinden.“ Schließlich kann Ihr Kind Sie besuchen, dadurch kennt es keine Sehnsucht. Es ist in vielen Fällen nur der physische Körper, der schwere Mantel, der den Zugang zur Geistigen Welt blockiert. In der Regel ist es jedoch nicht möglich, dass Sie ihr Kind während solcher Erdenbesuche sehen. Dennoch wird der Kontakt aufrecht erhalten.

Ich weiß, dass der Verlust für die Eltern sehr schwer ist, bedenken Sie jedoch, wenn Sie Glauben und Zuversicht besitzen, wissen Sie, dass Ihr Kind in einer besseren Welt lebt. Sie wissen dann, dass es keinen Schmerz und kein Leid kennt, und dieses Wissen wird Ihnen ein wenig Trost spenden.

Wenn die Zeit der tiefen Trauer vorüber ist, mag es Ihnen sehr hart und ungerecht vorkommen, aber es ist Ihnen nur eine große „Zeit der Prüfung“ auferlegt worden, eine Prüfung, wie selbstlos und rein Ihre Liebe ist!

Ihrem Kind ist in seiner neuen Heimat alles Glück zu wünschen, man muss sie glücklich sehen wollen, auch wenn das bisweilen „ohne Sie“ bedeutet! Das Band zwischen Ihnen kann nie durchtrennt werden, doch Ihr Kind muss die Freiheit haben, weiterzugehen, zu lernen und zu leben! Durch Ihre Liebe darf das nie in irgendeiner Weise behindert werden. Das ist für uns alle der härteste „Test“ des Lebens. Nicht nur Eltern müssen das lernen, sondern alle, die ein Kind sehr geliebt haben, müssen die Tatsache akzeptieren, dass das Kind frei sein muss!

Wenn ein Kind die Erde besucht und unsere Traurigkeit sieht, kann ihm das sehr wehtun und kann bisweilen in seiner Entwicklung hinderlich sein. Kleine Kinder können das einfach nicht verstehen, genauso wie sie während ihrer irdischen Existenz gespürt haben, wenn Mami oder Papi aufgeregt oder traurig waren, jedoch keine Vorstellung davon hatten, was hinter den Gefühlen steckte.
Ein älteres Kind versteht natürlich viel mehr und fühlt sich vielleicht sogar verantwortlich für die Traurigkeit! Ich weiß, für die Hinterbliebenen ist es sehr schwer, aber Trauer und Kummer sind natürliche Vorgänge und nicht zu vermeiden.
Wir wünschen uns, dass unsere Kinder mit uns mental kommunizieren! Auf keinen Fall sollten wir diese Kommunikation durch unsere Traurigkeit stören, die für sie eventuell belastend wirken würde.
Deshalb müssen wir uns mit aller Kraft darum bemühen, wieder zum normalen Leben zurückzukehren, sobald die Zeit der tiefen Trauer vorüber ist. Sprechen Sie über ihn oder sie, beziehen Sie sie ins Familienleben ein. Mit der Zeit wird die Trauer schwächer und legt sich von selbst.

Nach sechs Monaten oder einem Jahr verspüren Sie möglicherweise den Wunsch, ein Medium aufsuchen, was Ihrem Kind die Möglichkeit gibt, Ihnen etwas mitzuteilen, was immer es auch sein

mag. Der Kontakt tut möglicherweise beiden Seiten unendlich viel Gutes, aber besonders hilft er Ihnen! Ich habe schon darauf hingewiesen, dass jene in der Geistigen Welt uns sehen können; sie können sich weitgehend auf unser Leben einstimmen und haben deshalb, anders als wir, kein Verlangen und keine Sehnsucht nach uns. Stellen Sie Blumen neben ein Foto und sagen Sie ihm oder ihr, dass Sie sie/ihn lieben. Liebe ist etwas, von dem niemand zuviel haben kann! Versuchen Sie, nicht an die Ursache des Todes zu denken, das würde Sie nur belasten! Behalten Sie die Verstorbenen im Gedächtnis, wie sie waren – lächelnd, lachend, voller Leben und bisweilen voller Übermut.
Ich bin immer sehr erfreut, wenn Eltern, die an einem Seminar teilnehmen und die ersten Grundlagen der Medialität erlernen, während einer Meditationsübung ihr eigenes Kind „sehen"! Selbst wenn es sich dabei um ein „einmaliges" Ereignis handelt, bewirkt es ein Wunder. Sie haben ihr liebes Kind gesehen, mit dem eigenen geistigen Auge! Außerdem haben Sie auch seine Anwesenheit gespürt, und natürlich auch seine Liebe. Es fließen viele Tränen! Aber es sind Freudentränen! Häufig sehen auch andere in der Gruppe „das Kind" oder gelegentlich „Kinder", aber nichts zählt so sehr wie die persönliche Erfahrung, der persönliche Kontakt. Sobald ein Kontakt hergestellt wurde, verliert sich die große Traurigkeit! Sie wissen, dass Ihr Kind lebt!!! Es gibt hingegen so viele Eltern, die Sehnsucht nach einer solchen Erfahrung haben, was leider, durch die fehlende mediale Veranlagung, nicht in Erfüllung geht.

Natürlich ist das nicht die einzig mögliche Gelegenheit für einen Kontakt mit der Geistigen Welt. Oft erhalten Menschen einen solchen Kontakt zu Hause, im Garten, in einem Park oder wo auch immer. Sehr viele Leute haben mir gesagt: „Paul, ich bin gerade vom Einkaufen nach Hause gekommen, und für einen Augenblick habe ich meinen Sohn gesehen, wie er am Tisch saß und lächelte!" Oder jemand sagt: „Ich war im Park spazieren, in dem meine Tochter so gern gespielt hat, als ich sie plötzlich neben mir stehen sah!" Solche Erscheinungen wiederholen sich sehr selten, aber sie haben bewirkt, dass Mami oder Pappi jetzt wissen, dass ihr Kind lebt und es ihm gut geht!

Manche Menschen lassen das Kinderzimmer unverändert und bewegen nichts von der Stelle! Andere wechseln die Sachen nach einiger Zeit aus. Manche Eltern geben die Kleidung, die Spielsachen und persönlichen Dinge ihres Kindes weg oder behalten vielleicht nur ein paar Stücke als persönliche Erinnerung, während andere nicht im Traum daran dächten, sich von den Dingen zu trennen, die mit ihrem Kind zu tun haben. Einige Menschen brauchen einfach mehr Zeit als andere, und das muss man akzeptieren.
Nach einigen Jahren ist es jedoch besser, sich nicht mehr an die Vergangenheit zu klammern. Ich habe extreme Fälle kennen gelernt, wo die Mutter jeden Morgen saubere Unterwäsche auf das Bett ihres toten Sohnes legte! Sieben Jahre nach seinem Tod war das immer noch ihre tägliche Gewohnheit!
Eine andere Dame sah sich nichts im Fernsehen an, wenn ihre Tochter keinen Kontakt herstellte und ihr sagte, welches Programm sie sich ansehen sollte! Dabei war die Tochter schon vor mehr als zehn Jahren in die Geistige Welt gegangen!
Für solche extremen Fälle muss man Verständnis haben, denn die Betroffenen benötigen viel Heilung und viel Liebe; es ist ihnen überhaupt nicht bewusst, dass sie ihre Lieben vielleicht festhalten, weil sie nicht fähig sind, sich weiter zu entwickeln und mit der neuen Situation fertig zu werden. Sie hängen an der Vergangenheit, und ohne es wahrzunehmen, behindern sie vielleicht sogar die künftigen Fortschritte ihres Kindes in der Geistigen Welt. So etwas bleibt nicht unbemerkt, und häufig sind andere Familienmitglieder

sehr besorgt und betroffen. Sie wollen helfen, wissen aber nicht wie! Dabei gibt es viele Selbsthilfegruppen, oft hilft es, mit Menschen zu reden, die den gleichen Schmerz, das gleiche Leid erlebt und auch Kinder verloren haben. Sollte diese Hilfe nicht ausreichend sein und den Schmerz nicht mindern, ist es sinnvoll, ein Medium aufsuchen. In solchen Fällen ist es am hilfreichsten, einen Kontakt zur Geistigen Welt herzustellen, bei dem der Sohn sagt: „Mami, ich brauche die Unterwäsche nicht! Bitte spare dir die Mühe!"

Nach dem „Tod" kann nichts mehr so sein, wie es war. Die Beziehung „Mutter-Sohn" oder „Vater-Tochter" bleibt bestehen, die Liebe bleibt bestehen und wächst sogar! Doch das tägliche physische Leben ändert sich, und wir müssen diese Veränderungen annehmen, wie hart sie uns auch erscheinen mögen.
Unsere Lieben in der Geistigen Welt sind häufig bei uns, aber sie besitzen keinen physischen Körper mehr und haben kein Verlangen nach irdischen Belangen.
Oft werde ich gefragt, ob es hilft, für unsere Kinder in der Geistigen Welt zu beten oder für sie eine Messe lesen zu lassen! Unsere Gebete werden unsere Lieben in der Geistigen Welt immer erhalten. Manche sagen, sie würden sie in Form von Musik erreichen, wie das Lied eines Vogels oder Klang einer schönen Melodie! Andere sagen, sie würden ein sehr helles Licht sehen, und dieses Licht würde, obwohl sie doch in der Welt des Lichts leben, als ein noch hellerer Sonnenstrahl wahrgenommen! Wenn Sie wünschen, dass für Ihr Kind eine besondere „Messe" gelesen wird, wird das in der Geistigen Welt ebenfalls erkannt und gefühlt. Außerdem können Sie ihr Kind, in alle persönlichen Feste, wie Geburtstage und vieles mehr, mit einbeziehen, indem Sie in Gedanken mit ihm sprechen, als ob es hier wäre.
Als Engländer halte ich jedoch nicht viel davon, ständig das Grab auf dem Friedhof zu besuchen, denn dort liegt nur die menschliche

Hülle. Der Geist und die Seele Ihres Kindes verweilen in der Geistigen Welt. Ich will jedoch niemanden beleidigen, weil ich weiß, dass dies der „Ort der letzten Ehre“ ist.
Stellen Sie zu Hause frische Blumen vor oder neben ein Foto ihres Kindes, zünden Sie eine Kerze an, und sprechen Sie auch ein kurzes Gebet! Reden Sie mit ihrem Kind, als wäre es an Ihrer Seite. Vielleicht spüren Sie es sogar, denn es ist ja wirklich bei Ihnen!

Kapitel 21

Die Ebenen in der Geistigen Welt

Im Laufe meiner Arbeit als Medium haben mich viele Menschen aus allen Gesellschaftsschichten aufgesucht. Viele kamen aus den verschiedensten Ländern. Ihre Traditionen und religiösen Überzeugungen unterschieden sich erkennbar von den meinen. Für mich spielte das jedoch keine große Rolle, da es meine Pflicht ist, als Medium zu dienen und zu helfen, so gut ich es vermag.

Es ist nicht meine Absicht und ich habe auch nicht das Recht, irgendeinen Menschen von meiner Art des Denkens zu überzeugen. Ich achte und akzeptiere den freien Willen, wodurch jedem Individuum Gedankenfreiheit gewährt wird, was auch unser göttliches Recht ist.

Bevor ich mit einer Medialen Kommunikation beginne, „bete" ich immer mit dem *Sitter*, und spreche am Ende des *Sittings* ein Dankgebet. Damit handle ich nach meinem eigenen freien Willen, und bislang hat auch jeder *Sitter* diese Vorgehensweise akzeptiert.

Durch diesen schlichten Vorgang des Betens wird der *Sitter* beruhigt und mir hilft es, die Tür hinter der materiellen Welt zu schließen, damit ich mich mit den höheren Schwingungen der inneren Welt verbinden und mich auf diese Gott-ähnliche Kraft einstimmen kann.

Welche religiösen Überzeugungen wir auch haben, wir alle überleben unseren physischen Tod. Wir leben in der Geistigen Welt weiter, die in unterschiedliche Ebenen und Sphären gegliedert ist. Ich werde sehr oft gebeten, einiges zu diesen verschiedenen Astral-Ebenen zu erklären, und ich möchte die Möglichkeit wahrnehmen, mit einfachen, sehr kurzen Worten, in diesem Buch zu diesem Thema Stellung nehmen.

Über das „Leben nach dem Tod“ und die Geistige Welt kann man nicht sprechen, wenn man die Wörter „Wiedergeburt“ oder Reinkarnation unberücksichtigt lässt. Viele Christen akzeptieren die Lehre von der Wiedergeburt jedoch nicht, was ich respektiere.
Wir dürfen nicht vergessen, dass wir, wie ich schon so oft erwähnt habe, alle über einen freien Willen verfügen. Die Geistige Welt sagt uns, dass die irdische Ebene für viele Seelen noch immer das wichtigste Klassenzimmer ist. Das bedeutet jedoch nicht, dass dies die einzige Möglichkeit für die weitere Spirituelle Entwicklung ist. „Jeder Seele steht ewiges Fortschreiten offen!“ Es gibt viele Möglichkeiten, innerhalb der unterschiedlichen Ebenen und Sphären der Geistigen Welt voranzukommen. Wichtig ist die Frage: Welche Ebene ist für eine bestimmte, noch zu lernende Aufgabe am besten geeignet? Dies kann nur in der Geistigen Welt beantwortet werden!
Worin besteht das endgültige Ziel einer jeden Seele? Ist dieses Ziel für den Christen, „frei von Sünden und mit Gott eins zu sein“? Ist es für den Moslem „in Frieden zu leben und mit dem Tod das Paradies zu erlangen“? Für viele andere Religionen besteht das Ziel darin, „Vollkommenheit zu erreichen, absoluten Frieden zu erlangen – und mit Gott eins zu sein“. Dies lässt sich nur durch das schrittweise Spirituelle Wachstum erreichen.

In den östlichen Religionen (Buddhismus und Hinduismus als die wichtigsten Vertreter) ist das Ziel des Einzelnen, sich aus dem Rad von Leben, Tod und Wiedergeburt zu befreien. Hier glaubt man, dass wir zunächst unsere karmische Schuld beglichen oder geklärt haben müssen, ehe wir aus diesem Zyklus erlöst werden. Danach ist man frei, in die höheren Bereiche des Himmels einzutreten, die zum „Nirvana“, zum „Höchsten Himmel“ oder „Siebten Himmel“ führen. Hier erfahren wir den höchsten Segen und sind eins mit Gott. Wir kennen „keine Form“, „keine Individualität“, haben kein Verlangen, keine Sehnsüchte und keine Wünsche.

Während Millionen, ja Milliarden von Menschen dieses Ziel haben, gibt es ebenso viele, wenn nicht noch mehr, die sich eine solche Existenz nicht vorstellen können – wenn Existenz überhaupt das richtige Wort für einen solchen Seinszustand ist. Viele fürchten sich sogar davor, ihre individuelle Persönlichkeit zu verlieren! Ich kenne persönlich niemanden, der hier auf der Erde Perfektion erreicht hat und der für dieses Stadium die notwendige Reife gehabt hätte. Für die Mehrheit der Menschen ist dieses Stadium unerreichbar, und mit unserem gegenwärtigen Status der Spirituellen Entwicklung sollten wir uns nur mit der nächsten zu erreichenden Stufe beschäftigen, Schritt für Schritt nach vorne gehen und die Zukunft in Gottes Hand legen. So finden wir uns automatisch in der „richtigen" Dimension für unser Spirituelles Wachstum wieder.

In meinem ersten Buch habe ich detailliert über die Seele und ihren Weg berichtet. Hier will ich nun versuchen, sehr kurz weitere Einblicke über das Ziel der Seele zu geben.

Es wird sehr oft von Wiedergeburt oder von verschiedenen Leben gesprochen, doch in Wahrheit besitzen wir nur „ein" Leben. Wir durchlaufen verschiedene Dimensionen, von denen jede eine „Welt für sich" zu sein scheint. In Wirklichkeit jedoch sind sie eng miteinander verbunden, weil sie alle zur „Welt Gottes" gehören.

Um zu erläutern, was wiedergeboren wird, verwende ich gerne das klassische Beispiel eines Schauspielers. Der Schauspieler spielt seine Rolle – hier auf der Bühne im Spiel des Lebens, zusammen mit einem Ensemble! Wenn dieses Spiel sein Ende findet, kehrt er in die Geistige Welt zurück. Durch die Erfahrungen, die er in seinen Rollen gewonnen hat, ist er reifer und klüger geworden. Er hat eine Menge dazu gelernt.

Wenn er die Erde erneut besucht – „wiedergeboren wird" –, spielt er eine andere Rolle. Alle Kenntnisse und Erfahrungen, die er als Schauspieler gewonnen hat, werden in seinem Geist und in seiner Seele bewahrt.

Danach ist der Schauspieler weit größer als jede der Rollen, die er gespielt hat. Er ist viel weiser; er hat erheblich von seinen verschiedenen Rollen profitiert, weil er mit vielen anderen Seelen in Berührung gekommen ist und von diesen „seelisch" berührt wurde. Er hat von allen gelernt, die auf der Bühne des Lebens mitgespielt haben.
Symbolisch ausgedrückt: Stellen Sie sich ein kleines Wäldchen vor; es steht für Ihre „Seelenfamilie" oder „Karmische Seelengruppe". Einer dieser Bäume ist Ihre Seele! Nur ein Ast des Baumes verlässt die geistige Heimat, er nimmt die Form eines Menschen an und wird hier auf Erden geboren. Der Baum ist Ihre Hauptseele und bleibt in der Geistigen Welt. Während des irdischen Lebens befinden sich noch weitere Äste anderer Bäume dieses Waldes hier auf der Erde. Alle sind in gewisser Weise miteinander verbunden. Wenn ein Ast stirbt, kehrt dieser an seinen Baum in dem kleinen Wäldchen zurück. Bei einer erneuten Wiedergeburt, verlässt ein anderer Ast den Baum und macht sich auf die Reise, um Wissen und Erfahrung zu gewinnen. Man könnte andere Äste von Ihrem Baum als andere Aspekte Ihrer Seele bezeichnen. Doch nach jedem irdischen Leben (Verkörperung) wird all das auf der Erde Erlernte in dem Stamm des Baumes aufbewahrt, weil jeder Ast mit diesem Stamm verbunden ist! Man könnte ihn, symbolisch gesehen, auch als Baum des Lebens bezeichnen.

Sobald die Zeit gekommen ist, in der die irdische Ebene uns keine Möglichkeiten mehr bieten kann, etwas zu lernen, Erfahrungen zu gewinnen und seelisch zu wachsen, unsere Weitenentwicklung findet dann nicht mehr auf der Erde statt, sondern in den verschiedenen Ebenen der Geistigen Welt. Es kommt die Zeit, in der dieses Fortschreiten abgeschlossen ist. Dann sind wir bereit, zur höheren Welt oder höheren Sphären weiterzugehen bzw. in sie hineinzuwachsen. Dort erfahren wir den zweiten „Tod". Wir sterben, lassen

alles aus unserer Vergangenheit hinter uns und werden in die höheren Regionen hineingeboren, die viele als den „Siebten Himmel" bezeichnen, obwohl sie in Wahrheit immer noch einen Schritt von dieser höchsten Ebene entfernt sind.
Dies wird vom Christentum so beschrieben: „Wir werden in Christus wiedergeboren!" Das heißt, wir werden im Bewusstsein Christi wiedergeboren, denn nur jemand mit diesem „Bewusstsein Gottes" hat das ewige Leben. Für andere Religionen, außer dem Christentum, bleibt nur, dies symbolisch zu sehen.
Sobald diese Ebene erreicht ist, verlieren wir unsere Form und unsere individuelle Persönlichkeit. Wir haben keine Wünsche, kennen kein Verlangen, keine Sehnsucht, und wollen nur noch in der Vollkommenheit Einssein mit Gott.
Bis dieses Stadium erreicht wird, müssen wir viele „Welten" in einer Welt passieren. Wir reisen durch große Gebiete der Geistigen Welt und erlernen dabei ihre höheren Weisheiten, durch die wir uns spirituell noch weiter entwickeln. Sobald wir für den zweiten Tod bereit sind, haben wir mit dem irdischen Leben abgeschlossen und lassen das Rad aus Leben, Tod und Wiedergeburt hinter uns.

In allen Kulturen gab es von Zeit zu Zeit große Meister, hochentwickelte Seelen, die die höheren Ebenen der Geistigen Welt verlassen haben. Diese hoch entwickelten spirituellen Wesen opfern sich und inkarnieren im physischen Körper hier auf dieser Erde, um der Menschheit zu dienen. Diese erhabenen Wesen, die wir oft als „Heilige" bezeichnen würden, gehören den höheren Ebenen der Geistigen Welt an. Wenn ihre Aufgabe hier auf Erden erfüllt ist und sie ihre physische Hülle ablegen, kehren sie natürlich auf diese höhere Ebene zurück.
In diesem Buch habe ich sehr oft den Begriff „Geistige Welt" verwendet, weil der Geist (das wahre Ich) in dieser Welt lebt!

Außerdem habe ich den Begriff „Astralwelt“ verwendet, weil dort die Astralwesen in ihrem Astralleib leben. Wie schon erklärt, besitzen wir alle einen Astralleib, der während des irdischen Lebens mit einem schweren Mantel bedeckt ist, dem „physischen Leib“. Somit beschreiben beide Ausdrücke denselben Zustand.

Das Wort „astral“ kommt aus dem Lateinischen und bedeutet „von den Sternen“. Die Propheten und Seher früherer Zeiten waren hellsichtig und sahen Wesen aus der Geistigen Welt. Diese Wesen leuchteten, und die Farben um sie herum erinnerten an „Sterne“.

Wir wissen, dass viele Seelen zu verschiedenen Gebieten innerhalb der Astralwelt reisten (Astralreisen), was durch tiefe Meditationen ermöglicht wurde. Da sie durch Zonen blitzender Lichter und spiritueller Farben von Blau, Violett, Purpur usw. kamen, sprachen sie von den Sternenwelten und den Lichtwesen, die in der Welt der Sterne lebten, und das ist dann möglicherweise die eigentliche Bedeutung des Wortes „astral“.
Um die Zusammenhänge besser zu verdeutlichen, möchte ich versuchen, die wichtigsten Einzelheiten über die vielen unterschiedlichen Ebenen und Sphären zu erläutern, aus denen die Geistige Welt besteht.

Es sind sehr viele Bücher geschrieben worden, die von den verschiedenen Ebenen in der Geistigen Welt berichten. Weil jede Ebene eine eigene Welt für sich zu sein scheint, sprechen wir von den Welten innerhalb einer Welt. Jede Ebene ist wiederum unterteilt, es existieren jedoch Grenzbereiche, wo die Ebenen fließend ineinander übergehen, oft wird nicht bemerkt, wenn man von einer Ebene in eine andere wechselt. Offensichtlich könnte man allein zu diesem Thema ein ganzes Buch schreiben!

Die sieben Ebenen der Geistigen Welt

Die Begriffe „Geistige Welt“ und „Astralwelt“ habe ich schon erklärt, das Wort „Welt“ ist hier insofern gerechtfertigt, weil es in der Geistigen Welt ebenso viele unterschiedliche, kontrastreiche und abwechselnde Bedingungen für jede Seele gibt, die genau so sind wie hier auf der uns bekannten irdischen Welt.

Man sieht die Unterschiede im „Licht“ und spürt sie in den „Schwingungen“ nicht nur von einer Hauptebene zur nächsten, sondern auch innerhalb der einzelnen Ebenen, den sogenannten Sphären, die eine Untergliederung darstellen. Die ersten beiden Ebenen würden wir wohl als „Hölle“ bezeichnen. Auf dem untersten Abschnitt der ersten Ebene herrscht Dunkelheit, tiefe Dunkelheit, und die Schwingungen sind äußerst schwer. Auf dieser Ebene könnte kein Leben in der Art existieren, so wie wir den Begriff „Leben“ verstehen. Wenn wir weiter nach oben gehen, erreichen wir eine Stufe, auf der Formen übler Gedanken existieren – diese monströsen und unmenschlichen, grässlichen Formen wären schrecklich zu ertragen.

Die zweite Ebene ist so, wie die meisten Menschen sich die Hölle vorstellen würden. Düstere, schwere Schwingungen, unendlich erscheinender Raum. Hier finden wir Wesen, die Bestien gleichen, gewaltige Schlangen und Geschöpfe, die wie Monster aussehen. Auf der nächsten Stufe wird die tiefe Finsternis allmählich ein wenig heller. So ist es möglich, die schlimmsten, bösartigsten, teuflischsten Formen zu erkennen, die nur aus bösen Gedanken und Taten bestehen.

Mitten in dieser Ebene gibt es viele Zonen, in der grässliche Wesen, grauenhafte, missgestaltete Monster in männlicher wie weiblicher Form existieren. Diese schrecklichen Wesen sind Geschöpfe jener, die extrem übel und bösartig sind; somit überleben hier ihre bösen Taten, Handlungen und Gedanken.

Die verschiedenen höheren Zonen oder Sphären dieser Ebene würden wir mit unserem Verständnis immer noch als „Hölle“ bezeichnen; hier verweilen viele bösartige und üble Seelen. Im oberen Bereich der zweiten Ebene existieren jene Seelen, die langsam anstreben, Fortschritte zu machen. Allmählich verlangen sie nach „Licht“ und werden sich ihrer eigenen Boshaftigkeit bewusst. Langsam bedauern sie ihre bösen Gedanken, ihre üblen Verhaltensweisen sind jedoch so tief in ihnen verankert, dass es unserem Gefühl nach noch vieler „Lebenszeiten“ bedarf, bis sie weiter vorankommen. Man darf jedoch nicht vergessen, dass „jeder Seele unendliches Vorankommen offen steht“!
Viele Menschen glauben, sie würden wohl in der „Hölle“ landen, weil sie etwas Böses hier auf der Erde begangen haben, andere halten sich für den größten „Sünder“ aller Zeiten. Außerdem gibt es Seelen, die heute auf Erden leben und sich dessen bewusst sind, dass ihr Lebenswandel unmoralisch ist. Es ist ihnen klar, dass sie anderen Menschen Schmerzen oder Kränkungen zugefügt haben. Manche dieser Seelen fürchtet möglicherweise den Tod. Man kann hier jedoch nicht verallgemeinern, weil jede Seele ein Individuum ist und weil wir alle ein Gewissen haben, das unser Spirituelles Wachstum – und die Weiterentwicklung unseres Bewusstseins – fördert, egal wie langsam es uns auch erscheinen mag.

Das Leben ist mit einer Waage vergleichbar, alle unsere Taten wiegen einander auf. Wir alle haben etwas getan oder gesagt, was wir bitter bereuen! Viele bemühen sich um Wiedergutmachung, oder zumindest sagen sie, „es tut mir Leid“! Natürlich haben wir auch gute Taten vollbracht. Wir haben uns alle bemüht, bisweilen unser Bestes zu tun. Die Motive für unser Handeln sind sehr wichtig, denn was zählt, sind die Lehren, die wir aus unserer Schwäche, aus unseren Fehlern gezogen haben. Oft sind es unsere positiven Handlungen, unsere Motive und Anstrengungen, voranzukommen, die sozusagen das „Zünglein an der Waage“ bilden, um den Ausgleich zu schaffen. Selbst hier kann man sagen:

„Das Tor zum Himmel ist immer offen“.

Die dritte und vierte Ebene spiegeln unsere irdische Ebene wider. Auf diesen Ebenen leben die meisten unserer Lieben, die von uns gegangen sind. Auch die meisten von uns werden hier auf der einen oder der anderen dieser Ebenen leben. Die höchst entwickelten Seelen hier auf der Erde werden sehr wahrscheinlich nach dem Tod eine Stufe höher gehen.
Diese beiden Bereiche, die dritte und vierte Ebene, gleichen der Erde. Es gibt hier Berge, flaches Land, Flüsse, Täler, Seen und alles, was wir hier auf Erden schön finden. Auch der heilige Paulus (Saulus) hat auf seiner „Himmelsreise“ die dritte Dimension besucht und hat diese Ebene als Paradies beschrieben.

In der Mitte der dritten Ebene finden sich viele Seelen ein, die auf der Erde materialistisch eingestellt waren. Viele, die sehr hart gearbeitet haben, viele, die auf Erden glücklich gewesen sind und die guten Seiten des Lebens genossen haben. Sozusagen der Durchschnittsmann oder die Durchschnittsfrau, die niemandem etwas zuleide, aber auch anderen nichts Gutes getan haben! Auch jene, die vielleicht ein wenig selbstsüchtig gewesen sind und sich nicht um andere, sondern nur um sich selbst gekümmert haben. Dazu die vielen, die „keine Zeit“ dafür verwendet haben, über den wahren Sinn des Lebens oder über die Spiritualität nachzudenken. Jene Seelen, die sehr viel Wert auf Geld, Eigentum, Eitelkeit und Besitztümer gelegt haben, kurz, alle, die in der materiellen Welt gefangen waren. Diese Seelen befinden sich hier in der Mitte der dritten Ebene, in einer angenehmen Umgebung, zusammen mit Gleichgesinnten, und sind paradiesisch glücklich. Oft sind sie sich der höheren Ebenen und ihrer eigenen Beschränkungen nicht bewusst.

Viele dieser Seelen schreiten durch die verschiedenen Sphären dieser dritten Ebene weiter voran, einige erreichen irgendwann die vierte Ebene.
Seelen auf dieser Ebene sind normalerweise bestrebt, sich weiter zu entwickeln, und ein weiteres „Leben auf Erden" ist häufig ihr Ziel. Zur rechten Zeit wird innerhalb der karmischen Seelengruppe ein künftiges Leben auf der Erde geplant. Durch dieses Leben kann die Seele weitere Fortschritte erreichen und allmählich Schritt für Schritt weiter vorankommen. Innerhalb der ersten Hälfte der dritten Ebene finden wir verschiedene Sphären, einige würden wir als „Überschattete Zonen" bezeichnen. Viele Seelen werden diese Zonen passieren, jedoch werden sie sich dort nicht aufhalten. Hier handelt es sich um Seelen, die Schwierigkeiten haben, das irdische Leben loszulassen. Einige haben ihrem Leben selbst ein Ende bereitet, aus welchem Grund auch immer, andere haben starke Schuldgefühle und bereuen ihre auf Erden begangenen Taten. Durch ihren mentalen Zustand glauben sie, dass sie nicht ins „wahre Licht" gehen können. Deshalb befinden sie sich in diesen überschatteten Zonen. Diesen Seelen können wir helfen, weiter ins Licht zu gehen und Frieden zu finden, indem wir für sie beten. Außerdem erhalten sie Hilfe und Führung von Seelen aus den höheren Ebenen, vorausgesetzt sie sind bereit diese Hilfe anzunehmen. Die vierte Ebene ist noch viel lieblicher und schöner als die dritte und dazu auch viel heller. Hier sind die Seelen sich ihrer Spiritualität stärker bewusst, sie sind bestrebt, aus dem eigenen freien Willen heraus weiter zu lernen und sich zu entwickeln. In der Mitte dieser Ebene ist man sich seiner eigenen Grenzen und seines Unvermögens bewusst, außerdem sind höhere Wesen anzutreffen, die uns bereitwillig individuell helfen, lehren und uns führen, sodass jede Seele Selbsterkennung erlangt und dadurch geistig weiter wächst.
Hier in den höheren Zonen dieser Ebene werden Seelen freiwillig in gleichgesinnten Gruppen zusammen kommen, sie erhalten

Instruktionen von weisen Lehrern über die Spiritualität und über die höheren Weisheiten. Diese Instruktionen spielen auch eine bedeutende Rolle auf der nächsten, der fünften Ebene.

Diese fünfte Ebene ist die Ebene, die wir das „Paradies“ nennen würden! Alles ist sehr hell, die Farben sind sehr intensiv, hier kann man überall Schönheit und Harmonie antreffen und spüren.
Viele Geistige Wesen, die sich um Vollkommenheit bemüht haben, diese hochentwickelten edlen Seelen sind hier alle anzutreffen. Religiöse Gemeinschaften aus allen Ländern finden sich hier in ihren Gruppen zusammen und sind miteinander „paradiesisch“ glücklich.
Hier gibt es Zonen oder Bereiche, in denen Kunst, Musik und Inspiration existieren, hier leben viele Komponisten, Künstler und Autoren, kurzum alle, die ihre kreativen Fähigkeiten nach besten Kräften genutzt haben.
Auf dieser Ebene gibt es auch eine Zone, in der kleine Kinder leben, um die sich engelsgleiche Wesen kümmern. Wenn sie es wünschen, können sie ab und zu zur vierten oder gar dritten Ebene wechseln, um andere Familienmitglieder oder Freunde zu besuchen. Das geschieht, indem sie die Frequenz ihrer Schwingungen durch mentale Projektion verringern. Ein ähnliches Verfahren wenden jene an, die mit unseren irdischen Schwingungen in Kontakt kommen oder sich auf sie einstimmen wollen.
Auf den höheren Regionen der fünften Ebene befinden sich die Geistigen Führer und Geistigen Lehrer. Sie erhalten höhere Lehren von Höheren Meistern aus der sechsten Ebene.

Sobald jemand diese Ebene erreicht hat, wünscht er normalerweise nicht mehr, auf der Erde wiedergeboren zu werden. Diese höher entwickelten Wesen verbringen oft viele Jahre hier. Sie lernen, sie lehren, sie leben in Liebe, Harmonie und Licht. Viele besuchen die

Zonen unter ihnen und haben das Bedürfnis zu dienen und zu helfen oder zu lehren – auf sanfte, natürliche Weise. Viele dieser Wesen stehen uns zur Verfügung, sie leisten den Menschen auf der Erde Beistand, sie führen und beeinflussen uns, wenn wir bereit sind, uns ihnen zu öffnen. Die Seelen auf der fünften Ebene verbringen hier wesentlich mehr Zeit als die Seelen, die auf den unteren Ebenen verweilen. Obwohl es keine Zeit in der Geistigen Welt gibt, wird angenommen, dass manche Seelen tausend Jahre oder mehr hier verbringen.

Auf der höchsten Sphäre dieser Ebene wird die Seele, die dazu bereit ist, den zweiten „Tod“ erfahren. Diese höheren Wesen legen sich nieder und schlafen, sie träumen und erwachen im wirklichen Paradies, welches man die sechste Ebene nennt. Die astrale Form, die auf der fünften Ebene sehr fein und durch ihre stufenweise Entwicklung sehr hell geworden ist, wird während des Übergangs abgelegt. Nun befindet man sich in einem neuen Spirituellen, Ätherischen Körper, dem feinsten und hellsten aller Körper. Dieser Körper besteht nur aus „Licht“, das hell und strahlend leuchtet. Dieses Licht ist für unsere Augen zu hell und zu intensiv, um es ertragen zu können. Auf dieser Ebene befinden sich die Engelswesen, je höher man kommt, desto heller wird es und die Schwingungen werden feiner und leichter. Die höheren Wesen berichten, dass dieses Paradies, wo wir Harmonie, Licht und Liebe antreffen, wo Engelwesen leben, so herrlich und wunderschön ist, dass es nicht mit irdischen Worten zu beschreiben ist. Himmel in jeder Hinsicht!!

Ich habe keine Vorstellung, wie viel Zeit man hier verbringt, ehe man die Grenze überschreitet und in das Einssein mit Gott eintritt. Die siebte Ebene ist in Wahrheit „Nirvana“, der „siebte Himmel“, die höchste Ebene, hier finden wir die größte Kraft – „Gott“. Hier

kennen wir keinerlei individuelle Persönlichkeit, keine Form, wir verschmelzen mit dem Göttlichen Bewusstsein.
Manchmal höre ich von Menschen, die mir erzählen, dass irgend eine Person mit jemanden aus der sechsten oder gar der „siebten" Ebene Kontakt gehabt habe, was völlig unmöglich ist, denn die Energien dieser hohen Ebenen können von Menschen nicht ertragen werden. Genau genommen sind die Ebenen nicht mit „Grenzpfosten" markiert oder mit „Etiketten" versehen, denn jede Zone oder Sphäre scheint ihrerseits eine eigene Ebene darzustellen. Ich glaube, diese Personen halten eine Zone oder Sphäre fälschlicherweise für eine Ebene, was aber durchaus verständlich ist. Sie glauben, sie befinden sich auf der siebten oder sechsten Ebene, aber in Wirklichkeit ist es die sechste oder siebte Sphäre einer anderen Ebene. Wir sollten uns nicht unangemessen mit unserer nächsten Existenz befassen. Alles richtet sich von Natur aus selbst ein! Wir gehen in die Zone auf der Ebene, der wir angehören, die uns entspricht und die wir verdienen.
Falls eine Seele in einer anderen Zone ankommt als einer seiner Lieben zuvor (was sehr selten sein dürfte), ist das jedoch keine „Trennung"; man muss nur sehr intensiv an diesen lieben Menschen denken, weil die Telepathie das Kommunikationsmittel der Geistigen Welt ist, dadurch kann man dann zusammen sein. Jene, die in einer höheren Zone leben, können jederzeit die unteren Zonen besuchen! Dies vollzieht sich blitzartig und völlig natürlich.
In diesem Kapitel habe ich bisher von den klassischen Ebenen gesprochen, in dem nun folgenden möchte ich einige weitere wichtige Punkte erwähnen.

Es ist wichtig zu wissen, dass es in der Geistigen Welt Zonen gibt, wo man sich „ausruhen" oder „erholen" darf. Der Astralleib ist zwar vollkommen, aber wie ich in diesem Buch schon erklärt habe, kann bisweilen ein schwerer Schock Auswirkungen auf das

Nervensystem gehabt haben, oder großes emotionales Leid hat dazu geführt, dass der Astralleib geschwächt wurde. Auch wenn es für uns schwer vorstellbar sein mag, sind diese Zonen für diesen Zweck geschaffen. Ich will jedoch nicht den Eindruck erwecken, dass sich die Seelen nur ausruhen in der Geistigen Welt, denn ich habe schon erwähnt, dass viele Seelen auch in dieser Phase lernen und sich weiter entwickeln.
Das Leben in der Geistigen Welt ist für die meisten Seelen sehr schön. Während wir durch das Schlafstadium gehen, das manche auch als „Fegefeuer“ bezeichnen, werden wir noch einmal mit unseren guten und bösen Taten auf Erden konfrontiert. Uns wird dann bewusst, welche Macht unsere Gedanken gehabt und bewirkt haben. Uns wird klar, welche Auswirkungen unsere Handlungen, aber auch unsere Gedanken auf andere Seelen hatten. Ganz sicher werden wir einige unserer Taten und Handlungen bereuen! In vielen Fällen gibt es hingegen einen Ausgleich, denn die negativen und positiven sowie die Motive unserer Handlungen werden nochmals betrachtet.
Diesem Stadium der Selbstbeurteilung und der Selbsteinschätzung müssen sich alle Seelen aussetzen.
Danach finden wir uns in einer passenden Sphäre auf der Ebene wieder, der wir entsprechend unseres wahren Spirituellen Status angehören. Die Gesetze der Kompensation und Vergeltung für alle guten und bösen Taten auf Erden sind gerecht und können von keiner Seele in der Geistigen Welt umgangen werden.
Eine Kompensation findet insofern statt, weil wir uns auf der Ebene wiederfinden, die unserem Stand und der Spirituellen Entwicklung am besten entspricht. Durch unsere Taten, Handlungen und Gedanken haben wir uns den Ort geschaffen, an dem wir uns einfinden.

Vergeltung: Nachdem das Stadium des Schlafes vorüber ist, haben wir unsere eigene Beurteilung, unsere eigene Einschätzung vollzogen und ein allgemeines Bild von uns erstellt. Viele emotionale Erfahrungen, alles, was uns „seelisch" berührt hat, wird jedoch Nachwirkungen haben. Die wichtigsten dieser Erfahrungen werden mental „wiedererlebt" und sanft und allmählich verarbeitet, bis die wahre Einsicht und das vollständige Verständnis gewonnen sind. Nach dieser Gesamtschau betrachten wir unsere Handlungen aus einer völlig anderen Perspektive.

Erst dann ist ihnen wahrhaft bewusst, welche Kränkungen, Schmerzen und Enttäuschungen sie anderen zugefügt haben. Einige dieser Seelen sind bestrebt, dass man ihnen vergibt und suchen die Versöhnung. Sie erscheinen ihren davon betroffenen irdischen Lieben in „Träumen". Das Problem ist, dass wir uns oft nicht mehr an unsere Träume erinnern können.

Wo ein Medium verfügbar ist, werden viele Menschen auf Erden Botschaften ihrer Lieben aus der Geistigen Welt erhalten. Einige möchten nur sagen, dass es ihnen gut geht und sie uns noch lieben; andere hingegen, die uns Unrecht getan haben, nehmen diese Gelegenheit wahr, sich mit uns zu versöhnen und uns zu sagen, dass es ihnen leid tut.

Oft ist der *Sitter* erleichtert und antwortet: „Da gibt es nichts zu verzeihen!" oder „Das ist alles Schnee von gestern". Gelegentlich kommt uns der Grund für ihre Besorgnis unerheblich vor, doch oft liegt es daran, dass das Geistwesen seine Gefühle und Liebe seinen Lieben nicht zeigen konnte, was es sehr bedauert.

Diese Phase ist ein wichtiger Lernprozess, eine Reinigung und ein notwendiger Heilungsvorgang. Man kann ihn nicht umgehen, und in den meisten Fällen muss man ihn auch nicht fürchten.

Der zweite Tod taucht in vielen alten Weisheitslehren auf. Ist er der Übergang vom Jenseits zum Himmel? Oder vom Himmel zum Paradies?

Für die Mehrheit der Menschen sollte das Leben in der anderen Wirklichkeit kein Grund sein, sich zu ängstigen, solange sie sich

hier auf Erden bemüht haben, ein anständiges Leben zu führen. Echte Heilige gibt es nur sehr wenige unter uns!
Wir sind alle Menschen und haben deshalb unsere allzu menschlichen Fehler und Schwächen – doch das ist gerade der Grund, weshalb wir hier sind.
Wenn man weiß, dass man jemandem weh getan, ihn gekränkt oder ihm Unrecht zugefügt hat, sollte man sich umgehend bemühen, wieder Frieden zu schaffen.
Wie sehr man auch gelitten haben mag – wenn der Verantwortliche einen um Vergebung bittet oder einfach sagt „es tut mir Leid", ist es schwer, die Entschuldigung nicht anzunehmen. Selbst wenn Schmerz und Kränkung fortbestehen, macht man einen Anfang, wenn man zu verzeihen versucht. Das ist eine Möglichkeit, das Leben auf der nächsten Stufe ein wenig leichter zu machen. Schließlich bezeichnen wir die nächste Welt als die „bessere Welt", und ich meine, dass dies auch so ist.

Kapitel 22

Die Inspirationsebene in der Geistigen Welt

Mehr Menschen als man annimmt, erhalten Inspiration aus der Geistigen Welt, die jedoch sehr unterschiedlich in Qualität und Intensität sein kann. Manchmal schreiben diese Personen einen wichtigen Brief; sie beginnen zu schreiben und plötzlich erhalten sie ganz automatisch Gedanken, die sie ohne darüber nachzudenken, niederschreiben. Am Ende lesen sie den geschriebenen Brief nochmals durch und sind sehr überrascht über das „Geschriebene", denn der Stil und die Qualität indem dieser Brief geschrieben wurde, sind außergewöhnlich. Es ist vielen jedoch nicht bewusst, dass sie inspiriert wurden. Wir alle schreiben oft persönliche Zeilen, wie zu Geburtstagen oder zu Weihnachten, die manchmal eine tiefe Bedeutung haben, obwohl wir nicht ahnen können, dass gerade diese Worte vom Empfänger sehr positiv aufgenommen werden. Es ist nur einigen bewusst, dass sie aus der Geistigen Welt inspiriert werden, für andere dagegen wird dieses „Geschenk" unbemerkt wahrgenommen.

Alle Künstler wie, Komponisten, Dichter, Schriftsteller und Maler sind offen für die Inspiration, obwohl ihnen die Quelle oft nicht bekannt ist. Im weitesten Sinne könnte man sagen, dass es sich auch hier um die Medialität handelt, denn sie empfangen Ideen, Eindrücke, und Gefühle, die sie durch ihre Werke an andere weitergeben. Ein Maler wird zunächst ein Bild, ein Motiv oder ein Thema empfangen und sieht mit seinem inneren Auge die Formen und Farben seines zukünftigen Werkes. Es ist aber durchaus möglich, dass durch seine Individualität das entstandene Bild, von dem ursprünglich erhaltenen Bild, etwas abweicht. Alles im Leben

beginnt auf der Mentalebene, sehr oft erfolgt eine Übertragung auf die physische Ebene, was wir die Wirklichkeit oder die Realität nennen.
Inspiration ist nicht auf Befehl erhältlich, viele Künstler erhalten ihre Inspiration während sie eine schlaflose Nacht verbringen oder bei einem Spaziergang, den sie in der Natur unternehmen. Andere wiederum bemerken, dass sie sehr offen sind für die Inspiration, indem sie sich aus der materiellen Welt zurück ziehen und in ihre innere Welt eintauchen.
Für die Inspiration gibt es keine Barrieren, so kann ein Pastor während seiner Predigt inspiriert werden, oder ein berufener Lehrer wird in seinem Unterricht von höheren Wesen inspiriert. Musiker, Schauspieler, sowie Tänzer werden auf der Bühne sehr oft inspiriert und ihre künstlerischen Darbietungen sind etwas ganz Besonderes.

Wer ist für diese Inspiration verantwortlich und wo ist ihre Quelle?

Sehr oft habe ich in diesem Buch festgestellt – Gleiches zieht Gleiches an! In der Geistigen Welt gibt es sehr viele Seelen, die von uns, durch unsere Fähigkeiten und Begabungen, angezogen werden. Diese Seelen versuchen uns zu unterstützen und sie fordern uns, unsere Begabungen weiter zu entwickeln.
In einigen Fällen kann es sein, dass Menschen hier auf dieser Erde, unbewusst, eine Strahlung aus der Inspirationssphäre der Astral-Welt empfangen. Dieser Prozess ist vergleichbar mit einem Radio, wo sie einen Knopf für den Empfang drücken und einen bestimmten Sender wählen.
Ich habe schon erklärt, dass es auf der fünften Ebene der Astral-Welt, eine bestimmte Sphäre der Inspiration gibt, wo nur Kunst und Kreativität aller Art existiert. Auf der gleichen Ebene gibt es eben-

so eine Sphäre, auf der sich nur religiöse und spirituelle Gruppen eingefunden haben. In vielen Fällen ist es möglich, dass sich jemand hier auf der Erde in die höheren Frequenzen und Schwingungen einstimmt, und empfängt dadurch – Ideen, Gedanken oder Eindrücke von den höheren Wesen aus diesen höheren Sphären. Wir wissen, dass sich alle Fähigkeiten und Begabungen im Laufe der Jahre durch die Übung, aber auch durch die Praxis weiter entwickeln. Der Stil und die Technik verändert sich durch die intensive Inspiration, und die Fortschritte sind im Laufe der Zeit feststellbar. Alles im Leben wächst, alles ist in Bewegung, nichts bleibt stehen – weil alles lebt. So ist das Leben!

Medien erhalten ebenfalls Inspiration aus der Geistigen Welt, egal auf welchem Gebiet der Medialität sie arbeiten. Den Inhalt der Botschaften erhält das Medium aus der Geistigen Welt, wird es jedoch inspiriert, so wird es diesen Inhalt in der entsprechenden Form überbringen. Die Qualität und die Tiefe der Inspiration ist in den verschiedenen Formen der Medialität sehr unterschiedlich, sie ist jedoch besonders stark, wenn es sich um kreative Vorgänge handelt. In der Medialität gibt es keine Grenzen. Betrachten wir zunächst die kreative Seite der Medialität.

Wir wissen, dass es unter anderem sehr kreative Medien gibt, die wir als „Malmedium" bezeichnen. Ein Malmedium zeichnet oder malt die Gesichter oder auch die Gestalt eines geistigen Wesens aus der Geistigen Welt. Leider ist diese Art der Medialität sehr selten geworden. Persönlich kannte ich zwei der bekanntesten Malmedien, in einem Fall habe ich mit einem dieser beiden zusammen gearbeitet; das andere Malmedium kenne ich durch seine Arbeit. Bei dieser Art der Medialität ist es schwer, diese den beschriebenen Kategorien, (physische und mentale Medialität) zuzuordnen. In einigen Fällen handelt es sich um eine Kombination dieser beiden Arten der Medialität. Einige Malmedien erhalten ein mentales Bild vor ihrem inneren Auge und bringen dieses Bild so schnell wie möglich im Rahmen ihrer Fähigkeiten auf ein Stück Papier. In diesem Fall würden wir diesen Vorgang der Mental – Medialität zuordnen. Neben dem Bild welches das Medium empfängt, erhält es außerdem weitere Informationen über die gemalte Person, wie Alter, Sterbeursache, sowie besondere Daten.

Es gibt jedoch andere Malmedien, die nur unter dem Einfluss der Geistigen Welt malen oder zeichnen können. Diese Zusammenarbeit muss stufenweise aufgebaut werden. Das Medium nimmt einen Malstift in die Hand und zeichnet zunächst nur Kreise und Linien, die, wie es am Anfang scheint, keinen Sinn ergeben. Das geistige Wesen muss sich auf die Art und auf die Technik einstellen, diese Anpassung könnte man auch als eine Art Probezeit bezeichnen.

Nach einer bestimmten Zeit nehmen die Kreise und Linien langsam Formen an, aus denen dann Gesichter und Symbole zu erkennen sind. Den schnellen Bewegungen der Hand und der Kraft, die hinter diesen Bewegungen steht, ist kaum zu folgen. In diesem Fall wird das Medium von dem geistigen Wesen geführt, manchmal schließt das Medium seine Augen und ist etwas abwesend. Oft kann man erst am Ende des Vorgangs das entstandene Bild erkennen, deshalb ist diese Art der Medialität der physischen Medialität zuzuordnen.

Persönlich konnte auch ich diese Art der Medialität kennen lernen, wo das Medium während des Malens auch mentale Informationen empfängt, deshalb handelt es sich hier um eine Kombination der physischen und mentalen Medialität. Es gehört zu der Tradition in England, dass zwei Medien zusammen auftreten, das eine Medium fungiert als Malmedium, das andere Medium leitet Botschaften von den jeweiligen Geistwesen, die gemalt werden, an die betreffenden Personen weiter – ist es nicht wunderbar, wenn man ein Bild und außerdem noch eine Botschaft der geliebten Person erhält!?

Einige dieser Medien werden von großen Meistern der Malerei inspiriert und geführt.
Diese Art der kreativen Medialität ist nicht nur auf das Malen begrenzt, wir finden sie auch in der Musik und durch das geschriebene Wort.
Die musikalische Medialität kommt heute nur noch sehr selten vor, das bekannteste, leider verstorbene, Musikmedium war Rosemarie Brown. Sie hat Werke von großen Komponisten aus der Geistigen Welt niedergeschrieben, obwohl sie keine musikalische Ausbildung hatte.
Experten haben festgestellt, dass die niedergeschriebenen Werke, tatsächlich den Werken verschiedener großer Komponisten ähneln. Sehr oft habe ich gehört, wie Sänger oder Musiker gesagt haben, dass sie nur unter Einfluss der Geistigen Welt singen oder spielen können.
Das inspirierte Schreiben (mentale Medialität) gehört heute zu der häufigsten Art der Medialität. Gedanken werden niedergeschrieben, teilweise handelt es sich um persönliche Durchsagen eines geliebten Geistwesens aus der Geistigen Welt, aber es werden auch symbolische, poetische und spirituelle Botschaften übermittelt.
Außerdem kennen wir noch das automatische Schreiben, (physische Medialität) bei dem die Hand des Mediums von dem geistigen Wesen geführt und beeinflusst wird. Auch hier spielt die Inspiration eine gewisse Rolle.
Die Inspiration ist für uns alle offen, sie ist ein wunderbares Geschenk der Geistigen Welt.

Kapitel 23

Können böse Geister uns etwas antun

Von Zeit zu Zeit hört man Geschichten von Menschen, die angeblich von einem geistigen Wesen gestört werden oder sogar besessen sein sollen!
Es werden viele Horrorfilme gedreht und genauso viele einschlägige Bücher geschrieben, weil einige Menschen den Nervenkitzel brauchen und ohne Spannungen nicht mehr leben können. Durch ein solches Szenario vergessen viele für eine Weile die Wirklichkeit. Jede fiktive Geschichte hat ihren Ursprung in wahren Begebenheiten.
In der Geistigen Welt gibt es Ebenen, wo „Licht" herrscht; es gibt aber auch Ebenen, wo es dunkel ist! In unserer Welt gibt es „Gutes" und „Böses". Das ist das Gesetz von Yin und Yang. Wenn alles im Fluss ist, herrscht ein Gleichgewicht zwischen Licht und Dunkelheit. Wird eine Energie jedoch stärker als die andere, ist das Gleichgewicht gestört und es überwiegt entweder nur das „Gute" oder das „Böse".

Im Laufe der Jahre gewinnt ein Medium durch seine Arbeit an Erfahrung und kann deshalb auch Menschen besser beurteilen, die behaupten, sie wären von einem Geistwesen geplagt oder belästigt worden. Viele wollten mich davon überzeugen, dass sie von einem bösen Geist besessen sind. Meine Meinung ist: Es gibt nur wenige Beispiele von Besessenheit! Jeden einzelnen Fall von „angeblicher Besessenheit" konnte ich letztendlich aufklären. In nur ca. 5 % aller Fälle war an Besessenheit zu denken; und ich meine wirklich „denken"!

Im Vergleich zu Deutschland gibt es in England weitaus weniger Menschen, die behaupten, von einem Geistwesen besetzt zu sein. Ohne jemandem nahe treten zu wollen, scheint das fehlende Verständnis und die daraus resultierende Angst für solche Äußerungen ausschlaggebend zu sein.
Das ist darin begründet, weil Deutschland eine geschichtliche Vergangenheit zu bewältigen hat und es bisher keine *Spiritualist Church* gab, in der Medien dienen, weshalb die Tradition der „Medialität“, wie sie überall auf der Welt gepflegt wird, nicht existiert.
Deshalb möchte ich meine Kenntnisse mit meinen Lesern teilen, wobei ich hoffe, dass ich Ihnen alles das von mir Gesagte verständlich darstellen kann.

Ich erinnere mich, dass während meiner Ausbildung einer meiner Lehrer, ein fantastisches Medium mit einer Fülle von Spirituellen Kenntnissen, uns immer sagte, „es gibt keine echten Fälle von Besessenheit, sondern nur Zwangsvorstellungen“!
Ich bin mir nicht ganz sicher, ob diese Aussage richtig ist. Ich weiß, dass dieser Lehrer in all den Jahren seiner Tätigkeit niemals einen Menschen mit wirklicher Besessenheit durch ein niedrig entwickeltes Geistwesen erlebt hat, und auch ich kann Ihnen kein einziges Beispiel nennen, ebenso wenig wie meine zahlreichen Berufskollegen in England.
Das heißt jedoch nicht, dass es so etwas nicht gibt. Ich glaube aber, dass viele Personen fälschlicherweise als „besessen“ abgestempelt wurden. Betrachten wir einige der möglichen Erklärungen für diesen Irrtum.

In der Regel konsultieren mehr Frauen (ca. 80 %) als Männer ein Medium. Ich selbst kann nur von zwei Männern berichten, die mir erzählt haben, dass sie die Anwesenheit eines bösen Geistwesens spürten.

Demgegenüber stehen unzählige Fälle, in denen Frauen mir erzählten, dass sie von einem Geistwesen geplagt und belästigt werden, oder besessen seien.
Nach sorgfältiger Prüfung jedes einzelnen Falles sind mir psychische Zusammenhänge der betroffenen Personen aufgefallen.
Die Damen waren in ihrem Privatleben fast immer unglücklich. In der Regel lebten sie allein, häufig war der Ehemann verstorben, die Partnerschaft zerbrochen oder sie bestand noch, doch weil das Zusammenleben alles andere als harmonisch war, fühlten sich auch diese Personen „allein".

Ich habe viele traurige Geschichten gehört, etwa, dass eine Dame ihre Mutter oder ihren Vater jahrelang pflegte. Dass sie ihr eigenes Leben aufgab, um ihre Pflicht zu tun und sich dieser Aufgabe uneigennützig hingab! Andere berichteten mir, die „seltsamen Dinge" wären nach der Scheidung oder nachdem die erwachsenen Kinder das Haus verlassen hatten, aufgetreten.
Wie Sie sehen, empfinden alle Personen eine große Traurigkeit, Einsamkeit, haben eventuell Depressionen, und außerdem fühlen sie sich unerwünscht oder haben das Gefühl, nicht geliebt zu werden.
Es ist gut zu verstehen, dass sich viele sensitive Seelen verlassen vorkommen, und sie deshalb ihre Mitte verlieren. Sie treten aus dem „Licht". Viele dieser Menschen sind emotional ausgelaugt und leiden an Depressionen, die oft unerkannt bleiben.
Diese Menschen isolieren sich selbst und wollen niemanden an sich heranlassen. Sie klagen auch über Schlafprobleme und essen unregelmäßig. Sie werden unkonzentriert und verlieren sich in „Tagträumen." Sie blicken sehr oft in ihre Vergangenheit zurück, was dazu führt, dass sie eine Weile den Kontakt mit der Wirklichkeit verlieren.
Diese nervöse Erschöpfung und die dadurch ausgelöste Vorstellung „besetzt zu sein" hat ihren Ursprung nicht in der Geistigen Welt.

Diese Menschen benötigen „Ruhe“ und eventuell medizinische Hilfe, auch wenn sie nicht wirklich psychisch krank sind.
Andere von mir beobachtete Fälle ähnelten den oben beschriebenen, hatten aber ihren Ursprung in der Geistigen Welt. Diese wollen wir uns nun näher ansehen.

Wir alle haben einen Schutzengel, doch durch unseren „eigenen freien Willen“ lösen wir uns bisweilen ganz unabsichtlich von ihm und können deshalb seine Liebe und seinen Schutz nicht mehr spüren. Für die Mehrheit der Seelen ergibt sich daraus kein Problem, weil er mit bedingungsloser Liebe an uns gebunden ist. Es hängt immer nur von uns ab, ob wir ihn spüren oder nicht. Seine Aufgabe wird dadurch keineswegs behindert oder beeinträchtigt.
Unser geistiger und emotionaler Zustand ist in unserer Aura sichtbar. Bei den oben erwähnten Beispielen würde die jeweilige Aura weniger hell und vibrierend wirken, sowie stumpf, leb- und lichtlos aussehen. Unser Schutzengel verlässt uns nie, doch in den beschriebenen Fällen erzeugen die Menschen durch ihre eigenen negativen Gedanken und durch ihren traurigen mentalen Zustand diese etwas „farblose“ Aura. Das wirkt wie eine Barriere und macht es ihnen unmöglich, die Liebe und schützende Fürsorge nicht nur des Schutzengels, sondern auch anderer lieber Menschen in der Geistigen Welt zu spüren. Aus diesem Grunde fühlen sie sich einsam.

Sehr sensitive Menschen können bisweilen eine Reflektion aus einer entsprechenden Sphäre der Astralwelt widerspiegeln oder empfangen. Das sind „Strahlen“, die jemand mental empfängt. Wer Tagträume hat, meditiert oder nur für ein paar Augenblicke einschläft (Sekundenschlaf), kann gelegentlich Empfindungen und Emotionen von Seelen aus diesen Sphären fühlen, auch wenn das ganz unbewusst geschieht. Normalerweise ist das ganz harmlos und kann bisweilen sogar wohltuend sein.

Wenn dagegen jemand aus dem Licht tritt, (seine Mitte verlässt) und in einen emotional tieferen Zustand absinkt, ist die entsprechende Zone in der Astralwelt möglicherweise keine Sphäre des „Lichts“ mehr, sondern wir sprechen dann von einer „überschatteten Sphäre.“
Die Seelen, die hier existieren, sind höchstwahrscheinlich nicht wirklich böse, sondern haben dieselbe Trauer und Einsamkeit erfahren, die der Mensch auf der Erde gerade durchlebt, und auf diese Weise können die Empfindungen sehr intensiv sein.
Es muss nicht erwähnt werden, dass es den Betreffenden absolut nicht „bewusst“ ist, wenn sie sich auf eine Sphäre mit Seelen einstimmen, die ihrem Leben selbst ein Ende gesetzt haben, oder die aus anderen Gründen hinüber wechselten, aber dennoch emotional unglücklich waren. Diese werden jedoch weiter vorankommen und ins Licht gehen, weshalb ihr gegenwärtiges Verweilen auf dieser Ebene in der Astralwelt nicht von Dauer ist.

Doch weil gleiches sich anzieht, kann das irdische Wesen die Strahlung aus dieser Sphäre empfangen.
Oft sehen diese Personen möglicherweise „Bilder“, und empfinden mentale Eindrücke, die ziemlich aufregend sein können. Dadurch können innere, lange vergessene Ängste wieder an die Oberfläche kommen.
In diesem Stadium geschieht es oft, dass ein Wesen mit ähnlichen Empfindungen aus der Astralwelt wahrgenommen wird.
Sehr sensitive Personen bemerken deshalb die Anwesenheit eines Geistigen Wesens in ihrem Umfeld. Andere können diese Schwingungen und Gefühle, das Unglück und die Hoffnungslosigkeit von dieser Seele in der Geistigen Welt spüren, können diese aber nicht einschätzen. Von einigen wird dieses Gefühl als „negativ“ eingestuft oder als etwas „Böses“ empfunden. Das könnte dann bei manchen Menschen sogar zu der Überzeugung führen, sie seien von

einem „Bösen Wesen“ umgeben, obwohl das in Wirklichkeit nicht der Fall ist. Die Seele hier auf der Erde geht in Resonanz mit einer Seele aus der Astralwelt, die durch sie ihre typischen Denkmuster widerspiegelt.
Zustände dieser Art vergehen oft sehr schnell, doch manchmal sind sie auch von Dauer, was sich dann auf die Psyche der irdischen Person nachteilig auswirkt.
Lassen Sie mich hier nachdrücklich darauf hinweisen, dass solche Fälle extrem selten vorkommen.
Wie Sie wissen, haben wir alle mehr oder weniger ausgeprägt übersinnliche Fähigkeiten, die wir leider oft nicht wahrnehmen. Die meisten sensitiven Personen besitzen die Fähigkeit, weit mehr zu empfinden und zu spüren, als ihnen bewusst ist. Ihr Problem ist es, dass sie wegen ihrer fehlenden Erkenntnis ihre übersinnlichen Wahrnehmungen nicht bewusst erkennen. Deshalb können sie nicht zwischen ihren eigenen Gedanken, Ängsten und Empfindungen und den von äußeren Quellen stammenden Gefühlen, Gedanken und Eindrücken unterscheiden.
Wenn wir gelegentlich bedrückt sind, verlieren wir unseren normalen Widerstand, unsere normale Kraft und die Fähigkeiten zu rationalem Denken. Manchmal wünschen wir uns einfach nur zu sterben! Wir sehen keinen Sinn darin, hier auf Erden weiter zu leben; alles kommt uns so sinnlos vor. Diese Todessehnsucht mag völlig unbewusst sein, kann aber auch in seltenen Fällen die Ursache dafür sein, dass man sich mental auf eine „überschattete“ Zone der Astral welt einstimmt.
Werden so die Reflektionen von Gedanken „mental empfangen“ oder wird man von Strahlen aus einer Ebene der Geistigen Welt „mental beeinflusst“, kann das auch einen positiven Einfluss haben. Viele Menschen gehen in die Kirche und erhöhen durch ihre Verbindung zur Geistigen Welt ihre eigenen Schwingungen und ihre spirituelle Wahrnehmung. Ihre Chakren öffnen sich und dadurch

sind sie bereit die mentalen Strahlen einer höheren Ebene der Geistigen Welt zu empfangen, wo harmonische Schwingungen herrschen, höhere Geistige Wesen oder Engel existieren. Dies wirkt sich äußerst positiv aus und ermöglicht uns, die Liebe Gottes zu spüren. Das erhebt uns, gibt uns unsere fröhliche Stärke zurück und ist segensreich. Diese Wahrnehmung ist in keiner Weise auf die verschiedenen Religionen beschränkt. Diese Effekte können wir auch durch Musik, die Kunst, einen Aufenthalt in der Natur oder dadurch hervorrufen, indem wir etwas tun, was wir mit „gut“ in Verbindung bringen und mit „Licht“ verknüpfen.

Eine andere, ebenso selten vorkommende Möglichkeit ist, dass sehr sensitive Seelen auf der Erde, die aus dem Licht treten und nicht mehr in ihrer emotionalen Mitte leben, tatsächlich ein Geistwesen aus dem Jenseits anziehen.
Da auch ihre Aura trüb und ihr mentaler, emotionaler Zustand traurig ist, werden ihre eigenen Lieben in der Geistigen Welt durch diese „neblige“ aurische Energie sehr schwer zu uns durchkommen. Durch diesen Zustand entsteht die Möglichkeit, dass sie ein Wesen in der Astralwelt mit einer ähnlichen emotionalen Empfindung aus den „überschatteten“ Gebieten in den unteren Zonen der dritten Ebene anziehen. Es könnte dann sehr wohl sein, dass ein Geistwesen sich diesem Menschen nähert, weil es die gleichen Gefühle der Einsamkeit, des Unglücks und der Verzweiflung erlebt hat. Möglicherweise möchte es denjenigen sogar trösten, ihm mitteilen, dass er/sie mit seinem Leid nicht allein ist, und dass auch andere ähnliche Qualen erlitten haben. Doch leider sind solche Geistwesen unfähig Trost zu spenden, weil sie noch nicht so weit entwickelt sind.
Andere „weniger entwickelte Geistwesen“, die nicht böse sind, aber noch wenig Wissen besitzen, verspüren den Wunsch, uns zu „necken“ und halten das vielleicht sogar für einen großen „Spaß“! Man darf

nicht vergessen, dass diese Seelen später weiter ins Licht gehen, denn sie passieren nur zur Zeit diese „schattigeren“ Zonen der Geistigen Welt. Jede Geistige Kommunikation, die mit ihnen zustande kommt, dürfte deshalb sicherlich nicht von Dauer sein.
Häufig sind Menschen mit Suchtproblemen ebenfalls dafür prädestiniert, solche negativen Erscheinungen aus der Astralwelt anzuziehen. Leider ist das nicht so selten der Fall und betrifft Drogensüchtige, Alkoholiker und Anhänger anderer Laster.
Drogen und Alkohol können das Band zwischen dem physischen Körper und dem Astralleib lockern. Viele verlieren teilweise die Kontrolle oder das Gefühl für den physischen Körper und stimmen sich folglich auf die Astralebene ein – wenn das geschieht, sehen sie oft Dinge und Wesen aus der Astralwelt. Manchmal nehmen sie mentale Vorstellungen oder Eindrücke von dort auf. Gelegentlich kann es sogar vorkommen, dass sie ein bekanntes oder unbekanntes Geistwesen „sehen“.
Ein Sprichwort besagt: „Betrunkene sagen die Wahrheit“, weil sie die Realität zu ihrer Gefühlswelt verloren haben und unbewusst Gefühle und Eindrücke aus der Astralebene wahrnehmen! Menschen, die Drogen konsumierten, dürften illusionäre Erlebnisse gehabt haben. Drogenabhängige und Alkoholiker sehen manchmal „Schlangen“, „Monster“ und „schreckliche Dinge“, was sie veranlasst, noch einen Drink und zusätzliche Dosen von Suchtmitteln zu sich zu nehmen, nur um diese grässlichen Bilder nicht mehr zu sehen.
Von anderen müssen wir sagen, dass sie die Möglichkeit haben, abgesehen von den Wirkungen der Drogen und des Alkohols, die Strahlen von einer der niedrigen Ebenen in der Astralwelt zu empfangen. An der Spitze stehen hier jene verstorbenen Seelen, die stark abhängig waren und in die Geistige Welt hinübergewechselt sind. Um dort Fortschritte zu machen, benötigen sie Zeit, und es könnte gut sein, dass sie bisweilen von ihren alten irdischen

„Gewohnheiten“ und von ihren irdischen Freunden angezogen werden, die sie nur schwer loslassen. Vielleicht ermuntern solche Seelen ja einen irdischen Kumpel, noch einen zu trinken oder dies oder jenes zu tun. Wir dürfen nicht vergessen, dass auch diese Seelen lernen und Fortschritte machen. Wenn es an der Zeit ist, werden sie in eine andere Sphäre weitergehen und schließlich das Interesse an ihren Besuchen auf der Erde und ihre irdischen Gewohnheiten verlieren. Sie werden jedoch durch andere ersetzt, die in die Geistige Welt hinüberwechseln!

Was können wir tun, um in solchen Fällen zu helfen?
Betrachten wir zunächst die Ursache der Drogenabhängigkeit, dann können wir über Heilmethoden und Lösungen reden.
Die Behandlung von Sucht ist ein Thema, das außerhalb meiner Qualifikation als Medium liegt; es gibt sehr viele Spezialisten, die diese Aufgabe erfüllen, auch wenn das bisweilen sehr schwierig ist. Wo aber der Wille vorhanden ist, die Sucht aufzugeben und zu bekämpfen, und wo die Betroffenen die richtige Hilfe und Unterstützung erfahren, ist nichts unmöglich. Viele Menschen finden dann wieder den Weg ins normale Leben zurück.
In den restlichen Fällen liegt der Grund darin, dass sensitive Menschen einfach aus dem „Licht“ herausgetreten sind. Wir müssen die betreffende Person wieder ins „Licht“ zurückstellen und sie emotional ins Gleichgewicht bringen. Ich habe viele Fälle erlebt, in denen sich alles ganz natürlich von selbst geregelt und der Betreffende seine emotionale Kraft allmählich wiedererlangt hat. Manchmal haben sie einen neuen Partner getroffen oder einen neuen Freund gefunden. In anderen Fällen war ein Umzug von entscheidender Bedeutung. Auch ein Besuch bei einem Arzt, der die entsprechenden Medikamente verordnet hat, kann hilfreich sein. Selbst ein gelungener freier Tag, ein langer Spaziergang in der Natur können positiv wirken. Mit homöopathischen oder natür-

lichen Kräuterheilmitteln stehen ebenso viele alternative Behandlungsmöglichkeiten zur Verfügung, die man über einen Heilpraktiker oder einen anderen Therapeuten erhält. Sie benötigen Heilung, sehr viel Verständnis, Liebe und Unterstützung. Außerdem gibt es viele Selbsthilfegruppen und andere Alternativen, auf die man zurückgreifen kann.

Gebete und die Unterstützung durch einen Pastor oder Priester sind in vielen Fällen sehr hilfreich. Wenn ein Medium erreichbar ist und die betreffende Person wirklich von einem Geistwesen geplagt oder belästigt wird, kann das Medium dem Geistwesen in deutlichen Worten zu verstehen geben, „zu verschwinden, und zwar schnell". Das kann man auch selbst machen – indem man sagt: „Hau ab! Verschwinde, lass mich in Ruhe!" Glauben Sie bitte nicht, ich hätte schlechte Manieren, aber mit solchen Wesen muss man immer im „Klartext" reden.

Die meisten Menschen geraten im Laufe ihres Lebens zeitweilig aus dem Licht. Das ist wahrlich kein Grund, sich Sorgen zu machen. Wir alle durchleben schwierige Zeiten, kritische Perioden, in denen wir keinen Sinn mehr darin sehen, weiterzuleben. Aufgrund verschiedener Lebensumstände erleiden wir schwere Kränkungen, Enttäuschungen und Schmerzen. Dazu kann auch gehören, dass jemand, den wir sehr geliebt haben, einen Schritt vorwärts in die nächste Dimension des Lebens getan hat.
Mediziner sagen, dass die meisten Menschen im Laufe ihres Lebens mit psychischen Erkrankungen konfrontiert werden – entweder ist man selbst, oder es ist jemand in der Familie oder aus dem Freundeskreis betroffen. Es könnte einfach nur eine milde Form der Depression, ein anderes leichtes Leiden sein, doch manchmal kommt es auch zu ernsteren psychischen Krankheiten, die behandelt werden müssen. Es ist keine Schande, krank zu sein, denn für

sensitive Seelen ist das Leben hier auf Erden oft sehr hart. Großer Stress, Überarbeitung und andere Schwierigkeiten lassen es wirklich verständlich erscheinen, wenn einem einmal alles zu viel wird. In diesen Fällen ist es sehr wichtig, über diese Situationen sprechen zu können. Es gibt viele Leute, die alles in sich verschließen, die sich schämen, Hilfe zu suchen und besorgt sind, was andere von ihnen denken könnten. Wenn jemand bereit ist, um Hilfe zu bitten, so wird ihm immer geholfen. „Bitte, so wird dir gegeben."
Ob jemand ärztliche oder psychiatrische Hilfe benötigt, ob es sich um jemanden handelt, der in gewisser Weise von der Geistigen Welt beeinflusst wird, ist bisweilen nicht ganz einfach zu unterscheiden. Es kommt vor, dass etwas nicht erkannt oder missverstanden wird, während manchmal wirklich eine Kombination beider Bereiche oder ein Grenzfall vorliegt. Selbst für Fachleute ist das nicht immer leicht auseinander zu halten.
Viele Ängste und Vorstellungen entstehen oft aus einem Zustand der Übermüdung. Wenn jemand wirklich „geschafft" ist, wird der Eindruck verstärkt, ernstlich krank zu sein, oder man glaubt, ein geliebter Mensch sei unaufrichtig und habe die Absicht, einen zu verlassen. In diesem Zustand kann das Gefühl entstehen, das eigene Geschäft oder die Anstellung zu verlieren. Alle Arten von Problemen und Sorgen können viel Schmerz verursachen, viele schlaflose Nächte, sind die Folge, auch das könnte die Ursache sein, für eine Weile aus dem schützenden Licht „herauszugleiten". In solchen Zeiten ist es verständlich, wenn wir schlecht schlafen und unangenehme Träume oder gar Alpträume haben. Kein Wunder, wenn wir den Eindruck haben, wir könnten nicht länger mit unserem Leben „weitermachen" – obwohl das Leben mit Gottes Hilfe weitergeht.

Ich werde oft gefragt, ob es einem bösen Geist möglich ist, von jemandem Besitz zu ergreifen. Ich habe, wie schon gesagt, noch nie einen solchen Fall erlebt, obwohl viele Menschen versucht haben,

mir einzureden, sie seien selbst besessen! Weil es die „Hölle" gibt, weiß ich, dass dort sehr üble und bösartige Seelen existieren, und auch auf Erden leben solche Seelen unter uns. Es stellt sich die Frage, wo doch „Gleich und Gleich" einander anziehen: „Sind diese irdischen Wesen negativ beeinflusst?"
Man müsste ein wirklich sehr böser Mensch sein, damit sich ihm ein böser Geist überhaupt nähert. Bekanntlich suchen sie nicht das Licht, sondern werden von Gleichem angezogen – von der Dunkelheit, von jenen mit ähnlichen Interessen und einer ähnlichen bösen Geisteshaltung. Stellen wir uns an dieser Stelle die Frage: „Was hätte ein böses Geistwesen zu gewinnen, wenn es von einem normalen irdischen Wesen Besitz ergreift?"

Das Thema Sucht haben wir bereits besprochen. Es ist verständlich, wenn ein Geistwesen, dessen Sucht oder Abhängigkeiten während seiner Erdenzeiten sehr intensiv waren, vielleicht eine irdische ebenfalls süchtige Person aufsucht, um sich diesem Laster erneut nähern zu können. Jemand, der vom Bösen durchdrungen ist, möchte möglicherweise dieses „Böse" mit der Hilfe eines irdischen Wesens weiter verbreiten – wenn diese Person ein passendes „Werkzeug" dazu ist.
Außerdem gibt es zahlreiche „erdgebundene Seelen" in der Geistigen Welt, die sich „zur Erde hingezogen" fühlen. Manche davon sind emotional verwirrt, einigen fällt es schwer, die Bindungen zur Erde loszulassen, weil sie sich von ihren Lieben nicht trennen können. Deshalb versuchen sie alles, um dort gespürt oder erkannt zu werden. Dies sind jedoch Ausnahmefälle. Normalerweise sind jene, die hinüber gegangen sind, mehrheitlich glücklich in der Welt des Lichts und beabsichtigen nicht, irgendjemanden hier auf Erden zu peinigen.
Für ein Geistwesen wäre es ohnehin unmöglich, von einem durchschnittlichen irdischen Menschen Besitz zu ergreifen – sein auri-

sches Feld wirkt wie eine Barriere, und auch der Schutzengel verhindert solche „Besetzungen“. Außerdem gilt auch hier das Gesetz „Gleiches zieht Gleiches“ an.

Sehr oft wird über sogenannte „Walk-ins“ geredet. Wir wissen, dass Patienten auf der Intensivstation, Menschen, die im „Koma“ liegen oder Menschen, die frisch operiert oder bewusstlos sind, bisweilen ihren physischen Körper verlassen und in ihren Astralleib wechseln. Nach der Theorie dieser „Walk-ins“ benutzt jemand, der gerade verstorben ist, den leeren physischen Körper eines anderen Patienten, der zu dieser Zeit gerade in seinem Astralleib verweilt.
Jeder, der etwas von der Geistigen Welt und ihrer Schönheit weiß, wird jetzt denken, „was für ein Riesenquatsch“! Ist das Leben hier auf Erden denn so wünschenswert, um die Hülle eines fremden und kranken Menschen zu benutzen? Was ist das dann für eine Lebensqualität? Wie wir alle wissen, ist der Tod ein natürlicher Vorgang, der vorgegeben ist. Jede Seele wird in die nächste Dimension des Lebens begleitet. Viele Menschen glauben auch, es würden Seelen auf Erden wandeln, die nicht bemerken, dass sie „tot“ sind! Dabei handelt es sich um Personen, die durch Unfälle oder andere Ursachen sehr plötzlich verstorben sind. Oft glauben die Leute, solche Seelen seien für verschiedene unerklärliche Aktivitäten hier auf Erden verantwortlich. Nun könnte es zwar durchaus sein, dass in sehr seltenen Fällen eine Seele, die durch einen Unfall einen Schockzustand erlitten hat, die Erde nicht auf der Stelle verlässt, doch dieser Zustand ist nicht von Dauer. Schon bald wechseln auch sie in das Schlafstadium, ich habe bereits darüber geschrieben, und anschließend treffen sie ihre Lieben in der Geistigen Welt.
Solche Geschichten existieren, obwohl es keinen überzeugenden Beweis dafür gibt, und sie erregen viel Aufsehen, obwohl sie wenig oder gar keine Wahrheit enthalten. Wenn Menschen keine logische Erklärung für etwas finden, was sie nicht akzeptieren wollen, flüch-

ten sie sich in Erklärungen wie Schwarze Magie, Besessenheit oder gar einen bösen Fluch.

Ich erinnere mich, dass während meines Musikstudiums eine reizende junge Dame, die ebenfalls Musik studierte, mir ihren Freund vorstellte. Wir besuchten zu dritt ein Konzert und „landeten" später in einem Pub, um in Ruhe noch etwas zu trinken. Die beiden erweckten in mir das geradezu perfekte Bild einer jungen Liebe. Meine Freundin verfügte über eine wundervolle Sopranstimme; mit ihrem hübschen rotbraunen Haar war sie sehr attraktiv. Ihr Freund war groß, dunkelhaarig und gutaussehend – sie waren ein schönes Paar.
Nach diesem Abend sahen wir uns sehr wenig, sie machten einander fleißig den Hof. Ich trat regelmäßig in Konzerten auf, außerdem arbeitete ich in verschiedenen Kirchen. Meine Freundin wollte ihren Freund heiraten, sobald sie ihr Studium abgeschlossen hatte. Er war bei einer großen Versicherungsgesellschaft angestellt und verdiente sehr gut.

Eines Abends war ich erschrocken, als ich ihn allein in einer *Spiritualist Church* traf – auch er war schockiert, mich als arbeitendes Medium zu sehen! Nach dem Gottesdienst gingen wir noch zusammen auf einen „Drink". Er bat mich, seiner Freundin Jayne nicht zu sagen, dass wir uns in einer *Spiritualist Church* getroffen hatten. Dann erzählte er mir, dass sie Baptistin sei und die Medialität und die dazugehörigen Gottesdienste ablehnte. Ich versprach meinem Freund diskret zu sein. Als sie eines Tages davon erfuhr, dass er sich für den Kontakt mit dem Jenseits und für andere spirituelle Themen interessierte, war sie darüber nicht erfreut.
Einige Monate später traf ich Jayne, die im Teezimmer des College saß und bitterlich weinte. Sie sah schrecklich aus. Ihr Freund Stephen hatte die Beziehung beendet und sich eine neue Freundin

gesucht. Ich versuchte, Jayne zu trösten, so gut es ging. Ein paar Tage später erzählte sie jedem im College, sie sei jetzt „frei“ und wäre von „Gott“ gerettet worden. Stephen sei der „Schwarzen Magie“ verfallen und hätte versucht, ihre Seele einzufangen! Wie der Zufall es wollte, begegnete ich ihm mit seiner zukünftigen Frau in einer *Spiritualist Church* in London. An diesem Tag war ich nicht als Medium tätig. Er war nicht besonders erfreut, als er mich sah, sondern wirkte eher peinlich berührt, und stellte mich verlegen seiner neuen Freundin vor.

Einige Monate später heirateten sie in der *Spiritualist Church*, in der wir uns in London trafen. Meine Freundin erzählte noch monatelang, wie froh sie sei, wieder allein zu sein, weil sie dem Teufel nur mit größter Mühe entkommen war. Stephen sei der „Schwarzen Magie“ verfallen.

Mit dieser wahren Geschichte möchte ich meinen Standpunkt wieder bekräftigen: Ich habe oft Menschen getroffen, die mit irgendeinem Thema nicht zurechtkamen; sie fanden keine logische Erklärung dafür und kamen dann zu dem Schluss, es handelt sich um „Schwarze Magie“, „Besessenheit“ oder einen „bösen Fluch“.
Über die Praktiken der „Schwarzen Magie“ weiß ich nicht sehr viel, aber so wie es Mächte des Lichts gibt, muss es auch Mächte der Dunkelheit geben. So, wie positive Gedanken kreativ und produktiv sind, erzeugen negative Gedanken destruktive Energien.
Stephen war nicht bereit, seine religiösen Überzeugungen aufzugeben und Baptist zu werden, während Jayne nicht bereit war, seine Kirche auch nur einmal aufzusuchen und sich auch keine Mühe machte, sich mit den Grundlagen des Spiritualismus zu befassen. Stephen hatte auf keinen Fall eine Ahnung von schwarzer Magie und war überhaupt nicht böse. Damals waren wir alle etwa zwanzig Jahre alt und vielleicht waren Stephen und Jayne einfach noch zu

jung, um sich mit diesen schwierigen Themen intensiv auseinander zu setzen.
Möglicherweise waren es auch das Ego oder die Eitelkeit, weshalb sie sich dieser Diskussion nicht stellen konnten? Mit dem Verdacht der „Schwarzen Magie" versuchte Jayne sich zu trösten und die Wahrheit zu verdrängen.

Ich kann meinen Lesern nicht sagen, wie oft mir solche Geschichten schon widerfahren sind. Viele Menschen können nicht akzeptieren, dass ihr Partner sich einem anderen Menschen zuwendet. Viele Personen haben ihre Anstellung, vielleicht auch die Wohnung verloren, bei anderen ist die Ehe zerbrochen oder die Kinder haben sich von ihnen abgewandt. Einige Menschen sind nicht bereit, den Fehler bei sich selbst zu suchen. Sie sind unfähig der Wahrheit ins Gesicht zu schauen. Sie reden über Schwarze Magie, Besessenheit oder böse Flüche, wissen aber gar nicht, worum es dabei geht.

Es gibt Heiler, die behaupten, sie könnten Besessenheit vertreiben. Andere hingegen vermehren nur die Angst und kommen sich bedeutend vor, weil sie angeblich imstande sind, einen Menschen von der Besessenheit zu befreien. Wie oft haben mir Leute gesagt: „Während des Besuches auf einer esoterischen Messe hat mir jemand erzählt, dass meine Aura besetzt ist." Das ist Quatsch, niemand kann von Ihrer Aura Besitz ergreifen! Die Aura spiegelt den psychischen Zustand wider, sie verändert sich ständig mit den Gedanken und Stimmungen. Durch die Aura kann man das allgemeine Wohlbefinden einer Person erkennen. An den Farben lässt sich der emotionale und physische Zustand feststellen. Einige Personen behaupten, sie könnten böse Geister in der Aura erkennen und den Betroffenen von diesen Geistwesen befreien. Wieder andere behaupten, aus dem Aurafeld auf frühere Inkarnationen schließen zu können. Unmöglich! Vorsicht, solche Leute arbeiten mit

Täuschungen. Aus der Aura lässt sich möglicherweise ein Hinweis emotionaler Empfindungen auf ein früheres Leben ableiten, aber das ist auch schon alles.

Es gibt Menschen, die mit Amateur-Séancen herumspielen, aus Neugier versuchen sie mit der Geistigen Welt zu kommunizieren, ohne eine Ahnung von der Medialität zu haben. Eigentlich möchte ich diese Leute fragen: „Würden Sie bei offener Haustür zu Bett gehen? Vollkommen Fremden erlauben, in ihre Wohnung zu spazieren?“ Kein Wunder, dass manche Leute bei solchen Gelegenheiten unterentwickelte Geistwesen anziehen.
Mein Rat an alle: Respektieren Sie die Geistige Welt und überlassen Sie die Kommunikation denen, die als Medien ausgebildet sind und wissen, was sie tun! Wie können wir helfen, wenn jemand wirklich besessen ist und ein unterentwickeltes Geistwesen angelockt hat? Ich habe schon erklärt, dass ich nie mit einem echten Fall von Besessenheit zu tun hatte. Wenn es so etwas wirklich gibt, dann gibt es nur zwei Möglichkeiten, den Betroffenen von dem bösen Geist zu befreien. Der erste Weg wäre ein Medium aufzusuchen und der zweite Weg ist, man wendet sich an die Kirche.

Ein Priester oder Pastor wird dieses Thema auf seine eigene Art und Weise behandeln. Man muss beten und die betroffene Person wieder ins Licht zurückführen. Danach sollte eine Heilung folgen, die mit weiteren Gebeten unterstützt wird. Was die Heilung angeht, gibt es viele Möglichkeiten zu helfen. Spirituelles Heilen durch Handauflegen, homöopathische und allopathische Medikamente und oder andere alternative Arzneien.
In den Fällen, wo Menschen aus dem „Licht“ geraten sind, sollten sie versuchen, sich selbst wieder ins Licht zu stellen. Sobald ihnen

das gelungen ist, wird kein unterentwickeltes Geistwesen mehr fähig sein, jemanden heimzusuchen. Die Gründe dafür habe ich schon erläutert.
Man stellt sich mental ins „Licht“. Man sollte lernen, sich zu verschließen und um Schutz beten. Lesen Sie bitte, was ich über das „Sich-Verschließen“ geschrieben habe. Viele Menschen leiden an Depressionen, für die es sehr viele Gründe gibt, sie sind einsam oder niedergeschlagen, aber es kommt absolut selten vor, dass einer dieser Menschen unerwünschte Energien oder ein unerwünschtes Wesen aus der Astralwelt anzieht. Oft sind solche Dinge Einbildung. Dieses Kapitel habe ich geschrieben, um ihr Bewusstsein für diese Themen zu vertiefen.

Die Geistige Welt setzt sich aus sieben Hauptebenen zusammen, die wir in diesem Buch näher betrachtet haben. Nur zwei dieser Ebenen liegen in der Finsternis. Ein Teil der dritten Ebene ist überschattet, doch insgesamt betrachtet ist es ein Bild voller Licht. Es gibt nichts, wovor Sie Angst haben müssten, solange Sie sich darum bemühen, Ihr Leben in Licht und Liebe zu leben. Lernen Sie, um Licht zu beten. Lernen Sie, sich ins Licht zu stellen. Wir sind Lichtwesen, die einen schweren Mantel tragen, wir sehnen uns nach Licht, und unsere Seelenreise wird uns ins „Licht“ führen.
Erst wenn wir die höheren Ebenen im Himmel erreichen, werden wir erkennen, wie hoch das Licht reicht und wie viel Liebe uns dort begegnet!

Kapitel 24

Fernheilung

Während der vergangenen Jahre sind mir sehr viele Menschen auf meinem Weg begegnet, die den ernsthaften Wunsch hatten, der Geistigen Welt zu dienen, um ihren Mitmenschen zu helfen.
Viele glaubten, weder mediale Begabungen noch spirituelle Fähigkeiten zu besitzen. Oft fragte ich mich: „Wie können sie sich dessen so sicher sein?“

Wenn wir seelisch an Weisheit zunehmen, kommen wir spirituell voran, und somit kann unsere spirituelle Entwicklung niemals stillstehen. Dieser Wachstumsprozess mag sich in manchen Fällen sehr allmählich vollziehen, aber er ist unaufhaltsam. Unser Wahrnehmungs- und unser Einfühlungsvermögen sind eng mit dieser Entwicklung verbunden. Einige, die schon einmal an einem medialen Übungskreis teilgenommen hatten, glauben, dass sie wenig Fortschritte gemacht hätten. Dann fragen sie sich ständig, warum das so ist. Vielleicht fehlte ihnen zu dieser Zeit die Geduld oder die äußeren Umstände waren ungünstig. Das können zu viel Stress im Beruf, in der Familie oder auch emotionale Probleme sein! Möglicherweise haben sie zu jener Zeit mit ihrer Energie einen anderen *Teilnehmer* in diesem medialen Übungskreis unterstützt, womit sie ihm für eine kurze Weile in seiner spirituellen Entwicklung beistanden. Es kommt jedoch auch manchmal vor, dass der Zeitpunkt der Ausbildung für den Einzelnen ungünstig war, oder dass die Energien der Teilnehmer in einem Kurs nicht harmonieren und somit einzelnen Personen der Kontakt zur Geistigen Welt erschwert wird.

Aus meiner eigenen Erfahrung weiß ich, dass bei Workshops oft Personen anwesend waren, die über verborgene mediale Fähigkeiten verfügten. Einige von ihnen haben viel zu früh aufgegeben, weil sie den Eindruck hatten, sie seien nicht ausreichend begabt, oder es stellten sich die Resultate einfach nicht so schnell ein, wie sie es gern gehabt hätten. Oft kommen dieselben Personen nach einiger Zeit wieder zu mir in einen Übungskreis zurück und sind mit ihrem Fortschritt viel zufriedener.

Es gibt jedoch auch Menschen, die sich nach einer medialen Ausbildung sehnen, aber durch verschiedene Umstände daran gehindert werden. Auch diese können mit ihrer Energie ihren Mitmenschen helfen. Anderen wiederum wurde in einer kritischen Lebensphase von der Geistigen Welt, einer Kirche, einem Medium oder Heiler sehr geholfen. Solche Seelen wünschen sich, der Geistigen Welt auf irgendeine Weise zu dienen. Sie möchten etwas von dem zurückgeben, was sie bekommen haben. Ihr Wunsch ist es, dass ihren Mitmenschen auch so geholfen wird wie ihnen.

Mit diesem Buch möchte ich deutlich machen, dass es viele Wege gibt, der Geistigen Welt zu helfen. Es gibt immer etwas zu tun! „Arbeitslosigkeit" ist ein Wort, welches ein zentrales Thema unserer Gesellschaft ist. Im spirituellen Sinn gibt es dieses Wort nicht, da wir alle ständig damit beschäftigt sind, auf allen Ebenen zu lernen, auch wenn sich die meisten Menschen dessen nicht bewusst sind. Es gab nie einen „arbeitslosen Spirituellen", und es wird nie einen geben! Denn die Arbeit für die Geistige Welt wird nie ausgehen!

Einer der Wege, den wir alle gehen können, besteht darin, an einer Fernheilung teilzunehmen. Wir sind alle Kinder Gottes, und da Gott die Liebe ist, haben wir alle Liebe in uns. Das Maß mag von Mensch zu Mensch verschieden sein, aber dennoch ist die Liebe die wichtigste Voraussetzung für die Fernheilung.

Was ist Fernheilung?

Anders als bei der normalen Geistigen Heilung, wo der Heiler die Hände auflegt, kann Fernheilung, oft auch Mentalheilung genannt, ohne die Anwesenheit des Patienten stattfinden.

Wie kann man Fernheilung ausüben?

Um Fernheilung ausüben zu können, müssen wir die Außenwelt abriegeln und uns aus der materiellen Welt mit all den Problemen und dem Stress des täglichen Lebens zurückziehen. Wir müssen in die innere Welt des Friedens eintauchen.

Sitzen Sie bequem in einem Armsessel, schließen Sie die Augen und lauschen Sie beruhigender, entspannender Musik. Das kann ihnen helfen, sich mental einzustimmen. Wenn das Gefühl des inneren Friedens gefunden ist, sollte eine sanfte Meditation folgen. Lassen Sie sich folgende Worte durch den Kopf gehen, oder sagen Sie sich einfach leise vor: „Ich bin ein Kind des Universums, Gott ist zugleich allumfassender Vater und Mutter für mich. Da Gott die Liebe ist, bin ich ein Kind der Liebe. Wo Liebe ist, ist Harmonie, und wo Harmonie regiert, werden wir Frieden finden. Lass mich diesen Frieden bis in die tiefste Tiefe meines Seins spüren.“ (Wenn nötig, kann das einige Male wiederholt werden.) Langsam nehmen wir ein Gott- ähnliches Bewusstsein wahr, das uns mit der höheren Welt verbindet. Jetzt sind wir bereit für die Fernheilung.
Zunächst visualisieren wir ein strahlend blaues Licht. Das strahlende Blau ist die heilende Farbe. Wenn dieses blaue Licht vor dem geistigen Auge verbleibt, lassen Sie es die Form eines keltischen Kreuzes annehmen. Bei einem keltischen Kreuz haben Quer- und Längsschenkel die gleiche Länge und schneiden sich in ihrer Mitte.

Es ist ein altes Symbol für die Ewigkeit. Es existierte schon lange, bevor Jesus auf Erden lebte. Dieses heilende Kreuz versinnbildlicht die unbegrenzte Heilkraft, da es in alle Himmelsrichtungen ausgerichtet ist. Die Göttliche Kraft ist älter als das Kreuz und sie ist die größte Kraft im Universum. Jesus nutzte diese Kraft und lehrte uns, dass seine Strahlung auch uns zur Verfügung steht. Diese heilende, göttliche Strahlung ist ein Aspekt dieser wundervollen Kraft.
Wenn Sie an diesem Punkt (visualisiertes keltisches Kreuz) angelangt sind, sollte ein kurzes Gebet folgen. Es gibt eine Menge vorgegebener Gebete, die hier geeignet sind. Sie können aber auch einfach einige von Herzen kommende Worte sprechen. Vielleicht möchten Sie gern von diesem Gebet Gebrauch machen:
„Vater-Mutter-Gott“, in dem wir alle leben und in unserem Sein aufgehoben sind, segne und heile die Menschen, deren Namen wir nun nennen werden, auf der physischen und auf der emotionalen Ebene. Lasse die himmlischen Helfer des Lichtes die heilende Strahlung so anwenden, wie es den Bedürfnissen des Einzelnen entspricht. Gewähre jedem Einzelnen Licht, Verständnis und Besserung.“ Dann sollen die Namen der Personen, die eine Fernheilung brauchen, aufgerufen werden. „Ich erbitte Heilung, Licht, Liebe und Erkenntnis für Helga, für Thomas und für meine Familie.
Ist Ihnen die Person bekannt, visualisieren Sie sie so, wie Sie sie gerne hätten – vollkommen gesund, glücklich und zufrieden. Halten Sie die Person für einen Moment in diesen wundervollen, heilenden Strahl und erlauben Sie ihr, tief in ihn einzudringen. Dann hüllen Sie die Person in eine blaue Wolldecke. Am Ende wischen Sie dieses mentale Bild aus dem Bewusstsein. Trennen Sie sich davon, damit Sie mit der nächsten Person fortfahren können.
Wenn die Heilung suchende Person z. B. im Rollstuhl sitzt, visualisieren Sie sie nicht mit dieser Behinderung, sondern stellen Sie sie sich normal stehend und frei von Schmerzen vor. Sollten Sie den Menschen, für den Sie beten, nicht kennen – Sie wurden z. B. gebe-

ten, Fernheilung für Anna Huber auszusenden, die unter Kopfschmerzen leidet –, dann halten Sie nur diesen Namen unter die heilenden Strahlen. Sie erbitten das Gleiche wie oben und hüllen als Abschluss den Namen in die blaue Wolldecke. Dann bitten Sie Gott und seine himmlischen Engelswesen um Beistand und legen alles in deren Hände: „Von meinen Händen in seine Hände."
Nach dieser Bitte lassen Sie das Kreuz in blaues unendliches Licht zerfließen, so wie es Ihnen zu Beginn des Heilungsprozesses erschienen ist. Sagen Sie für die heilende Strahlung ein kurzes Dankgebet und beenden Sie die Sitzung.

Nun müssen Sie nicht mehr über die Personen nachdenken, die Sie benannt haben, da Sie für die Heilung nicht mehr verantwortlich sind. Überlassen Sie den Heilungsprozess den Höheren Geistwesen und vertrauen Sie darauf, dass die Heilung erfolgen wird. Alles ist in Gottes Händen.
Fernheilung sollte regelmäßig einmal in der Woche stattfinden, falls erforderlich, auch mehrmals. Empfehlenswert ist derselbe Platz zur gleichen Zeit. Man kann Fernheilung alleine, mit einem Freund oder in einer Gruppe praktizieren. Oft ist es in einer kleinen Gruppe leichter; man hat mehr Disziplin, wenn andere dabei sind, und man kann fühlen, dass die Energie etwas stärker ist. Es ist immer eine besondere Freude, mit Gleichgesinnten zusammen zu sein.

Nach allen Formen der Heilung ist es hilfreich, eine Rückmeldung zu bekommen. Man muss geduldig sein, denn manchmal stellt sich der Erfolg erst nach einer Woche ein, in manchen Fällen sogar erst nach einigen Monaten. Gelegentlich zeigt sich der Erfolg zunächst nicht im Körperlichen, sondern auf der astralen (emotionalen) Ebene, die schwerer zu erkennen ist. Jeder Fall ist anders.
Viele Menschen möchten krank sein, obwohl sie sehr schockiert wären, wenn man es ihnen sagen würde. Sie fühlen sich mit

Schmerz und Leid sicher, ihre Krankheit verleiht ihnen eine Art von Sicherheit und Beständigkeit. Dieser Zustand ist ihnen vertraut, vielleicht haben sie viele Jahre so verbracht – ein neuer Zustand, der Zustand des Wohlbefindens, wäre ihnen unbekannt und wird deshalb vielleicht sogar gefürchtet. Einige scheinen die Zuneigung und die Aufmerksamkeit zu brauchen, die die Krankheit mit sich bringt. Es sind oft tiefe Schuldgefühle, Scham, emotionales Unglück sowie Stress die Ursache für viele Erkrankungen. Wir wissen, dass all diese Dinge zuerst auf astraler Ebene (emotional) empfunden und dann auf die körperliche Ebene übertragen werden.

Wenn jemand mit Brustbeschwerden oder mit Rückenschmerzen (physischen Leiden) zum Arzt kommt, wird immer nur der Körper behandelt, aber die tiefer liegenden Ursachen werden oft überhaupt nicht erkannt. In diesen Fällen kann Fernheilung sehr wirkungsvoll sein, da sie auf der astralen Ebene ansetzt, sodass sowohl Körper als auch Geist, also physischer und emotionaler Zustand erfasst werden. Die Heilung setzt allmählich ein, ein großer Teil davon wird nachts stattfinden, wenn der Patient schläft. Da die Heilung sich zum großen Teil auf astraler Ebene vollzieht, wird sie so von jenen leichter akzeptiert, die sich – aus welchem Grund auch immer – selbst bestrafen wollen (zweifelsohne unbewusst).
Viele sagen, dass sie tiefer schlafen, während sie Fernheilung empfangen, und andere wiederum klagen über einen unruhigen Schlaf. Das legt sich gewöhnlich nach einiger Zeit von selbst. Oft berichten Patienten von einem kribbelnden Gefühl im Magen, andere beschreiben dies als Schmetterlinge in der Bauchgegend. Wir wissen, dass der Solarplexus ein strahlenförmiges Nervengeflechtzentrum für alle Empfindungen und deshalb sehr sensibel für Heilmethoden dieser Art ist. Eine Wahrnehmung in dieser Region ist ein Zeichen, dass die Heilung oder der Selbstheilungsprozess begonnen hat.

Manche Menschen sehen während der Heilung ein blaues, purpurfarbenes oder manchmal sogar violettes Licht vor den geschlossenen Augen; sie nehmen den heilenden Strahl wahr. Dieser Strahl ist aber nicht immer zu sehen, dennoch ist er von vielen zu spüren, meist als kribbelnde Empfindung, manchmal sogar vom Kopf bis zu den Füssen. Menschen, die Fernheilung empfangen, berichten jedoch selten über diese Effekte. Wie ich schon sagte, findet ein großer Teil dieser Heilung im Schlaf statt, deshalb können diese Zeichen oft nicht bewusst erkannt werden. Berühren wir jedoch mit unseren Händen den Körper des Patienten, werden diese Empfindungen vermehrt wahrgenommen.

Ich kann hören, wie manche meiner Leser denken: „Was ist mit karmischer Krankheit, was ist mit den Menschen, die eine angeborene Krankheit oder Behinderung haben?“ Wir haben für Heilung, Liebe Licht und Erkenntnis gebetet, damit sie auf allen Ebenen – der physischen, mentalen und emotionalen – wirkt.
Wenn jemand allmählich etwas mehr Licht erlangen kann, wenn Menschen ins Licht gebracht werden können oder lernen, sich selbst ins Licht zu stellen, dann kann ihnen dies helfen, eine schwere Behinderung oder Krankheit zu erdulden. Mehr Liebe zu empfangen, mehr Liebe zu geben und deshalb auch mehr Liebe annehmen zu können, ist ein wichtiger Schritt auf dem Weg der Selbstfindung. Wenn ein Leidender den Grund seiner Schmerzen und Einschränkungen erkennt, wenn wahre innere Einsicht gefunden wird, ist dies allein schon ein bedeutender Heilungsvorgang. Es wäre ein großer Segen, wenn wir tatsächlich alle unsere Wurzeln erkennen und innere Einsicht finden könnten. (Verstand, Körper und Geist). Die meisten von uns erreichen diese Stufe zeitlebens nicht.

Es ist nicht unsere Aufgabe, die Menschen, denen wir Fernheilung erteilen, zu diagnostizieren, zu analysieren oder zu bewerten. Die

höheren Geistwesen wissen am besten was zu tun ist, und wir sollten ihnen vertrauen.
Fernheilung kann von überall ausgesandt werden; keine Entfernung ist zu groß. Tiere, Babys, ältere Menschen im Krankenhaus oder zu Hause können alle diese Heilstrahlen empfangen. Auch Rasse, Hautfarbe oder Glaube spielen keine Rolle.
Es gibt verschiedene Arten der Fernheilung, und hier ist eine weitere Variante.

Nachdem Sie in die Stille eingetaucht sind und ein heilendes Gebet gesprochen haben, stellen Sie sich vor Ihrem inneren Auge eine weiße Wand vor. Zuerst bemühen Sie sich, die Person, für die Sie Heilung ausschicken wollen, so genau wie nur möglich, in voller Gesundheit, in einem glücklichen Zustand und mit einem lächelndem Gesicht, vorzustellen. Mit einem Pinsel malen Sie diese gedanklich an die weiße Wand. Danach stellen Sie sich ein sehr helles Licht vor, wie intensives Sonnenlicht, das in das Bild hinein scheint. Halten Sie das Bild für einige Momente fest. Dann zerstören Sie schlagartig die Wand! Sagen Sie dann diese Worte:
„Vater, nehme diese Person in Deine Obhut und gewähre ihr Liebe, Licht, Heilung und Erkenntnis auf allen Ebenen." Wenn Sie die Person nicht malen können, weil Sie Schwierigkeiten mit dem Aussehen haben oder nur mit dem Namen arbeiten wollen, schreiben Sie nur den Namen in blauer Schrift an die weiße Wand! Nachdem dies beendet ist, vergessen Sie nicht, mit einem Gebet abzuschließen, danken Sie Gott und jenen engelsgleichen Lichtwesen.

Den meisten Menschen mangelt es an Glauben. Wenn Sie einen Brief aufgeben, versehen Sie ihn mit Adresse und Briefmarke. Sie erwarten, dass der Brief befördert wird. Sie haben keine schlaflose Nacht, in der Sie darüber nachdenken: „Habe ich die richtige

Adresse auf den Umschlag geschrieben, habe ich eine Briefmarke aufgeklebt, wird der Briefkasten geleert, wird der Postbote den richtigen Briefkasten an der richtigen Haustüre finden?“
Lernen Sie, alles in Gottes Hand zu legen. Nach der Heilung empfiehlt es sich, sich zu verschließen. Gewöhnlich sollten Sie nach dem letzten Gebet damit fertig sein. In diesem Buch werde ich dieses Thema noch einmal behandeln und erklären, wie man sich in einen Schutzmantel hüllt. Lenken Sie sich nach der Fernheilung ab. Es hilft sehr, wenn Sie fernsehen, lesen, Musik hören, ein Gespräch führen (solange es nicht um Heilung oder Spiritualität geht) – wenden Sie Ihre Gedanken einem völlig anderen Thema zu. Es ist ein wunderbares Gefühl der Erleichterung, alles an die Höheren Geistwesen abgegeben zu haben, die darauf warten und sich wünschen, uns zu dienen. Wer regelmäßig Fernheilung betreibt, bemerkt normalerweise, dass seine eigenen Nöte und Schmerzen verschwunden oder zumindest leichter geworden sind!
Geben und Nehmen ist ein spirituelles Gesetz.

Kapitel 25

Humor in der Geistigen Welt

Auch die Geistige Welt ist in keiner Weise ohne Humor. Jeder der eine Sitzung bei einem Medium erlebt hat, hat sicher bemerkt, dass die Personalität, die individuellen Eigenschaften, der Charme und der Humor, auch in der Geistigen Welt weiter leben. In sehr vielen Sitzungen habe ich Sätze und Ausdrücke an meine *Sitter* übermittelt, die lustige und außergewöhnliche Aussagen hatten, die der *Sitter,* als genau die Worte bezeichnet hatte, die der/die Verstorbene hier auf der Erde auch gebraucht hatte. Er bestätigte mir den Vorgang in der Form, indem er sagte: „Oh, Paul das kann nur meine Mutter sein, denn sie hatte zu ihrer Lebzeit genau diese Worte verwendet, denn sie war sehr schlagfertig. Sehr oft haben wir darüber herzlich gelacht.

Dies ist eines der wichtigsten Erkennzeichen des *Kommunikators* aus der Geistigen Welt, seine Identität durch seinen Humor zu beweisen, weil die Ausdrücke oder der Dialekt nur ihm eigen sind. Viele Menschen stellen sich vor, dass eine mediale Sitzung ein emotionales Erlebnis sein muss, oft fließen die Tränen, ausgelöst durch die Erleichterung, durch die Freude und durch die Bestätigung, dass es den Verstorbenen gut geht. Unsere Geliebten in der Geistigen Welt wünschen sich, dass wir auf der Erde glücklich sind und uns nicht mit Schuldgefühlen, Selbstmitleid oder Sehnsucht, belasten.

Es ist ihnen bewusst, dass Tränen für die Bewältigung der Trauer wichtig sind, denn Tränen lösen die Spannung und den inneren Schmerz. Deshalb versuchen unsere Geliebten uns aufzubauen, indem sie uns auch zum Lachen oder mindestens zum Lächeln bringen.

Wie sagt doch ein Sprichwort: „Weinen und Lachen sind nahe beieinander“, deshalb ist in einer medialen Sitzung eine Mischung von allen Emotionen zu erwarten.
Als ich früher noch für spiritualistische Organisationen gearbeitet habe, kann ich mich gut erinnern, dass ich viele Sitzungen in Häusern oder Wohnungen des jeweiligen Organisators abhalten musste. Sehr oft mussten die *Sitter* in einem Warteraum auf ihre Sitzung warten, manchmal auch in Begleitung eines Angehörigen. Die Stimmung und die Energien in diesem Raum waren nicht besonders gut, weil die Erwartungen, die Nervosität und die Spannung zu spüren waren. In vielen Fällen konnte ich die Gedanken lesen, „Wird meine Mutter sich melden“, „Hoffentlich hat mein Sohn eine Botschaft für mich“ und vieles mehr. In manchen Fällen war die Begleitperson äußerst skeptisch, sie schaute ständig auf die Uhr und dachte, wann können wir endlich dieses Haus wieder verlassen.
In einigen Fällen war aus einer Sitzung lautes Lachen zu hören, die Wartenden waren über diese Situation überrascht, und als der *Sitter* dann lachend aus dem Sitzungszimmer kam, konnten sie aus dem Staunen nicht heraus kommen. Diese Situation kommt in der Regel nur deshalb zustande, weil auf der einen Seite das Medium einen gesunden Humor (welchen die meisten Medien besitzen) mitbringt und auf der anderen Seite die Verstorbenen diesem Humor begegnen. Natürlich ist nicht jede Sitzung von Humor geprägt, jedoch wird in einer Sitzung nicht nur Trost vermittelt, sondern auch ein Effekt der Erbauung erreicht.

Wenn ein Medium in der Öffentlichkeit arbeitet, ist diese Arbeit sehr oft von Humor begleitet. Einige Menschen denken, dass ein medialer Abend keine Show und das Medium kein Entertainer sein sollte. Ehrlich gesagt, ich bin der gleichen Meinung. Lachen, Freude, Musik und Harmonie haben die Wirkung, die Schwingungen im Raum zu erhöhen, durch diese Schwingungen wird im Saal eine positive Stimmung erzeugt, die hilfreich für die Kommunikation mit der Geistigen Welt ist. Trauer, große Erwartungen, Skeptik und Nervosität sind negative Aspekte und können eine Barriere für die Übermittlung der Botschaften sein. Musik, Blumen und Lachen sind dagegen positive Aspekte und fördern die Übermittlung der Durchsagen aus dem Jenseits. Sehr oft habe ich in diesem Buch erklärt, dass die Schwingungen in der Geistigen Welt feiner, höher und schneller sind als hier auf der Erde. Ein Medium muss seine Schwingungen erhöhen und sie den höheren Schwingungen aus der Geistigen Welt anpassen, damit eine mediale Verbindung zustande kommt. Der Humor spielt auch hier eine große Rolle, weil er die richtigen Bedingungen für die mediale Arbeit in der Öffentlichkeit schafft. Oft wird auch ein Medium aus der Geistigen Welt mit Humor inspiriert.

Seit mehr als hundert Jahren wurden in England in einem medialen physischen Hauskreis Lieder gesungen (keine Kirchenlieder) und mit den Händen zum Rhythmus des Gesangs geklatscht, damit die erforderliche Energie aufgebaut wurde. Vor einem solchen Zusammentreffen wurden zu dieser Zeit auch die ersten großen Schallplatten gespielt, in der Annahme, dass die Musik die Geistige Welt anzieht.

Viele Geistige Führer von anerkannten Medien haben einen ausgesprochen guten Humor. Diese haben Zugang zu den höheren Erkenntnissen und Weisheiten, sie sprechen durch ihr Medium in Trance, und übermitteln damit ihre spirituelle Wahrheiten an die Menschen, obwohl die Themen sehr intensiv und ernst sind, sind trotzdem ein gewisser Humor und eine gewisse Schlagfertigkeit zu spüren.

Ich kann feststellen, dass die Geistige Welt immer dort anwesend ist, wo Freude und Harmonie herrscht. Egal ob auf einer Party oder einem anderen Fest, bei dem auch Musik gespielt und getanzt wird, ist die Geistige Welt unter uns. Wie schon gesagt leben sie in einer Welt, wo die Schwingungen höher und feiner sind und wo ebenfalls Freude und Harmonie herrscht, im Vergleich zu unseren Schwingungen, die schwerer sind, die jedoch durch Gebet, Meditation und Musik aber auch durch Freude und Lachen erhöht werden, dadurch ist es der Geistigen Welt leichter, uns näher zu kommen. Es ist nur in ihrem Sinne wenn wir hier auf der Erde lustig und glücklich sind. Sie freuen sich mit uns über unsere Freude.

„Lachen ist die beste Medizin und sie hat keine Nebenwirkungen."
„Gott will, dass seine Kinder glücklich sind, denn er ist der Gott der Liebe."

Bedenken wir, dass ein Medium ständig nur mit Trauer zu tun hat, denn es beschäftigt sich mit dem Tod und der Trauer, sowie mit den irdischen Problemen, die von den Menschen mitgebracht werden und die Hilfe bei einem Medium suchen. Viele Personen denken, dass die Arbeit von einem Medium sehr deprimierend sein muss, es ist deshalb erforderlich und hilfreich, dass ein Medium Schlagfertigkeit und einen guten Humor besitzt. Humor ist immer sehr positiv, solange er nicht beleidigend wirkt und geschmackvoll ist.
Ein Fall ist mir in Erinnerung: Als ich in einem Zug mit einem jüdischen Medium saß, beide waren wir unterwegs zu einem medialen Abend. Plötzlich fuhren wir an einem großen Friedhof vorbei, mein Kollege rief: „Schau mal Paul" dort liegt unsere zukünftige Arbeit, was schätzt du wie viele Sitzungen werden das wohl sein? Zuerst habe ich den Sinn dieser Bemerkung nicht verstanden, aber dann begriff ich, dass es ein Witz war – wir haben beide sehr gelacht!
Er hatte wirklich einen außergewöhnlichen Humor, doch Spaß muss immer sein!

Kapitel 26

Wie man sich medial schließt

Als Medium wird man geboren, und trotzdem benötigt es eine Grundausbildung von einem erfahrenen Lehrer.

Große Komponisten wie Mozart, Beethoven und andere mussten ebenfalls lernen, wie Musik zu lesen und zu schreiben ist. Trotz ihrer Begabung benötigten auch sie Klavier- und Musikunterricht. Bei solchen wunderbaren Menschen war die Musik bereits ein Bestandteil ihrer Seele, als sie auf die Erde inkarnierten. Es war ihre Aufgabe, den Mitmenschen mit ihrer Musik ein Stückchen „Himmel“ auf Erden zu schenken.
Auch Medien versuchen in sehr bescheidener Weise, Trost zu spenden und die Spirituelle Wahrheit zu verbreiten. Sie sorgen für die Kommunikation zwischen den beiden Dimensionen und bemühen sich auf ihre Weise, den Himmel der Erde näher zu bringen.

Es gibt viele Möglichkeiten, sich selbst mit Büchern zu jedem Thema, wie z.B. „Lerne Englisch in drei Monaten“ oder wie lerne ich „Italienisch Kochen“, selbst etwas beizubringen. Ich weiß, dass ich vor vielen Jahren die Deutsche Sprache mit Hilfe von Büchern und Kassetten erlernte. Nichts kann jedoch einen qualifizierten Lehrer ersetzen; das gilt auch für eine mediale Ausbildung. Was das Erlernen neuer Fremdsprachen betrifft, so ist es von unschätzbarem Wert, in diesen Ländern zu leben und dort den Klang und die Bedeutung der Sprache zu verstehen.
Ich glaube jedoch nicht, dass man die Grundlagen der Medialität durch ein Buch erlernen kann.

Ein erfahrener Lehrer ist für die Weiterentwicklung seines Schülers unverzichtbar. Normalerweise muss man viele Jahre unter der Kontrolle seines Lehrers arbeiten, bis man den stetigen Kontakt zu den eigenen Geistigen Führern und Helfern gefunden hat.
Jeder Mensch ist medial veranlagt, nur sind diese Sinne durch unser hektisches und egoistisches Leben bei den meisten Personen degeneriert. Wenn wir in uns hineinhören, werden wir diese Sinne spüren, empfinden und wahrnehmen, und wir werden lernen, wie wir diese medialen Veranlagungen wieder erwecken und nutzen können. Wir sprechen oft von dem „sechsten Sinn". Das bedeutet nichts anderes, als dass übersinnliche Fähigkeiten in uns verborgen schlummern.

Weil diese Veranlagungen ganz natürlich sind, kommt es vor, dass manche Menschen sich ganz unbewusst für die Medialität öffnen. Nach einer Weile „verschließen" sie sich ganz natürlich.
Sehr sensitive Menschen werden nach diesen unbewussten „Öffnungen" sehr nervös, bekommen Schlafprobleme und fühlen sich bisweilen ziemlich ausgelaugt.
Jeder Schüler, der als Medium ausgebildet wird, muss lernen wie man sich öffnet und wieder verschließt. Da dieses Buch kein Leitfaden „Wie werde ich ein Medium?" ist, möchte ich nur ein paar Worte über das „Verschließen" schreiben. Dieser Vorgang ist sehr wichtig, damit der Schüler und auch das Medium nach der Kommunikation mit der Geistigen Welt sich wieder erden und schützen kann.
Wir alle besitzen sieben wichtige übersinnliche Energiezentren, die mit dem Sanskrit-Wort „Chakren" bezeichnet werden. Sie beginnen unten an der Wirbelsäule mit dem Wurzelchakra und setzen sich durch den ganzen Körper bis zum Kronenchakra fort.
Wenn wir uns öffnen, stimulieren wir diese Zentren und aktivieren die inneren Energien. Auf diese Weise können wir uns „einstimmen" und uns der inneren Welt bewusst werden.

Mittels Visualisierung ist es möglich, diese Zentren zu verschließen und sich dadurch zu schützen.

Hier die Namen der einzelnen Chakren von unten nach oben:

1) Das Wurzelchakra
2) Das Milzchakra
3) Der Solarplexus
4) Das Herzchakra
5) Das Halschakra
6) Das dritte Auge (ein wenig erhöht in der Mitte zwischen den Augen)
7) Das Kronenchakra

Um die geöffneten Chakren wieder zu schließen, verfährt man folgender Maßen:
Setzen Sie sich ruhig auf einen Stuhl, beide Füße bleiben auf dem Boden. Wir konzentrieren uns auf den Atem und versuchen, ein wenig tiefer zu atmen als wir es sonst gewohnt sind.

Nun stellen Sie sich das Kronenchakra vor und formen in Gedanken eine Blume, die aus diesem Zentrum hervorwächst. Jedes Chakra hat seine eigene Farbe. Da ich Ihnen aber nur erklären will, wie man sich verschließt, werde ich darauf nicht näher eingehen, weil es für diesen Vorgang belanglos ist. Sobald Sie die Blume vor ihren Augen visualisiert haben, versuchen Sie, die Blüte zu schließen, so dass sie wie eine geschlossene „Knospe“ aussieht.
Dann gehen wir zum dritten Auge, wo wir auch versuchen, eine Blume zu „sehen“, die wir ebenfalls schließen, bis sie die Form einer Knospe erreicht hat. Dasselbe machen wir dann beim Halschakra, dem Herzchakra, dem Solarplexus, dem Milzchakra und dem Wurzelchakra.

Wenn Sie damit fertig sind, stehen Sie auf und verschränken Sie die Arme über dem Magen. Sagen Sie sich: „Ich bin vollständig verschlossen und geschützt.“ Dann sprechen Sie ein kurzes Gebet, mit dem Sie Gott für seinen Schutz danken. Nach dem Gebet stellen Sie sich vor, Sie würden sich einen Schutzmantel überziehen. Das könnte etwa eine Mönchskutte mit einer Kapuze von dunkler Farbe sein, die bis zu den Füßen reicht. Oder Sie stellen sich einfach einen langen Wintermantel mit Kapuze vor.
Machen Sie sich keine Sorgen, wenn es Ihnen schwer fällt, sich die geschlossenen Blüten vorzustellen. Denken Sie daran, dass Ihre Gedanken Kraft haben! Allein durch die Vorstellung einer geschlossenen Blüte verschließen Sie die übersinnliche Energie wieder.
Diese Übung kann keinen Schaden anrichten und hilft, wenn sensitive Menschen spüren, dass sie sich unwillkürlich als Kanal bei einem Gespräch über die Medialität oder übersinnliche Themen „geöffnet“ haben. Nach jeder medialen Tätigkeit ist es sehr wichtig, sich wieder gut zu verschließen.

Einige meiner Schüler erzählen mir manchmal, dass sie auch dann, wenn sie sich wieder verschlossen haben, Schlafprobleme haben. Wer als Medium ausgebildet wird, kann die Gefühle und Eindrücke, die er in einem Medialen Übungskreis spürt und sieht, nicht so schnell vergessen. Das kann zur Folge haben, dass die Chakren unwillkürlich wieder geöffnet werden. Sollte so etwas passieren, setzt man sich am besten wieder auf einen Stuhl und verschließt sich erneut.

Sehr gut ist es, etwas Süßes zu essen. Ein paar Kekse, ein Stück Kuchen, oder ein paar Trockenfrüchte. Wenn das Verdauungssystem beschäftigt wird, bleiben die Chakren besser verschlossen. Deshalb sollte man, ehe man sich „öffnet“ oder meditiert, wenigstens zwei Stunden vorher nichts mehr essen.

Sehen Sie fern, lesen Sie ein Buch (nicht über spirituelle Themen!), machen Sie einen Spaziergang, hören Sie Musik, kurz, unternehmen Sie irgendetwas, was Ihre Gedanken von übersinnlichen oder medialen Tätigkeiten ablenkt.

Es gehört zur persönlichen Verantwortung des Einzelnen, die eigenen Energien unter Kontrolle zu haben, und es ist auch ein zentraler Bestandteil unseres spirituellen Wachstums. Jeder ist für sich selbst verantwortlich.

Kapitel 27

Engel ohne goldene Flügel

Intuition kommt von innen, Inspiration von oben! Was ist Intuition, dieses komische oder seltsame Gefühl, das einfach vorhanden ist? Manchmal haben wir keine andere Wahl, als ihr zu folgen. Ich glaube, unser persönlicher Schutzengel ist für jede echte Intuition verantwortlich. Gelegentlich mag es eine Stimme sein, die eigene Stimme, die man im Kopf hört. Wir haben sicher alle schon ein solches Erlebnis gehabt. Manchmal denkt man plötzlich an jemanden, den man jahrelang nicht gesehen hat. Später geht man zum Einkaufen in ein Geschäft, das man selten betritt, und zufällig läuft einem die Person über den Weg, an die man kurz zuvor gedacht hat! Wie viele von Ihnen haben das schon erlebt? Es kann sogar sein, dass dieses zufällige Zusammentreffen nach all den Jahren einen bestimmten Zweck hat! Auf diese Weise leiten uns unsere „komischen" oder „seltsamen" Gefühle, und in Wirklichkeit ist nichts dem Zufall überlassen! Dies ist nur eine der vielen Möglichkeiten, wie wir oft ganz unbemerkt geführt und geleitet werden.

Viele Menschen gehen durchs Leben, während sie Hilfe, Anleitung und Führung erfahren und bisweilen sogar gerettet werden! Für ihren Schutzengel haben sie keinen Gedanken übrig – sie sehen alles als selbstverständlich an. Natürlich hat der Schutzengel kein Lob nötig und braucht Ihre Dankbarkeit nicht. Seine Liebe ist nicht an Bedingungen geknüpft, sie besteht auf die Dauer unseres irdischen Lebens.
Ich glaube sehr fest daran, dass Engel sehr viel häufiger tätig werden, als die meisten von uns wahrnehmen. Sie sind imstande, Menschen

auf der Erde so zu beeinflussen, dass sie in allen denkbaren Situationen kurzzeitig „ein Engel“ sind oder sich „wie ein Engel verhalten“. So etwas habe ich mehrere Male erlebt. Manchmal ist jemand genau in dem Augenblick „wie aus dem Nichts“ aufgetaucht, in dem man dringend Hilfe benötigte! Im Laufe der Jahre haben mir sehr viele Menschen ihre eigenen Geschichten erzählt, und sie alle haben ebenfalls diese Erfahrung gemacht – manchmal scheint es wie ein kleines Wunder zu sein, das unmöglich erklärt werden kann!

Eine sehr amüsante, aber auch rührende Situation wird mir immer in Erinnerung bleiben.

Zur Weihnachtszeit flog ich einmal von Deutschland nach England zurück, um Weihnachten mit meiner Familie zu verbringen. Heiligabend sollte ich als Medium in einer Londoner Kirche arbeiten. Dies war immer eine besondere Feier, ein „Gesangsgottesdienst“, bei dem Kinder und Erwachsene die Weihnachtsgeschichte aus der Bibel vorlasen, Gedichte vortrugen und Lieder sangen, worauf ich die Botschaften der Geistigen Welt übermittelte. Am Heiligabend war die Kirche überfüllt, und im Raum war so viel Kraft und Liebe zu spüren. Natürlich kommen die Lieben aus der Geistigen Welt zu solchen Anlässen immer besonders nah zu uns. Sie sehen unsere Weihnachtsvorbereitungen, unsere Aufregung, unsere Freude und bisweilen auch unsere Traurigkeit, wenn wir an frühere Weihnachten zurückdenken und die liebevolle Erinnerung an jene aufleben lassen, die jetzt in der Geistigen Welt sind. Auch sie haben ihre frohen Erinnerungen, und es ist immer eine große Ehre und Freude, bei solchen Gelegenheiten Botschaften der Liebe zu überbringen. Ich erinnere mich an meine ersten Jahre als Spiritualist, damals in den Tälern von Südwales. So viele Menschen erzählten mir dort von den damaligen Weihnachts-Gottesdiensten für die Kinder in der Geistigen Welt. Am Heiligabend konnte ich leider nie daran teilnehmen, weil wir diesen immer zu Hause mit der Familie verbrachten. Die Geschichten, die man mir erzählte, mochte ich jedoch sehr gern.

Es stand immer ein Weihnachtsbaum in der Kirche, und die Leute brachten Geschenke für die jenseitigen Kinder. Eltern, die Kinder verloren hatten, kamen in der Hoffnung, ihr Kind würde erscheinen. Die Geschenke waren alle sehr schön verpackt, und die Medien der Gegend waren anwesend, auch die Mitglieder des medialen Übungskreises nahmen an diesem Gottesdienst teil. Man zündete die Kerzen an, machte die Lichter aus und legte die Geschenke unter den Christbaum. Es wurden Weihnachtslieder gesungen, und nach einer Weile erschienen die Kinder aus der Geistigen Welt, um ihr Geschenk, mit einem lieben Lächeln auf dem Gesicht, zu öffnen. Die Medien waren eifrig damit beschäftigt, Botschaften zu übermitteln und alles zu beschreiben, was die Menschen ohne Geistige Vision nicht sehen konnten.

Damals erzählte man mir, die Kinder würden Weihnachten in beiden Dimensionen feiern, in der Geistigen und in der Irdischen Welt. In Gedanken nahmen sie ihre Geschenke mit in die Geistige Welt, in Wirklichkeit wurden später diese Geschenke von der Kirche an die ärmeren Familien mit Kindern verteilt, die im Dorf lebten.

Auch die jenseitigen Kinder brachten ihre Geschenke mit, die leider nur für hellsichtige Menschen sichtbar waren! Man kann sich die große Freude der Eltern vorstellen, wenn durch das Medium von ihren Kindern Botschaften mit so viel Liebe überbracht wurden! Die Liebe war für alle Anwesenden in der Kirche zu spüren. Jetzt begann Weihnachten.

Ihr alle, die ihr euch an Weihnachten allein fühlt, denkt bitte nach! Ihr könnt nicht allein sein, auch wenn Sie sich das wünschen! Unsere Lieben kommen zu diesen besonderen Zeiten stets in unsere Nähe, das gilt auch für Geburtstage und andere Gedenktage!

Weihnachten und auch Neujahr ging vorüber, und ich musste wieder nach Deutschland zurückfliegen. Am Morgen meiner Abreise erwachte ich mit den schrecklichsten Kopfschmerzen! Nach dem Frühstück nahm ich eine Schmerztablette und musste sehr schnell im Bad verschwinden, um mich zu übergeben. In meinem Kopf drehte sich alles, und ich war gezwungen, mich eine halbe Stunde hinzulegen. Mein Gepäck war fertig gepackt, und ich sollte wirklich längst unterwegs zum Flughafen sein! In der vergangenen Zeit hatte ich mehrmals Migräne gehabt, und dieser Schmerz fühlte sich wieder so an! Was konnte ich tun?
Ich musste unbedingt an diesem Tag fliegen, weil ich am folgenden Tag einen öffentlichen medialen Abend in München hatte. Das war sehr ungewöhnlich, weil ich solche Veranstaltungen nie für den Winter plante, speziell in München, wo die Winter weit strenger verlaufen als in England, obwohl es doch in jenem Jahr in London eine Menge Eis und Schnee gab, was auf den Straßen für Panik sorgte.

Nun, ich musste einen Bus nehmen, mit dem ich normalerweise in einer halben Stunde am Flughafen Heathrow war. Wir hatten Frost, und während der Nacht hatte es noch mehr geschneit. Ich sah schrecklich aus in meinem dicken Wintermantel und einer Mütze, die zwar warm war, aber alles andere als schmeichelhaft, und die ich mir tief über die Ohren gezogen hatte. Ich sah mich im Spiegel, und wenn mir der Kopf nicht so schrecklich wehgetan hätte, hätte ich sicher laut gelacht!

Mit einem Koffer und einer riesigen Reisetasche, die ich kaum tragen konnte, kam ich zur Busstation. Es herrschte das totale Chaos! Im Zentrum von London hatte es Bombenalarm gegeben, weshalb die U-Bahn während der Hauptverkehrszeit stillgelegt wurde! Daraufhin waren alle auf den Straßen unterwegs, auf denen wegen des für London ungewohnten winterlichen Wetters ohnehin die Katastrophe ausgebrochen war.

Ich wartete einige Zeit, ohne genau zu wissen, was ich tun sollte, der Verkehr geriet allmählich wieder in Bewegung – bis dahin war er komplett zum Stillstand gekommen. Plötzlich kam ein Bus, ja sogar zwei, aber sie hielten an der Station nur an, um Leute aussteigen zu lassen; weil beide so überfüllt waren, konnten sie keine neuen Fahrgäste aufnehmen! Einer der Busfahrer sagte, nach ihm kämen mindestens noch drei Busse, die bald eintreffen sollten. Diese Mitteilung gab den Wartenden große Hoffnung. Es war extrem kalt, während wir in Eis und Schnee warteten.
Die Busse kamen und waren sehr voll, einige, die schon vor mir an der Haltestelle gewesen waren, schafften es einzusteigen. In England ist es Tradition, dass jeder wartet, bis er an der Reihe ist, was nur gerecht ist und von gutem Benehmen zeugt.

Direkt neben der Haltestelle war eine Telefonzelle, und ich beschloss, mir ein Taxi zu rufen. Nach einiger Zeit sagte jemand am Telefon: „Wenn Sie Glück haben, bekommen Sie in einer Stunde ein Taxi! Vorher sind alle ausgebucht!“ Zu diesem Zeitpunkt war ich wirklich sehr nervös. Mein Kopf tat mir weh, ich fühlte mich krank und befürchtete, mich wieder übergeben zu müssen. Ich sah auf die Uhr und bin erschrocken, wie spät es schon war! Ich musste wirklich zu diesem Flughafen, und zwar schnell. In meiner Panik betete ich: „Bitte, lieber Gott, hilf mir!“ Und es kam die angeflehte Hilfe!

Der nächste Bus hielt an der Haltestelle, ein paar Leute stiegen ein und waren augenblicklich recht verwirrt. Der Fahrer erklärte in einem starken irischen Akzent, dass der Bus nicht im Dienst sei und er nur bis zum nächsten Busdepot fahre! Mehrere Damen überhäuften ihn mit Fragen bezüglich ihrer misslichen Lage, aber seine Antworten waren die eines Gentleman nicht besonders würdig.
Plötzlich sah er mein Gepäck und meinen besorgten Ausdruck! „Sie wollen sicher zum Flughafen, oder?“ Ich nickte, und er sagte: „Rein mit Ihnen, und setzen Sie sich hin!“ Ich stieg in den Bus und nahm ziemlich irritiert Platz! Er hatte einigen Leuten gesagt, er würde nur ein paar Haltestellen zum nächsten Busdepot fahren! Zwei ältere Damen sprangen in den Bus. Die erste fragte den Fahrer nach einer bestimmten Strasse, er antwortete äußerst unhöflich, sie solle den Mund halten und aussteigen! Die nächste Dame wollte nur bis zur nächsten Station mitfahren, sie hatte ihre Monatskarte verloren und fragte ihn, ob sie persönlich in der Zentrale vorbeischauen und den Verlust melden sollte oder ob sie das auch telefonisch erledigen könnte. „Hinsetzen und Ruhe! Ihre Probleme gehen mich nichts an, machen Sie doch, was Sie wollen, aber lassen Sie mich in Ruhe!“ Mit ihm war wirklich sein Temperament durchgegangen! Die Dame setzte sich völlig schockiert hin, und wir sahen uns sehr erstaunt an.
Ein paar Haltestellen später war der Bus leer, nur ich war mit diesem schlecht gelaunten irischen Busfahrer noch immer im Bus, obwohl wir schon an der Busgarage vorbeigefahren waren. Er fuhr sehr schnell weiter und steuerte den alten Bus auf die Schnellstraße abseits der normalen Busroute! Obwohl ich in Eile war, dachte ich: „Es ist sicherlich besser, 20 Minuten später in dieser Welt anzukommen, als 20 Jahre zu früh in der nächsten Welt.“
In meinem Kopf hämmerte es, und als der Bus schneebedeckte Felder auf dem Land passierte, dachte ich plötzlich: „Wo fährt er

hin? Was ist, wenn er verrückt geworden ist, wenn er mich ermordet?“ Dann überlegte ich, ob er mich vielleicht kannte, ob ich ihm ein *Sitting* gegeben habe oder in einer Kirche eine Botschaft übermittelt hatte. Würde er mich in meinem dicken Wintermantel und der komischen, über die Ohren gezogenen Wollmütze überhaupt erkennen?

Dann entdeckte ich die Straßenschilder zum Flughafen Heathrow, wir waren nicht mehr weit davon entfernt. Ich fühlte mich einigermaßen erleichtert. Der Fahrer bat mich zu ihm, zögerlich bin seiner Aufforderung gefolgt, er sagte mir: „Ich darf mit diesem Bus nicht direkt in das Flughafengelände fahren. Ich lasse Sie an der Hauptstraße aussteigen, da finden sie mehrere Busse, die zum Flughafen fahren, sie können jeden der Busse nehmen!“
Gleich darauf hielt er an, und ich bedankte mich bei ihm. Er winkte kurz und lächelte mich äußerst freundlich an! „Passen Sie auf sich auf, und gehen Sie mit den Engeln!“
Ich konnte einige Farben rund um seinen Kopf erkennen! An jenem Tag war ich nicht einmal sicher, ob es sich dabei um Blitze wegen meiner Migräne handelte, oder ob ich sie mit meinem „dritten Auge“ sah!!!

Ich musste nur ein paar Minuten warten, bis ein Bus von der British Airways ankam. Eine Stewardess ging zum Bus. Sie sah sich nach mir um und sagte: „Springen Sie rein, wenn Sie zum Terminal 1 wollen.“ Das wollte ich, und so stieg ich ein.
Bei der Ankunft fragte mich diese Dame, wohin ich fliegen wollte und wann der Flug planmäßig starten sollte. Ich sagte es ihr, und sie forderte mich auf, ihr zu folgen. Sie führte mich durch mehrere Flure, und dann kamen wir zu einer großen Türe, wo wir uns trennten! „Immer geradeaus, durch die Türe dort!“ Ich war am Check-in angekommen und musste feststellen, dass alle Flüge wegen des

schlechten Wetters große Verspätung hatten. So konnte ich in aller Ruhe einchecken!

Als ich den Zoll passiert hatte, ging ich in die Apotheke, um mir das stärkste rezeptfreie Schmerzmittel zu besorgen. Dort erkannte ich eine Dame hinter der Ladentheke, die mich früher einige Male für ein *Sitting* konsultiert hatte. Ich erzählte ihr, was mit meinem Kopf los war! „Oh, Sie Armer! Ich leide auch unter Migräne, ich gebe Ihnen zwei von meinen Tabletten, damit wird es sicher bald wieder besser!“ Sie gab mir die Tabletten, und ich konnte sie an Ort und Stelle mit einem Glas Wasser einnehmen.
Kaum saß ich im Flugzeug nach Deutschland, waren meine Kopfschmerzen wie weggeflogen! Ich dankte Gott im Gebet. Ich hatte eine Erfahrung gemacht, die ich nie vergessen würde! Auf dem leeren Sitz neben mir fand ich eine Frauenzeitschrift, die ich von zu Hause kannte, weil meine Mutter sie immer liest. Als ich das Magazin durchblätterte, stieß ich auf einen Artikel mit der Überschrift: „Glauben Sie an Engel?“ Darin wurde behauptet, Engel könnten Menschen so beeinflussen, dass sie die guten Taten an ihrer Stelle und in ihrem Namen ausführten! War das eine Erklärung, die für mich bestimmt war???

Ich habe das noch bei einigen anderen Gelegenheiten erlebt, wo ich weiß, dass Engelswesen mir geholfen und mich sogar vor großem Schmerz und Leid bewahrt haben.

Durch meine Arbeit habe ich die persönlichen Erzählungen von so vielen Menschen gehört, wo Leute in Notsituationen waren und nur ein Engel dafür verantwortlich sein konnte, dass sie in Sicherheit gebracht wurden.
Ich weiß, es gibt einen Film mit dem Titel „Angels with dirty faces“ (Engel mit schmutzigem Gesicht)! Den Film habe ich leider per-

sönlich nicht gesehen, aber ich bin sicher, der Titel will darauf hinweisen, dass nicht alle Engel vergoldet sind und Flügel haben. Manche haben vielleicht auch ein schmutziges Gesicht!
Andere sind vielleicht Busfahrer mit schlechter Laune und einem irischen Akzent! Oder eine Stewardess von der British Airways oder auch eine Dame, die in einer Apotheke arbeitet!
Die Macht Gottes darf man nie unterschätzen. Gott und seine Engel sind überall!

Schlusswort

Die Medialität, wie wir sie heute kennen, hat es immer gegeben, und wir finden sie in allen Kulturen, überall auf der Welt.
Sie war in ihrer allerhöchsten Form die Grundlage aller Religionen, weil all die Propheten, Seher, die weisen und heiligen Männer und Frauen auf Erden die Sprachrohre der himmlischen Wesen waren. Dieses Thema begleitet uns, wie wir sehen konnten, von Anfang an durch die Geschichte der Menschheit.

Es ist ganz natürlich, sich mit den Lichtwesen in Verbindung zu setzen, mit jenen, die danach streben und es wünschen, uns zu führen. Es sind die, die über uns wachen und uns lieben – mit einer Liebe, die nie aufhört.
In den Geschichtsbüchern können wir auf vielen Seiten lesen, wie diese natürliche Kommunikation missverstanden und sogar verboten worden ist. Während der Inquisition, während der Weltkriege, während verschiedener ruheloser Epochen und während zahlreicher Leidensperioden und Veränderungen in der Weltgeschichte hat die Medialität immer existiert und den Menschen Liebe und Licht gegeben.
Unsere Erde verändert sich ständig, und wir leben in dieser Polarität – wir müssen nur die Zeitung aufschlagen oder die Nachrichten im Fernsehen verfolgen, um die negative Seite der Dinge zu sehen. Schlechte Nachrichten verbreiten sich sehr schnell! Die Friedensdemonstrationen in aller Welt zeigen uns jedoch, dass viele Milliarden Menschen den Krieg ablehnen und in Frieden leben wollen.

Viele Menschen interessieren sich für Meditation, Heilung und Spiritualität. Wenn ich zurückblicke und meine Tätigkeit in Deutschland analysiere, erkenne ich die großen Fortschritte, die erzielt wur-

den, und dafür danke ich Gott. Ich weiß, diese positive Entwicklung wird weitergehen, weil die Botschaft der Geistigen Welt sich wie ein Buschfeuer ausbreiten wird! Immer mehr jüngere Leute besuchen meine Workshops und Seminare; sie möchten ihre spirituellen Gaben entwickeln, um der Menschheit helfen und dienen zu können. Immer mehr Männer öffnen sich dem neuen spirituellen Pfad.
Seit Anfang des Jahres 2004 ist spirituelles Heilen in Deutschland legal!!! Das ist ein entscheidender Durchbruch. Zahlreiche Bücher mit spirituellen Wahrheiten sind inzwischen geschrieben worden. In Amerika, England und auch zukunftsweisend in anderen Ländern werden täglich Fernsehshows ausgestrahlt, die Milliarden von Menschen die Medialität und die Kommunikation mit der Geistigen Welt übermitteln. Es ist nur eine Frage der Zeit, bis auch in Deutschland solche Fernsehsendungen regelmäßig ausgestrahlt werden!

Die Botschaft der Geistigen Welt wird dann auch die entlegensten Winkel der Welt erreichen. Es gibt keinen Tod! Der Tod ist nur der Übergang von einer Dimension in eine andere! Das Leben ist ewig. Im Laufe der vergangenen Jahre haben viele Menschen sich weitgehend von ihrer inneren spirituellen Welt entfernt und haben überwiegend nur noch in der äußeren, materiell bezogenen Welt existiert. Auch das Zeitalter des Materialismus neigt sich dem Ende zu! Viele Menschen spüren, dass ein guter Job, eine schöne Wohnung und ein paar Ferientage im Ausland kein inneres Glück vermitteln. Materialismus ist nicht gleich zu setzen mit Sicherheit. Die Reichen wie die Armen lassen ihre irdischen Besitztümer zurück, wenn sie in die Geistige Welt hinüber gehen. Wir müssen das Beste aus unserem Leben auf der Erde machen, wir müssen bestrebt sein, unsere Seelenlektionen nach besten Kräften zu lernen und uns hier im Klassenzimmer heimisch fühlen. Es ist unsere Pflicht, es uns so angenehm wie möglich zu machen, vorausgesetzt, es hat keine schlechten Auswirkungen auf unsere Mitmenschen.

Ich freue mich, dass immer mehr deutschsprachige Medien ihr Bestes tun, um denen zu helfen, die sich um Kommunikation mit ihren Lieben in der Geistigen Welt bemühen. Es ist mir eine Ehre, mein geringes Wissen mit meinen Lesern zu teilen. Wer über Erkenntnisse und Weisheit verfügt und sie für sich behält, ist nicht klug; klug ist nur der, der sein Wissen mit allen Menschen teilt. Jeder darf es annehmen oder verwerfen.

Gedankenfreiheit ist unser von Gott gegebenes Recht, und das sollte jedermann anerkennen. Ich bitte meine Leser von Herzen, alles was ich geschrieben habe zu überdenken (handschriftlich, auf die gute alte Art!) und verinnerlichen Sie sich die Dinge, die Sie annehmen können. Wenn Ihr Bewusstsein bereit ist, werden Sie alles Gesagte in sich aufnehmen. Das muss nicht heute, morgen oder übermorgen sein. Wir befinden uns alle auf unterschiedlichen Entwicklungsstufen. Das ist keine Wertung!
Lassen Sie sich Zeit, aber leben Sie in Liebe und Licht, und vergessen Sie dabei Ihre Mitmenschen nicht, denn möglicherweise teilen sie mit Ihnen dasselbe Schicksal.

Ich glaube an den freien Willen, was bedeutet, dass die Gedanken frei sein müssen! Aber: Wie wir denken, so sind wir! Jeder Gedanke wird vom Kosmos nicht unbemerkt bleiben. Denken Sie darüber nach und lernen Sie hier und jetzt, Ihre Gedanken zu überprüfen und die Freiheit zu nutzen, die Gott Ihnen gegeben hat. Wenn wir an das „Licht“ denken, ziehen wir das Licht an. Wenn wir an „Frieden“ denken, werden wir „friedvoll“ sein! Möge Licht und Friede mit allen meinen Lesern sein.

In Liebe und Licht!
Paul Meek